中國金融保險集團內部審計創新與實踐

太平金融稽核服務（深圳）有限公司 著

財經錢線

序

  內部審計作為決策科學化、管理規範化、風險防範常態化的一項重要制度設計，既是強化內部控制的重要手段，也是治理體系的基礎環節和重要組成部分。作為金融類中央企業，中國太平保險集團不斷加強審計工作力量和審計工作創新力度。2008年年底，為適應戰略改革需要，集團整合了稽核資源，在原集團稽核部和各子公司內審體系基礎上重組成立中國太平保險集團稽核中心（下稱太平稽核）。經過十年的運作，太平稽核形成了一套相對穩定的運行機制，在保險內審方面建立了具有太平特色的獨特模式，總結出了一些獨特的經驗，取得了一些成果。

  十年來，我們在治理上建立起了在董事會審計委員會的領導下，垂直、統一的稽核體系，並將太平稽核單獨註冊成為一家獨立的子公司，按公司化方式進行運作，最大限度地確保了內部審計的獨立性和專業性；十年來，我們建立起了經營層審計委員會制度，強化內部審計和業務的緊密聯繫，提升了內部審計的針對性和有效性；十年來，我們堅持審計全覆蓋，做到人員全覆蓋、業務全覆蓋、風險全覆蓋，成為全行業唯一實行審計全覆蓋的內審機構；十年來，我們堅持「科技強審」思路，不斷加強內部審計信息化體系建設，並初步搭建起子公司業務系統風險數據庫和數據分析平臺，建立起了現場審計與非現場審計和突擊檢查相結合、相補充的新型審計模式；十年來，我們堅持以風險為導向的目標，不斷完善審計作業模式，建立起了動態風險點、風險評估體系、評分評級辦法、稽核抽樣指引、審計整改體系等一系列標準、規範，能夠客觀地評價被審計單位內部管控狀況，為最終實現各項經營目標提供監督服務；十年來，我們堅持確認和諮詢相結合，不斷提升諮詢能力，探索開展了績效審計、後評價審計等審計項目，建立起了管理建議書、審計培訓等內審新型服務目錄，促進被審計單位提高風險管理和內控水準；十年來，我們堅持質量就是生命的底線思維，建立起了集內外部評價監督、融過程控制和成果評價為一體的質量管控體系，並成為行業內第一家通過ISO認證的內審機構，也是中國內部審計協會第一家AAA級質量認證的內審機構；十年來，通過全體稽

核員工的努力，太平稽核為全集團風險及合規意識的提升做出了貢獻，對內部、外部違法行為構建強大威懾力，一些重大風險被控制在源頭，系統性、區域性風險得以防範，為太平集團健康發展起到了有益的作用。

中國太平集團董事長　羅熹

目　錄

第一部分　獨立的稽核體系

第一章　垂直、統一的太平集團稽核體系 …………………（3）
　　第一節　垂直、統一的稽核體系概況 …………………（3）
　　第二節　不斷優化的組織架構 …………………………（5）
　　第三節　發揮職能、創造價值 …………………………（8）

第二章　處理好集團與利益相關方的關係 …………………（10）
　　第一節　集團與利益相關方的關係：治理層面 ………（11）
　　第二節　集團與利益相關方的關係：內部運作層面 …（12）
　　第三節　建立集團與外部第三方機構的密切聯繫 ……（17）

第三章　成本分攤和質量保證 ………………………………（18）
　　第一節　實現規模效應 …………………………………（18）
　　第二節　成本合理分攤 …………………………………（19）
　　第三節　質量保證 ………………………………………（20）

第四章　多維度考核機制 ……………………………………（21）
　　第一節　業內常用考核評價機制 ………………………（21）
　　第二節　太平稽核考核評價體系 ………………………（22）

第五章　有特色的人才隊伍建設 ……………………………………（25）
　　第一節　建立相對科學的人力資源管理體系 …………………（25）
　　第二節　建立較為完善的稽核培訓體系 ………………………（30）

第六章　企業文化 …………………………………………………（36）
　　第一節　求實 ……………………………………………………（36）
　　第二節　專業 ……………………………………………………（37）
　　第三節　進取 ……………………………………………………（39）

第二部分　專業的運作模式

第七章　以風險為導向的稽核審計 ………………………………（43）
　　第一節　全面風險管理與內部審計 ……………………………（43）
　　第二節　以風險為導向的太平稽核審計 ………………………（45）
　　第三節　案例分析 ………………………………………………（48）

第八章　審計抽樣體系 ……………………………………………（52）
　　第一節　審計抽樣原理 …………………………………………（52）
　　第二節　保險類子公司審計抽樣體系 …………………………（55）

第九章　審計信息化 ………………………………………………（60）
　　第一節　全天候、全地域、多終端、一體化太平稽核作業平臺……（61）
　　第二節　審計數據支持平臺 ……………………………………（64）
　　第三節　審計工具支持平臺 ……………………………………（66）
　　第四節　審計管理決策平臺 ……………………………………（67）
　　第五節　專家知識支持平臺 ……………………………………（69）
　　第六節　審計對象客服平臺 ……………………………………（70）
　　第七節　信息安全保障平臺 ……………………………………（74）

第十章　經濟責任稽核 …………………………………………（76）
第一節　經濟責任審計的歷史沿革 ………………………（77）
第二節　具有太平特色的經濟責任審計實踐 ……………（78）

第十一章　績效審計及其典型案例分析 ………………………（87）
第一節　績效審計發展 ……………………………………（87）
第二節　績效審計的探索和實踐 …………………………（88）
第三節　典型案例分析 ……………………………………（94）

第十二章　反洗錢審計及其典型案例分析 ……………………（114）
第一節　反洗錢法規政策及集團制度文件情況 …………（114）
第二節　反洗錢處罰及檢查情況 …………………………（115）
第三節　反洗錢相關工作部署 ……………………………（116）
第四節　典型案例分析 ……………………………………（117）

第十三章　保險資產管理公司受託資金運用稽核及其典型案例分析 …………………………………………………（119）
第一節　受託資金運用稽核內容 …………………………（119）
第二節　典型案例分析 ……………………………………（120）

第十四章　建設工程項目稽核及其典型案例分析 ……………（122）
第一節　建設工程項目稽核的內容 ………………………（122）
第二節　典型案例分析 ……………………………………（123）

第十五章　集中採購管理稽核及其典型案例分析 ……………（126）
第一節　集中採購管理稽核的內容 ………………………（126）
第二節　典型案例分析 ……………………………………（128）

第十六章　財險公司再保險審計及其典型案例分析 …………（130）
　　第一節　財險公司再保險審計介紹 ………………………（130）
　　第二節　典型案例分析 ……………………………………（133）

第十七章　境外業務稽核及其典型案例分析 ………………（136）
　　第一節　境外稽核思路和重點 ……………………………（136）
　　第二節　境外稽核難點和採取的舉措 ……………………（138）
　　第三節　典型案例分析 ……………………………………（140）

第十八章　IT 審計及其典型案例分析 ………………………（143）
　　第一節　業內領先的信息科技風險評估體系，持續預警
　　　　　　IT 風險 ……………………………………………（143）
　　第二節　適合跨國金融集團的 IT 稽核體系 ……………（146）
　　第三節　由整體狀態掌控到事中轉化，推進事前的風險
　　　　　　評估 ………………………………………………（148）
　　第四節　多維後評價體系促進戰略規劃、管理提升，優化
　　　　　　IT 效能 ……………………………………………（149）
　　第五節　境外 IT 稽核 ……………………………………（151）
　　第六節　典型案例分析 ……………………………………（152）

第十九章　非現場稽核（計算機輔助審計）及其典型案例分析 ……（155）
　　第一節　計算機輔助審計概念及運用 ……………………（155）
　　第二節　太平稽核計算機輔助審計（非現場稽核）發展之路 ……（157）
　　第三節　計算機輔助審計技術面臨的挑戰 ………………（159）
　　第四節　典型案例分析 ……………………………………（160）

第二十章　全面質量管理體系 …………………………………（163）
　　第一節　引入 ISO9001 質量管理體系 ……………………（164）

第二節　採取多項舉措，實施嚴格的內部質量管理 ……………（168）
　　第三節　建立風險準備金制度 ……………………………………（192）

第二十一章　審計整改督查模式 ……………………………………（195）
　　第一節　分工嚴密的整改體系 ……………………………………（195）
　　第二節　有效的整改督查機制 ……………………………………（196）

第三部分　未來展望

第二十二章　審計模式的轉變 ………………………………………（199）
　　第一節　保險行業內部審計發展的現狀 …………………………（200）
　　第二節　以風險為導向的內部審計內涵 …………………………（201）
　　第三節　以風險為導向的內部審計模式 …………………………（202）
　　第四節　逐步實現未來稽核重心的轉變 …………………………（211）
　　第五節　未來IT審計的發展 ………………………………………（212）

第二十三章　大數據審計之路 ………………………………………（214）
　　第一節　現代內部審計與大數據 …………………………………（215）
　　第二節　集團公司大數據審計思路 ………………………………（216）
　　第三節　搭建大數據人工智能審計平臺業務實踐 ………………（220）

第一部分
獨立的稽核體系

第一章　垂直、統一的太平集團稽核體系

　　2008 年年底，中國太平保險集團整合稽核資源，在原集團稽核部和各子公司內審體系基礎上重組成立中國太平保險集團稽核中心，在董事會審計委員會的領導下，形成垂直、統一的稽核體系，並與集團、子公司風險管理及合規部門的「統一分級的風險控制（以下簡稱風控）體系」，共同構成全面風險管理體系。2009 年 12 月，太平稽核註冊「太平金融稽核服務（深圳）有限公司」，正式成為集團旗下的子公司。2014 年 1 月，根據中國太平保險集團改制後的公司治理結構，分別在董事會下設審計委員會和經營管理層下設審計及稽核委員會，內部審計治理體系進一步完善。

第一節　垂直、統一的稽核體系概況

　　根據《中國太平保險集團有限責任公司內部審計章程》的規定，集團公司通過董事會審計委員會與經營層審計及稽核委員會分別代表董事會和經營管理層履行內部稽核監督職責。同時，為了更好地履行對集團公司下屬各子公司的風險監管審計責任，子公司風險管理委員會成員與子公司審計委員會協同履行子公司的內部稽核監督職責，共同參與子公司經營會議，提供風控專業建議，保障了子公司審計工作的專業性和獨立性，提升了子公司及所轄機構（省級分公司、中心支公司等）對上級監管機構及集團公司相關要求的貫徹落實能力。

　　根據《保險公司內部審計工作規範》及相關公司治理要求，集團下屬太平人壽、太平財險、太平養老、太平資產等子公司董事會下設審計委員會，其成員均不在子公司經營層任職，太平稽核向子公司審計委員會報告工作，根據稽核需求，開展稽核工作，建立了統一分級的風控體系和垂直統一的稽核體系（見圖 1-1）。

　　太平稽核在集團董事會審計委員會、經營層審計及稽核委員會的雙重

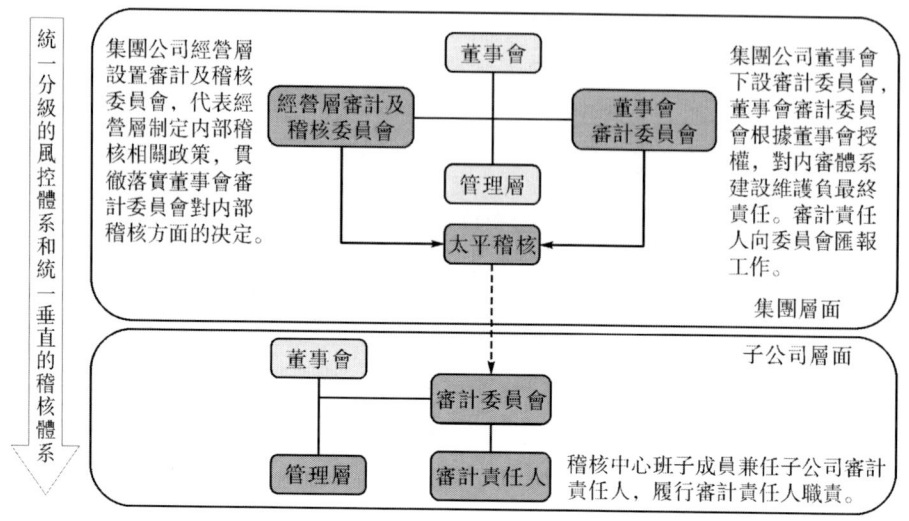

圖1-1　太平集團統一分級的風控體系和垂直統一的稽核體系

領導下，運用系統、規範的審計方法，客觀、獨立地評價和檢查集團公司全系統各子、分、中心支公司（以下簡中支公司）的業務經營、內部控制及風險管理狀況，完善集團內部控制和風險管理制度，促進合規經營和健康持續發展，完善公司治理結構，是集團風險管理和內部控制的第三道防線。

太平稽核通過向集團及子公司派駐審計責任人，履行審計責任人職責。集團及太平人壽、太平財險、太平養老、太平資產等主要子公司均設立了審計責任人職位。集團審計責任人由集團稽核總監擔任，太平稽核其他班子成員兼任子公司審計責任人，參加子公司相關經營管理會議，履行審計責任人職責。

在稽核項目的實施上，主要圍繞以下三方面展開：一是建立了統一計劃、分級實施的常規稽核體系。集團子公司總公司常規稽核由太平稽核根據集團工作要求，編製稽核計劃並實施。集團子公司分支機構常規稽核由太平稽核依據各子公司報送的分支機構年度稽核需求、區域中心年度稽核項目計劃、集團公司年度工作要求等，制訂年度稽核項目計劃，提交集團審計委員會批准，下發各區域中心組織實施。二是建立分級經濟責任稽核體系。太平稽核接受集團人事部門委託，對子公司管理人員實施任期內經濟責任稽核；太平稽核接受子公司人事部門委託，指定區域中心對其區域內子公司二級公司管理人員實施任期內經濟責任稽核；區域中心接受區域內子公司二級公司人事部門委託，對其三級機構管理人員實施任期內經濟

責任稽核。三是太平稽核可以接受集團、子公司委託實施專項稽核；區域中心可以接受區域內子公司二級機構委託實施專項稽核。

第二節　不斷優化的組織架構

以客戶為中心應是組織架構優化的出發點和落腳點。貼近客戶、貼近市場，建立能以最快的客戶需求回應速度和最強的執行力滿足客戶需求的營運機制及相關的業務流程，降低管理成本，減少無效勞動。內部審計機構對客戶需求的快速反應能力表現為兩個能力：一是對風險的敏銳反應能力。能及時識別和評估公司存在的風險，提高風險防範和化解能力，為管理層決策提供支持。二是以客戶為中心，組織高效的執行能力。提升組織的執行能力，應保證管理指令系統的順暢，通過設定合理管理層級和控制跨度，使得組織中的成員都有明確的對應指令接受路線，使得管理層的指令有效而不失真地傳達到每個成員，從而保證滿足客戶需求，以更高的效率贏得客戶、贏得市場。

一、獨立運作的管理架構

2018年，為進一步提升總部管理效率和管理水準，確保稽核工作滿足集團新時期發展需要，太平稽核對總部組織架構進行調整。調整後的總部設置部門機構13個：辦公室、人力資源部、黨委辦公室、黨委組織部、監察部、工會辦公室、規劃管理部、非現場稽核部、信息系統稽核部、境內保險業務稽核部、經濟責任稽核部、投資業務稽核部、境外保險業務稽核部。

調整後的總部組織架構如圖1-2所示。

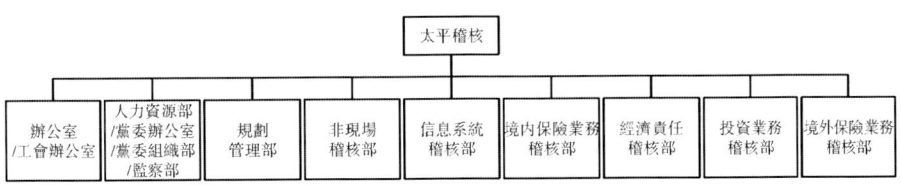

圖1-2　2018年的太平稽核組織架構

另外，太平稽核設南、北、東、西四個區域中心。總部各部門主要負責太平稽核發展規劃制定、內部制度體系建設、審計委員會工作等稽核業

務管理、綜合後勤管理以及對各子公司總公司的內部稽核項目，區域中心負責實施所轄區域子公司分支機構的內部稽核項目。為滿足各級專業機構稽核業務及精細化管理的客觀需要，區域中心按稽核對象業務類型設置人身險稽核部、財產險稽核部以及綜合支持部。太平稽核通過集中管控、分區域集中辦公以及區域就近實施稽核現場作業的運作模式，實施扁平化的內部管理架構，實行財務核算、人事、培訓、薪酬、績效考核集中管理工作。

二、組織架構歷史演進

太平稽核的組織架構隨著業務的發展逐步健全。2001 年，中國保險集團（中國太平保險集團前身）恢復國內業務後發展迅猛，截至 2008 年，集團所轄子公司達 18 個，但與此同時內部審計卻發展非常不平衡，包括集團本部在內有內部審計機構的只有 5 個子公司，占比不到三分之一；且有的子公司雖然有內部審計機構，也只有兩三個人，眾多的分支機構幾年都不能審計一次，很難滿足風險管理需要。

太平稽核成立以來組織架構也幾經變化，逐步優化。太平稽核成立初期，由於人員結構不平衡，壽險審計人員約占 70%以上，而產壽險子公司分支機構相差無幾，審計業務以遵循性合規審計為主。成立初期的稽核中心組織架構如圖 1-3 所示。

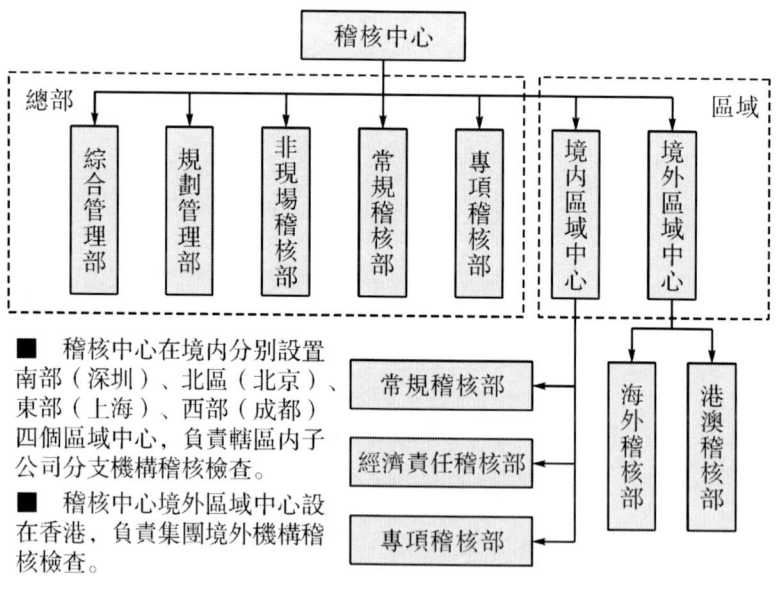

圖 1-3　成立初期的稽核中心組織架構

随著監管機構將經濟責任審計提高到十分重要的位置，為了加強對經濟責任稽核的鼓勵和指導，太平稽核於 2012 年將總部常規稽核部中的經濟責任稽核職能獨立出來，單獨設立經濟責任稽核部，如圖 1-4 所示；同時，由於專項稽核部的職能定位為主要實施監管部門指定的專項稽核項目，且這些項目主要都在子公司總公司實施，遂將區域的專項稽核部改為非現場稽核部。

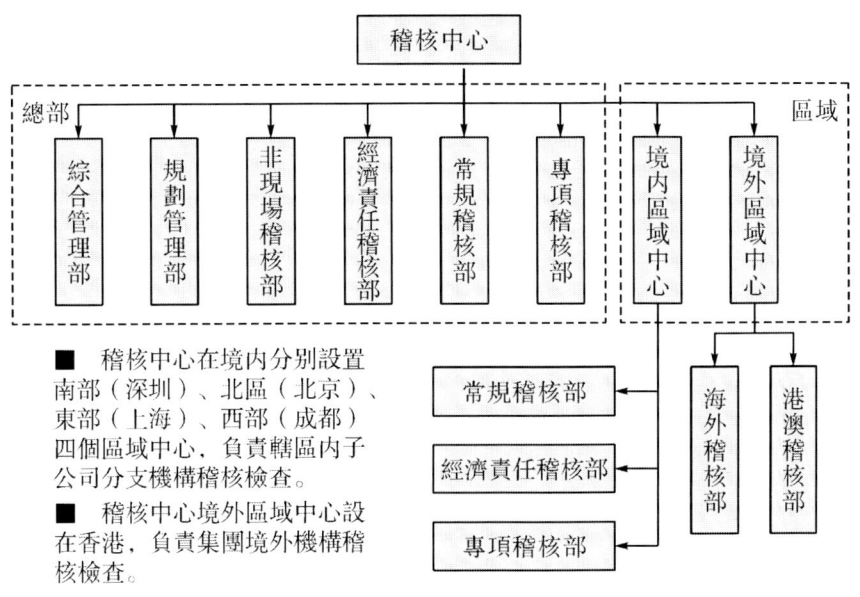

圖 1-4　2012 年的稽核中心組織架構

隨著信息系統不斷升級、大數據運用領域不斷擴大、SAS 等數據分析工具的引進、數據集市的建立，現場稽核項目日益深入，為了提高專業化運作水準、實現精細化管理，提高大數據應用水準，2014 年太平稽核組織架構進行了調整，總部將非現場稽核部一分為二，設立信息系統稽核部和非現場監測部；區域中心部門架構改設為人身險一部（主要負責對壽險公司的稽核）、人身險二部（主要負責對壽險及養老險公司的稽核）、財產險稽核部、綜合支持部（主要負責區域行政、人事、非現場分析等工作），如圖 1-5 所示。

2017 年，為了實現降本增效，將境外區域中心撤回境內，改為境外保險業務稽核部。

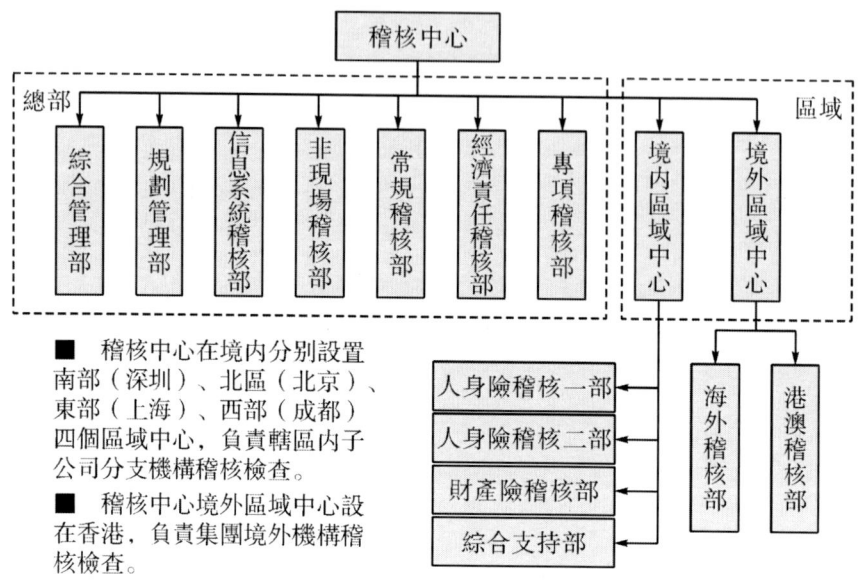

图 1-5 2014 年的稽核中心组织架构

第三节 发挥职能、创造价值

太平稽核统一履行集团及子公司内部稽核职能,主要包括:搭建和完善集团层面内部稽核制度体系,制定集团整体内部稽核中长期规划,编制全系统内部稽核工作计划及预算,开发建设集团内部稽核信息系统平台等;根据内部稽核业务推进情况及发现的风险事件级别,定期或不定期向集团董事会审计委员会、经营层审计及稽核委员会汇报;受托开展全系统内部稽核业务。具体业务为:一是根据集团董事会审计委员会、经营层审计及稽核委员会审议的年度稽核计划,受托开展全系统内部稽核业务及整改复查工作;二是根据内部稽核检查结果,提供专业管理建议和意见;三是根据集团及子公司发展需要,提供专业咨询和培训等。

在以风险为导向,对风险管理、内部控制和公司治理等领域进行稽核审计的基础上,太平稽核不断推进稽核业务模式由单一确认向确认与咨询相结合转变,由揭示风险向预警风险转变。强化咨询顾问角色,注重通过管理建议书、汇总分析报告、风险提示函等咨询服务方式,在完善管理流程、风险管理程序和舞弊控制方面提供相关建议,增加企业价值。仅 2017

年就提出針對性管理建議 5,572 條，重要問題管理建議書 63 份，風險提示函 62 份，匯總報告 52 份，特別重大稽核成果 4 項，重大稽核成果 23 項，重要稽核成果 137 項，首發稽核成果 59 項。涉及違規金額 372 億元，挽回直接經濟損失 126 萬元。太平稽核在不斷提升自身風險揭示能力的同時，為子公司進一步完善內控管理制度、規範業務流程、強化內控管理能力發揮了積極作用。另外，在完成繁重的稽核項目基礎上，2017 年全年對子公司各級員工提供風險合規培訓 36 次，接受培訓約 5,025 人次，大大提升了子公司風險管理及合規專業人員素質，進一步擴大了稽核成果。

第二章　處理好集團與利益相關方的關係

國際內部審計協會（IIA）秘書長兼首席執行官理查德·F. 錢伯斯指出：「達到甚至超越利益相關方的期望對於證明內部審計所能為組織帶來的價位至關重要……令利益相關方大失所望不利於內部審計的健康發展。」①

利益相關方是指與組織活動和成果有直接利益或非直接利益關係的任何一方。內部審計的利益相關方主要有：集團董事會和審計委員會、董事長和經營管理層、子公司董事會和審計委員會，集團部門、子公司經營管理層，與集團風險管理及內部控制的有效性有利害關係的機構、股東、員工、外部審計師和監管機構、社會公眾等。

內部審計可以做哪些事情，來提升利益相關方的支持呢？清晰的溝通、相互信任和尊重是構建穩固的利益相關方和審計人員關係的基礎。在這種情形下，利益相關方將把內部審計視為有價值的資源，尊重內部審計人員。

錢伯斯指出：「通過持續的溝通，能夠瞭解主要利益相關方的具體期望，並清晰地列明利益相關方認為可以為組織增加價道的具體做法。」② 太平稽核採用獨立法人運作，實施扁平化的內部管理架構，全面負責集團及所屬公司的內部審計工作，充分體現了太平稽核的獨立性和客觀性。在治理上，太平稽核既對董事會負責，又向經營管理層匯報，既保證了獨立性和權威性，又使內部審計工作與日常經營管理有機結合，較好地發揮了風險揭示和風險防範作用。

---

① 理查德·F. 錢伯斯. 感悟審計職業生涯 [M]. 中國內部審計協會，譯. 北京：中國時代經濟出版社，2015：59.
② 理查德·F. 錢伯斯. 感悟審計職業生涯 [M]. 中國內部審計協會，譯. 北京：中國時代經濟出版社，2015：63.

第一節　集團與利益相關方的關係：治理層面

一、定期向各級審計委員會匯報工作情況

中國太平保險集團董事會下設審計委員會，由集團獨立董事、股權董事組成，獨立董事任審計委員會主任。董事會審計委員會根據董事會授權，履行對集團內部審計體系的管理職責。經營管理層下設審計及稽核委員會，由集團總經理、經營管理層和相關部門負責人組成，集團總經理任主任。審計及稽核委員會則代表經營層制定內部審計相關決策，貫徹落實董事會審計委員會對內部審計方面的決定。

太平稽核向集團董事會審計委員會、審計及稽核委員會報告方式主要有兩種：一是定期報告，即例會，包括季度報告和年度報告機制，召開審計及稽核委員會會議，這是主要報告方式；二是臨時報告，通過向相關領導當面匯報、郵件、電話匯報等方式。向集團公司董事會審計委員會和經營層審計及稽核委員會及各公司董事會審計委員會報告內部審計工作情況，向集團相關部門、各公司經營管理層通報內部審計情況。

通常情況下，審計及稽核委員會報告包括：中國太平保險集團20××年第×次稽核工作情況報告、中國太平保險集團20××年度內部控制評價情況報告、關於調整20××年項目計劃的請示以及其他需要審計及稽核委員會審議的事項。

審計委員會報告的編寫經過嚴格的質量管控，由太平稽核規劃管理部牽頭，總部業務主管部門參與，多級領導審核把關而成。同時，編寫過程中也會由被審計單位參與意見，以便能更客觀地反應事實本身，關注被審單位的利益訴求。在太平稽核內部，規劃管理部會將稽核問題分類分析的基礎數據及處理情況與總部各業務部門進行確認，以避免遺漏和錯誤的發生。審計委員會材料的處理流程，主要需要各部門的配合和責任劃分由相關工作指引進行規範，確保審計委員會報告編製過程的標準化。對審計委員會報告的使用，太平稽核內部由辦公室牽頭，根據公司及集團相關制度流程進行管控，體現了報告編寫準備部門與使用管理部門相互制約的管控機制。

二、向集團及子公司派駐審計責任人

集團及太平人壽、太平財險、太平養老、太平資產等主要子公司均設立了審計責任人職位。集團審計責任人由集團稽核總監、太平稽核黨委書記擔任，太平稽核其他班子成員兼任子公司審計責任人。

根據集團「稽核關口前移」工作要求，充分發揮太平稽核班子成員作為各子公司審計責任人參與子公司經營管理、防範化解風險的作用，將審計責任人的任職實化，為子公司經營決策服務，太平稽核下發公函將落實各子公司審計責任人任職實化的措施進行告知，並請協助落實。具體舉措包括：

（1）太平稽核班子成員（即各子公司審計責任人）參加任職子公司的月度經營分析會、總公司部門工作例會、總經理室例會等子公司班子成員參加的例行經營管理會議。

（2）子公司班子成員參加的涉及業務發展、內部管理、風險管控的重要臨時會議，提前將會議議題、會議時間等通知公司審計責任人和太平稽核秘書，如審計責任人因工作安排無法參加會議，會議後將會議紀要發送至該審計責任人和太平稽核秘書。

（3）在各子公司OA系統、公司內網為審計責任人開通查詢權限，便於瞭解公司相關經營管理信息。

（4）太平稽核子公司審計責任人參與子公司會議過程中，發現風險管控有關問題，將安排太平稽核相關部門跟進，協助子公司採取措施，防範風險。

第二節　集團與利益相關方的關係：內部運作層面

一、與子公司的溝通

太平稽核是全行業唯一做到審計全覆蓋的內審機構。全覆蓋包括：機構全覆蓋，指主要子公司三級以上機構；高管全覆蓋，指三級機構主要負責人以上的高級管理人員（中組部管理的高管除外）全覆蓋；業務全覆蓋，指風險評估、風險點設置和實際檢查、監測業務均涵蓋了集團旗下的所有業務種類、所有子公司和公司所有流程；風險全覆蓋，指對集團主要風險、重要經營領域和創新業務推行全覆蓋審計，突出重點、注重效果、

滿足集團戰略及風險管控的需要。

為了更好地實現全覆蓋，太平稽核與利益相關方保持著充分的溝通，從稽核項目計劃編製、稽核報告的形成、重要工作舉措的出抬都會進行多次溝通。

例如，稽核項目計劃的制訂，至少需要與利益相關方經歷 4 次溝通，經歷多次溝通後，稽核計劃會更能反應公司風險狀況，貼合利益相關方的期望和需求，也為下一步的計劃執行掃清障礙。通常情況下，稽核項目計劃的制訂需要經過以下溝通過程：

第一步，進行早期數據收集。由集團旗下子公司提供機構設置信息、高管任職信息及其他需求，並在此基礎上編製年度項目計劃初稿。

第二步，初步確定計劃編製原則。一是遵循監管規定對內審工作的要求。根據監管要求，開展集團及主要子公司相關專項稽核，子公司總、分公司及中支公司負責人任職滿 2~3 年的幹部實施任中稽核、基於過往 3 個年度的歷史滾動數據，制訂離任稽核計劃。二是嚴格執行集團對稽核覆蓋面等方面的稽核方針政策。常規稽核與非現場稽核結合達到主要子公司三級機構以上 100%稽核覆蓋面；達成集團下達的非現場替代率要求；實施主要子公司非現場監測項目和稽核整改抽查項目。三是滿足公司加強風險管理需要。根據公司風險管控需要開展指定的專項稽核項目。四是現場稽核與非現場稽核相結合。實施以風險為導向，根據風險評估結論，確定現場稽核與非現場稽核領域。五是全面、及時、深入地揭示風險。以數據分析、數據挖掘為依託，結合公司風險狀況，實施非現場監測，進行風險預警。六是加強稽核整改跟蹤。實施稽核整改督查、開展稽核整改評估工作，確保稽核整改工作落到實處。

第三步，進行現場調研。太平稽核總經理室成員帶隊，就相關內容和事項（包括項目清單、稽核重點和項目預算等）到集團、子公司進行實地稽核需求調研。通過面對面溝通，服務客戶會進一步確認或反饋修改需求。太平稽核會根據調研結果或溝通會議精神，正式編製下一年度的稽核項目計劃（包括項目數量、稽核重點、稽核方式等）。

第四步，再次徵求意見。太平稽核將編製的下一年度的稽核項目計劃向集團及各子公司、中心內部各部門及區域發送計劃徵求意見函及項目清單。再根據反饋意見，完善、修改稽核項目計劃和項目預算。

第五步，計劃審批、發布。太平稽核會將稽核項目計劃提交審計及稽核委員會（經營層）及董事會審計委員會審議，通過後對外向集團及各子

公司發送正式計劃的函及清單，對內將正式項目計劃清單導入稽核作業系統並實施。

稽核項目計劃一經確定後，若遇到需要變更的情況，太平稽核會嚴格按照內部審計章程規定的流程報請董事會審計委員會討論決定。

稽核項目計劃在執行過程中，太平稽核會動態監控稽核計劃的執行進度、稽核項目的完成質量、稽核結果的上報分析等工作。在全年工作告一段落後，太平稽核會對稽核項目完成情況進行總結分析，並將分析結果向利益相關者進行匯報通報。及時完善的稽核計劃反饋機制，保證了太平稽核計劃管理工作的延續性，也可以對稽核計劃管理工作存在的不足及時進行反思和調整。

二、建立密切聯繫機制，融入集團「四位一體」風控體系

太平稽核與集團監事會、風險管理及合規部、紀檢監察部組成「四位一體」風控體系，提供專業稽核信息及調查核實協助工作。一是根據需要，配合外部監管機構參與重大風險（案件、投訴、舉報、通報）事件的調查核實工作；二是配合集團及其他機構參與巡視、重點專項檢查工作；三是組織風險管理及合規條線相關業務培訓等。由於太平稽核系獨立法人、獨立運作，為了彌補缺陷、避免與子公司經營產生脫節，太平稽核與各子公司建立了密切聯繫機制，每季度定期收集各子公司發布的規章制度、會議紀要、會議通知、重大風險（案件）調查結果、重要流程改善、新產品及重大經營舉措等信息及各子公司總部收到的外部監管制度、外部監管檢查情況。

（一）中國太平保險集團「四位一體」工作機制

保險作為風險管理的重要工具和有效手段，自身的風險防範能力則是判斷其能否全面保障內外部風險、充分發揮風險管理職能的前提和基礎，其重要性不言而喻。作為唯一一家總部設在境外的金融類中央企業，中國太平保險集團近年來積極探索有效防範風險的新思路，在長期實踐中構建起集紀檢監察、監事會、風控合規和稽核審計於一體的全面風險管理體系，建立了四條「戰線」共同參與、相互協作的「四位一體」監督工作機制，旨在通過共享監督資源，形成監督合力，提高監督效率，確保集團依法合規經營，形成了具有中國太平特色的「大監督」格局，實現集團持續快速健康發展。

在「四位一體」監督協同框架下，各部門因具體監督工作對象、工作

目標、工作方式的不同而各有側重。監事會居於框架的最高層，以財務監督為核心，根據相關法律及公司章程獨立公正地對公司重大經營事項及高級管理人員的經營管理行為進行監督，依法維護公司及股東的合法權益，以確保國有資產保值增值。紀檢監察條線對管理人員負責，對其中央及集團戰略部署執行情況、廉潔從業情況、經營效能情況等進行監督檢查。風控合規和稽核審計兩條線則在集團風險管理的「三道防線」中發揮著專業作用。

中國太平「四位一體」監督工作機制於 2014 年 4 月開始正式運行。如圖 2-1 所示。

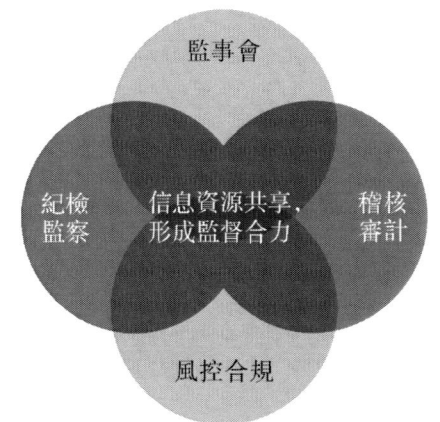

圖 2-1 「四位一體」聯合監督模式

「四位一體」工作機制的運作方式主要有兩種：一是各條線每季度召開一次監督工作聯席會議，研究探討相關風險管控和監督議題；如遇重大緊急事項，可以臨時召開聯席會議。二是各條線指定專門的信息聯絡員，共享當月監督工作信息，或對其他條線的信息需求給予回覆。基於以上兩項運作方式，「四位一體」建立起三項緊密配合的工作機制：一是監督工作信息共享機制，將與各條線相關的工作信息和工作成果進行及時共享，從而不斷優化監督資源配置，不斷提高監督工作效率。二是監督工作溝通協調機制，旨在統籌集團監督事項，整合各條線工作任務，避免工作內容出現重複，以提升集團監督工作整體成效。三是專項工作配合機制，指當某個條線在開展巡視、專項調查、調研等監督專項工作任務時，其他監督部門應從經營管理、違規違紀、風控合規、財務審計等方面提供信息，在必要時提供人力或物力支持。四條線凝心聚力，形成合力，為將中國太平

打造成為最具特色和潛力的精品保險公司保駕護航。

面對企業經營過程中面臨的各種風險，中國太平一手抓改革發展、一手抓風險防範，在「四位一體」工作機制的深化推進下，中國太平的治理水準不斷提升，合規經營日臻完善，重大決策科學性日益提高，「四位一體」協同作用成效明顯。在相關監督條線的密切配合下，除常規風險管控、稽核審計、財務合規性檢查工作外，中國太平還組織開展了「打假案、擠水分、提效益」和「兩個加強、兩個遏制」專項檢查等工作。2018年，根據集團黨委統一部署開展巡視工作，「四位一體」機制也發揮了重要作用。

（二）太平稽核持續深化「四位一體」

太平稽核持續深化「四位一體」工作機制，有效發揮監督合力：

（1）優化向上一級信息徵詢函的結構和內容，提高信息徵詢的實用性和針對性。優化信息徵詢函發送流程，擴大信息徵詢的部門和範圍，由原來監事辦、紀檢監察、人事、合規風控，增加向財務部、上級主管部門瞭解被稽核人任期內履職待遇及業務支出相關費用、預算執行、費用管控等方面信息，對於分公司班子成員，增加向總公司上一級分管部門徵詢意見。

（2）發揮「四位一體」監督機制的作用，實現監督信息共享，特別是投訴舉報信息的共享。一是有投訴舉報的高管人員的經責稽核項目，列為重要項目。預留充足的非現場時間分析，保證項目時間和質量，評估項目風險，確定現場檢查重點和訪談內容，提高現場檢查的效率和效果。二是對於以往檢查過程中發現的可疑問題，對非現場分析確定檢查重點，項目現場確保查深查透，「以風險為導向」合理劃分重點風險和一般風險，實行差異化稽核資源配置。

（3）積極參與集團「四位一體」監督工作。與集團「四位一體」部門通力協作，實現監督工作信息共享，通報稽核檢查中發現的問題並配合後續處理。落實監督工作溝通協調機制，將「四位一體」相關單位年度檢查監督重點進行梳理，納入稽核檢查重點。充分發揮稽核人員的技術優勢，選派骨幹員工參加集團重點專項檢查、巡視等工作，2017年共完成15家分公司共29個審計發現問題整改跟蹤，為探索完善「四位一體」監督工作機制發揮積極作用。

第三節　建立集團與外部第三方機構的密切聯繫

一、保持與監管機構的持續有效溝通

2008年底，在實行稽核體制改革的同時，就向保監會匯報了稽核檢查改革的思路，取得了保監會的支持；2013年初，集團稽核總監前往保監會詳細匯報了太平稽核運行幾年的成果，得到了保監會相關領導的充分首肯。同年，保監會對太平稽核業務進行了檢查，高度認可太平稽核的運行模式。除了中心領導層面的匯報溝通外，各區域中心領導也經常與轄內監管機構保持不定期溝通交流。另外，太平稽核還經常邀請監管機構的領導和專家前來太平稽核進行培訓和指導。

二、保持與國家審計機關及內審協會的經常交流

（一）保持與總部所在地國家審計機關的經常交流

一是取得政策上的支持和指導，經常主動上門瞭解國家審計的相關政策及變化；二是學習國家審計的先進方法，採取請進來和走出去的方法，經常請相關專家到太平稽核講課，同時派人直接參加審計項目，實現了優勢互補。

（二）保持與中國內部審計協會的經常交流，爭取中國內部審計協會對太平稽核工作的指導

一是邀請中國內部審計協會對太平稽核內部審計質量進行外部評估。2014年，應太平稽核邀請，中國內審協會組織行業專家10多人，對太平稽核內部審計質量進行外部評估，經過10多天的認真評估，中國內部審計協會最終給予AAA的行業最高評級。二是經常請中國內部審計協會的領導和專家來太平稽核授課。

（三）保持與外部審計師的經常交流

與集團外部審計師保持常態化的交流。交流方式包括：參加他們舉辦的各種培訓，邀請其來太平稽核舉辦的內部培訓班講課，內部的有關業務思路聽取外部審計師的意見和建議，派人員參加外部審計項目等。

第三章　成本分攤和質量保證

根據《保險機構內部審計工作規範》（保監發〔2015〕113號）的要求，保險機構應建立與公司目標、治理結構、管控模式、業務性質和規模相適應，預算管理、人力資源管理、作業管理等相對獨立的內部審計體系。內部審計部門的工作不受其他部門的干預或者影響，內部審計人員不得參與被審計對象業務活動、內部控制和風險管理等有關的決策和執行。

在金融保險集團體系下，各子公司若自行建立內部審計部門，在不同程度上存在審計資源分散、內部審計職能重疊等問題。因此，內部審計統一管控，不僅能提高審計獨立性、權威性，集約審計資源，也是實現審計監督全覆蓋的有效途徑。太平稽核作為太平集團內獨立的內部審計公司，對審計人員實行集中管理，在集團範圍內統籌安排審計力量，提高了內部審計工作的指導、規劃、統籌、協調能力。

第一節　實現規模效應

一、適當的組織規模

根據監管規定，各保險公司需要配備相應的專職內部審計人員，對於部分公司，設置一個人員較少的內部審計部門很難招募到專業能力高的人才，也無法建立足夠多的專家意見數據庫。太平稽核實現集中內部審計，目前擁有各領域專業的內審人員，不僅包括保險專業人員，財務人員，還有專注投資、境外機構的專業人才，建立起強大的專家團隊。太平稽核能夠為集團內公司提供各條線、各領域的專業服務，滿足各公司不同類型的監管要求及管理需求。

二、獲得規模經濟效應

太平稽核集中內部審計在成本上可以獲得規模經濟效應。如果各公司

建立自己的內部審計部門，不僅需要支付內審人員的薪資、培訓及相關管理費用等固定成本，同時分散採購審計工作開展需要的審計工具、計算機輔助技術的資本性支出也會較高。太平稽核集中運作的模式，在全面完成全覆蓋的情況下，有效整合資源，避免重複建設，實現資源共享，同時通過成本管控，有效控制成本費用，在成本方面和檢查資源充分共享運用方面體現了規模優勢。

第二節　成本合理分攤

太平稽核作為獨立的公司，通過對人員、技術和流程的有效整合，為集團及各子公司提供內部審計服務，通過向集團內各服務對象收取費用用於補償審計成本費用支出，有效確保審計開展工作必要的資金需求，維護審計的獨立地位。

2010年1月27日，國家發展改革委員會和財政部聯合發布了《會計師事務所服務收費管理辦法》（發改價格〔2010〕196號）（以下簡稱《收費辦法》），對審計收費進行統一規範。《收費辦法》第九條規定，收費標準應當以審計服務的社會平均成本、法定稅金和合理利潤為基礎，並考慮當地經濟發展水準、社會承受能力和註冊會計師行業的發展等因素。核定審計服務社會平均成本，應以《中國註冊會計師執業準則》規定的必要執業程序為依據，並考慮執業責任風險和人員培訓費用等因素。對於集團整體經營來說，太平稽核是集團的成本中心，因此太平稽核收費僅以覆蓋成本為基礎，而不以營利為主要目的。

審計成本是指為實現審計目標，而發生的一切與審計活動相關的人力、物力、系統費用和支出。太平稽核的成本包含人事費用、行政費用及法定稅金。太平稽核編製年度預算計劃，由集團進行審批，通過全面預算管理，落實預算計劃，對成本進行預算控制，有效控制預算外成本費用的發生。

太平稽核根據監管要求、集團的管理要求、被審計公司的審計需求，制訂年度內部審計項目計劃，由被審計公司、集團審批同意。在成本費用、項目計劃均受管制的情況下，通過以成本費用為基礎執行按項目計價收費的方式向各公司收取服務費。

第三節　質量保證

　　審計作為一種特殊行業，具有一定的審計風險。在執行審計業務的過程中，受外部被審計單位的審計環境、內部審計人員專業能力、審計程序等各種因素的影響，審計風險不可避免。審計風險的存在有可能導致預期損失的發生，從而使客戶遭受損失。

　　太平稽核為加強內部審計風險意識，有效防範審計風險造成的預期損失，促進審計質量的提高，建立了風險準備金制度。風險準備金包含在稽核服務費中。在應收服務費中預留一定比例，以三年為觀察期，觀察期內如無重大審計事故發生，在觀察期末收回該期風險準備金。觀察期內若發生重大審計事故，太平稽核按標準核銷相應的風險準備金，按核銷後的金額收回。

　　審計質量是審計行業的命脈，建立風險準備金制度，預留一部分收入作為審計質量的保障，是對內部審計的良好監督。確保三年內無重大審計事故發生，方可收回該部分金額，這對太平稽核內部審計風險管控起到了積極的推動作用。

　　審計人員提升自身的業務能力，尤其是具備現代化的審計業務能力是規避審計風險的基本前提。太平稽核風險準備金制度為審計人員不斷地提高自身的修養和專業勝任能力，不斷地累積經驗知識並豐富自己的專業技能水準提供資金保障。審計人員的專業勝任能力是對審計質量的基本保障。

第四章　多維度考核機制

國際內部審計協會（IIA）於 1947 年提出了最早公認的內部審計定義，認為內部審計是一種主要從會計和財務事項出發向管理當局提供防護性的建設性服務的獨立性評價活動。經過多年發展，IIA 於 2011 年發布的《國際內部審計專業實務框架》提出，內部審計的目標是「旨在增加價值和改善組織的營運」，增加價值則是指「內部審計通過確認和諮詢服務，增加組織實現既定目標的機會，確認營運的改進，並/或降低風險暴露的程度，從而為組織創造價值」[1]。這些變化表明內部審計考核已逐步轉向多維度的內部審計價值增值考核。

第一節　業內常用考核評價機制

經過多年發展，國內學者及各大企業內審管理人員對內部審計部門考核評價從理論及實際方面進行了廣泛研究，提出過多種不同類型的評價模型與標準。其中，認可度較高且應用較廣泛的主要有以下幾種：

一、平衡記分卡（Balanced Score Card，以下簡稱 BSC）評價機制

平衡計分卡（BSC）法的四維度評價模型是大型企業績效評價模型的主流，以財務、客戶、內部流程、學習與創新四個維度為主要考核內容。但不同企業在將 BSC 應用到內部審計考核評價中時，大多數在四維度評價模型的基礎上進行了修正，以適應企業內部經營發展需要。

---

[1] 盧學華. 基於價值鏈理論的內部審計價值增評價體系探究［Z/OL］.（2015-09-02）［2018-10-22］. http：//www. jxaudit. gov. cn/ztzl_ 3/nsyh/dtxx/jyjl/201509/t20150902_ 404305.

二、標準量化式考核評價機制

國內部分實踐者獨立於 BSC 提出了以標準化、量化為核心的內部審計考核評價方法。如王光遠（2002 年）提出，內部審計考核評價標準為三類：數量化標準、質量化標準、反饋式標準。數量化標準是指某些審計業績可以量化，如內部審計部門的業務成本與所節約金額間的比較、報告與發現的次數等；質量化標準是難以量化的標準，如有價值的審計建議、人力資源的開發等；反饋式標準包括被審者、註冊會計師、審計委員會成員、其他管理人員等對內部審計業績的評價。劉玉豔（2006 年）則提出了以 EVA（經濟增加值）基本理論為基礎的內部審計業績評價方式，通過衡量內部審計部門的收益與成本的差額對內部審計部門的業績進行評價，從而進行量化考核①。

第二節　太平稽核考核評價體系

自太平稽核成立以來，隨著集團在不同階段賦予內部審計職能要求的變化，集團對太平稽核的考核評價機制和內容進行了多次調整和變化，逐步從基於預算導向的評價體系向基於市場導向的評價體系轉變。同時，以集團對太平稽核考核評價機制為基礎，太平稽核在經歷了多次組織架構調整的基礎上，也逐步形成了較為成熟的多維度內部審計考核機制。

一、集團對太平稽核的評價體系

（一）考核評價思路

充分發揮集團領導工作業績考核與太平稽核經營績效評價的協同作用，以規範重點工作考核為抓手，突出考核重點，聚焦核心指標、聚焦市場對標，構建基於市場導向的考核評價體系，通過市場化導向明確太平稽核價值的增值作用。

（二）考核評價內容

考慮到太平稽核是集團職能單位之一，同時又以獨立的公司模式進行

---

① 劉玉豔. 基於 EVA 的內部審計業績評價研究 [J]. 中國管理信息化, 2006, 9 (2)：66-67.

運作，集團採用市場化導向的考核評價機制，以 BSC 評價機制為基礎，結合集團整體發展需要，通過財務、客戶及審計質量等三個維度對太平稽核進行考核評價。

1. 財務維度

集團將太平稽核定義為價值增值機構，要求太平稽核盡量做到成本與效益相均衡，體現出作為內部審計機構存在的價值。這種價值一方面表現為直接增值作用，即通過內部審計運作的效能提升來降低營運成本，主要有稽核項目成本、人事行政費用等考核指標；另一方面表現為間接增值作用，即通過內部審計過程及結果來降低被審計機構經營成本或增加效益，主要通過減少舞弊、查處小金庫、改善機構營運水準等形式體現。

2. 客戶維度

獨立公司運作的模式要求太平稽核具備市場化營運水準，而客戶維度則是市場化考核機制的重要內容之一。這就要求太平稽核必須重視各類客戶的需求，要認真聽取來自各類客戶的聲音，瞭解主要客戶的需求是什麼，通過滿足客戶需求體現自身價值。這些客戶既包括審計及稽核委員會、監事會等管理客戶，也包括集團內各被稽核機構等業務客戶；既要瞭解客戶對內審報告問題質量、稽核發現問題後續整改跟蹤質量及會議督辦事項落即時效性等方面的滿意度，也要瞭解其對稽核人員業務見解、專業能力及溝通合作等方面的滿意度。

3. 審計質量維度

審計質量是太平稽核能夠發展的重要前提和基礎，是內部審計工作開展的核心。審計質量能夠在一定程度上客觀反應出太平稽核整體工作水準，體現出太平稽核存在的意義與價值：一方面體現為稽核計劃完成率，即內部審計基礎的確認職能是否按要求履行；另一方面體現為重大稽核發現、重要稽核建議及稽核整改質量等。

二、太平稽核內部考核評價機制

(一) 考核評價思路

為貫徹落實集團戰略要求，強化績效考核的激勵和導向作用，提高員工績效水準，推動太平稽核總體戰略目標的實現，太平稽核以集團年度績效考核評價內容為基礎，結合太平稽核自身戰略發展需要及業務特點，著眼於組織考核及個人考核兩個層面，形成以稽核發展目標為導向、以激勵約束並舉為手段的多維度綜合考核評價機制。

（二）組織考核內容

組織考核評價是考核組織在職能履行、團隊建設、工作質量等方面的重要依據。太平稽核以集團考核評價內容為基礎，設定包括財務維度、客戶維度、稽核質量維度及部門發展維度四個維度，涵蓋工作規劃、工作效率、專業水準、職能履行、協調服務、工作推動、團隊建設、工作質量 8 項細化指標，通過組織綜合評價的方式，促進組織的規劃、服務、溝通、協調等運作管理水準的提升，形成以長期行為導向，推動高績效組織企業文化建設。

（三）個人考核內容

個人考核評價是以組織考核評價為基礎，梳理明確工作目標，考核個人在工作履職、業務創新、綜合素質能力提升等方面的重要依據。太平稽核以組織考核評價內容為基礎，設定包括個人重點工作、重點督辦事項、個人能力發展等維度，並依據當年度實際考核評價內容靈活設置具體細化考核指標，通過簽訂績效合同的形式，以量化考核評價與 360° 考核評價相結合，促進個人業務能力、綜合素質的提升，從而促進組織績效提升。

第五章　有特色的人才隊伍建設

　　太平稽核成立 10 年來，踐行「求實、專業、進取」企業文化，積極探索建立具有「太平特色」的綜合性人才培養模式，初步形成了一套具有內部審計特點的人力資源管理體系和人才培養培訓體系，在行業審計體系內首家啓動員工勝任素質模型，推動學習型組織建設，「三高」團隊建設穩步推進。

第一節　建立相對科學的人力資源管理體系

　　保險業是專業化程度較高的金融服務業，是人才密集型行業。企業之間的競爭，歸根到底是人才的競爭。如何吸引人才、留住人才、培養人才和用好人才，成為影響保險企業獲取持續競爭優勢的核心要素。自太平稽核成立以來，基於集團具有前瞻性的「三年再造」「最具特色和潛力的精品保險公司」的戰略目標要求，結合內部審計行業對各類專業性人才的切實需求，太平稽核不斷加大人才引進、培養和使用的力度，通過「太平精神」的塑造和「稽核文化」的洗禮，逐步形成了選擇人才共創事業，鼓勵人才想幹事、能幹事、幹好事和幹成事的良好環境，建立了相對科學的人力資源管理體系。

一、太平稽核人力資源管理體系概況

　　按照集團不同階段戰略佈局的要求，堅持「人才是第一資源」的理念，以服務集團精品戰略及打造特色稽核體系為先導，以員工能力素質模型為基礎，科學規劃、重點突破、整體推進，通過建立以「選、育、用、管」（見圖 5-1）為一體的人力資源管理手段，打造一支與公司戰略相配套、與經營管理相協調、與特色稽核體系相匹配、結構合理、素質優良、具有行業競爭力的稽核人才隊伍，為實現集團戰略及太平稽核發展目標提

供人才保證。

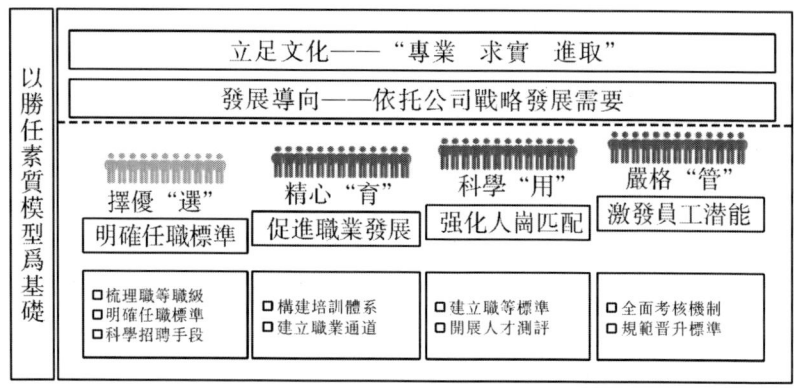

圖5-1　太平稽核人力資源管理體系

二、管理體系基礎：員工勝任素質模型

為進一步貫徹員工能力素質全面提升成長計劃，實現太平稽核事業長足發展，根據公司發展要求，2012年開始，公司與專業諮詢公司合作，經過員工訪談、問卷調研、能力測評等方式，建立了符合太平稽核業務發展需要、適應於內部審計人員發展的員工勝任素質模型（見圖5-2）。

模塊	素質名稱	素質定義	行為重點	行為重點描述	不合格	合格	良好
專業能力	溝通協調	妥善處理與稽核中心內部及客戶之間的關係，促成相互理解、獲得支持與配合	表達與反饋	能夠清晰表達較為複雜的觀點，準確理解他人話語中的潛在含義，理解他人作出各種行為的原因，靈活的調整策略作出恰當反饋	該行為沒有展現	該行為展現不足	該行為較好展現
			處理衝突	在複雜或緊張環境下遇到分歧時，能夠就所面臨問題、廣泛聽取團隊成員的意見或建議，推動團隊達成共識	該行為沒有展現	該行為展現不足	該行為較好展現
			影響他人	善於換位思考，能夠根據對方的關注點，把握合適當時機，靈活選擇適用對方的說服影響方式	該行為沒有展現	該行為展現不足	該行為較好展現
	流程導向	遵從既定的工作流程，能夠對流程進行簡單化和優化，追求流程與效率的持續改善	流程意識	關注實現工作目標的詳細過程與關鍵環節，尋找更好的方法，注重工作流程的效益與效率	該行為沒有展現	該行為展現不足	該行為較好展現
			通過流程解決問題	對工作中的關鍵環節進行分析，尋求提高成果質量和效率的方法，安排優先次序，充分發揮整合作用	該行為沒有展現	該行為展現不足	該行為較好展現
	數據分析	能夠對所收集到的原始的、零散的第一手資料和數據進行整理、綜合分析，行程系統的和指導性的專業意見或建議	數據收集	視數據為重要資源，熟悉數據相關的政策管理，了解工作中所需的關鍵數據和訊息管道	該行為沒有展現	該行為展現不足	該行為較好展現
			數據整合與應用	能夠對零散的數據和訊息進行整合、發現數據和訊息中反映出的問題，總結成果業意見	該行為沒有展現	該行為展現不足	該行為較好展現
	風險敏銳度	對風險敏銳，嚴謹考量每個細節，設想各種可能風險，提出相應的預防措施和應對方案，有效規避風險	風險意識	能夠認識到風險對於項目公司可能導致的後果以及防範的重要性，對公司中常見的風險，做好了心理預期和檢查的準備	該行為沒有展現	該行為展現不足	該行為較好展現
			風險應對	能夠按照法規範要求進行檢查，基於所檢查出的結果向客戶提出相應的風險防範或應對建議	該行為沒有展現	該行為展現不足	該行為較好展現
	指導他人	根據項目目標和人員能力等合理的項目任務分配，以自己的專業意見和建議指導和影響他人	任務分配	能夠根據項目工作需要，對專業人員進行任務分配	該行為沒有展現	該行為展現不足	該行為較好展現
			專業指導	了解專業知識，能夠針對專業風險或問題，提供專業的意見或想法	該行為沒有展現	該行為展現不足	該行為較好展現

圖5-2　審計師勝任素質模型

三、擇優「選」：明確任職標準

以更好地為集團提供稽核服務、守住集團經營風險底線為基準，太平稽核在人力資源發展過程中，結合員工勝任素質模型，梳理了關鍵崗位的職等職級、明晰了各類職級的 3D+E 任職要求，並選用科學化的手段嚴把人才進入端口，明確任職標準和要求。

（一）形成管理、支持、審計三大序列的職等職級

基於太平稽核戰略發展規劃對稽核員工的要求，結合員工勝任素質模型，在定位序列職等職級業務工作內容的前提下，對各類稽核員工的關鍵職責、核心價值進行了全面梳理，形成了管理序列、支持序列及審計序列三大序列共 13 個職等職級（見圖 5-3）。

定位	專業序列發展通道	關鍵職責	對於公司的價值
戰略管理	首席審計師	以集團的角度思考問題，引領專業團隊，能夠站在稽核中心的戰略高度規劃業務發展方向	解決高端戰略管理人才缺乏問題
	資深審計師	站在中心戰略角度，對未來專業技術的發展方向進行前瞻性思考	
業務專家	高級審計師	對風險高度敏感，能發現重大風險漏洞，並針對性的對現有風險管理模型進行修訂和完善	提升中層專業人員承接戰略能力的要求
質量控制	審計師	能夠針對風險點，發現深層的、業務經營上的問題，提供避風險的合理化建議	區分出現有主審人員的能力水平和等級
	助理審計師	能承擔中支公司稽核項目主審工作，確保項目質量	
流程完善	審計員	能夠分析出項目數據中所反應的常規風險點，完成部分項目任務	
	助理審計員	參與稽核項目，進行相關稽合資料的收集、準備工作	

圖 5-3　審計序列職等職級

（二）明晰各職等職級的 3D+E 任職標準和要求

以太平稽核各序列職等職級的職責要求為基本參考，對標四大會計師事務所相應專業崗位和職級的要求，太平稽核以各序列員工任職所需具備的職責（Do）、能力（Display）、業績（Deliver）以及經驗（Experience）等四個方面的條件（以下簡稱「3D+E」）作為各序列員工的 3D+E 任職標準，明確定義了不同職等職級員工的任職條件（見圖 5-4）。

（三）選用科學手段，把好准入端口

在選用結構化面試、行為事件訪談法（Behavioral Event Interview,

Band(職等)	Do(職責)	Display(知識、技能)	Deliver(業績)	Experience(經驗)
總部部門負責人或區域中心負責人	制定所轄業務領域的操作規範；定期與稽核相關進行研究與討論；帶領下一階段的稽核工作重點；指導、督促各區域中心員稽核執行；制定部門/區域業務發展計畫；負責部門日常管理與團隊建設。	知識技能：金融、保險、財務、審計、經濟類專業本科或以上學歷；熟悉稽核項目的潛在風險點，具有審計較強能力，能夠組織稽核項目進行優化和創新；相關專業考試資格：CIA、CPA、中級會計師、CISA(IT審計師)、準精算師、CFA二級、FRM(金融風險管理師)或經濟師高級等專業相關資格、管理能力：策略思維溝通協調專業權威團隊能力	績效考核結果良好以上	十年以上保險、審計或財務工作經驗
總部室負責人或區域部門負責人	對所管轄業務內審計報告的質量負責；分析和總結稽核報告反映的共性、個別和重大問題；擔負稽核組的專業價值；負責科研日常管理與團隊建設。	知識技能：審計、法律、金融、管理、醫學、法律相關專業本科或以上學歷，具備較好的文字表達能力；熟悉稽核項目的操作流程和風險點，具有審計較強能力；相關專業考試資格；通過內審計師考試、外部專業資格認可中級審計師、中級會計師、LOMA等集團認可等，或經濟師高級等專業相關資格管理能力：執行力協同合作專業權威輔導培養	績效考核結果良好以上	六年以上保險、金融、財務、審計工作經驗

圖 5-4 管理序列各職等 3D+E 任職條件

BEI）等面試手段的基礎上，太平稽核與外部專業機構合作，針對構建的員工勝任模型設計了多套對應於不同崗位的測評工具，對候選對象的工作風格、邏輯思維及專業能力等多位維度進行綜合測試，通過多種科學手段相結合的方式嚴把選人關。自太平稽核成立以來，每年招聘員工轉正率均超過99.5%，有效地從選人端口做好專業化人才引入工作。

四、精心「育」：促進職業發展

本著立足當前、放眼未來的思路，太平稽核以員工培訓為主要抓手，以交流輪崗和在崗實踐為輔助手段，多種方式相結合，全面培養稽核員工的綜合能力素質，提升員工職業競爭能力，拓寬了員工職業發展通道。

（一）構建稽核員工培訓發展體系

為全面加強稽核隊伍綜合素質能力建設，打造高層次、複合型稽核精英團隊，結合太平稽核人才培養現狀，以崗位勝任素質模型為依據，通過建立「立足文化、四點一面、持續發展」的特色人才培訓體系，為太平稽核可持續發展提供人才保障。

（二）建立稽核員工職業發展通道

一方面，基於內部發展需求，太平稽核建立了管理序列、審計序列、支持序列等三大序列向上發展及跨序列橫向發展的雙 U 型職業發展通道；另一方面，太平稽核也與集團及集團內各子公司在人才交流方面建立了良好的通道，為稽核員工提供到集團管理部門、子公司業務部門交流任職的跨公司發展通道。截至 2018 年 9 月，太平稽核共有 22 名員工交流至集團本部，54 名員工交流至太平人壽、太平財險、太平養老等子公司；同時，集團及各子公司共有 46 名員工交流至太平稽核，形成了可持續的員工發展通道。

五、科學「用」：強化人崗匹配

聚人是能力，用人則是智慧。太平稽核通過建立能力標準、開展測評

分析等科學手段不斷磨合、優化公司的人崗匹配度，提升稽核工作效能。

（一）建立職等能力標準

以員工勝任素質模型為基礎，基於問卷、訪談、公文筐等工具，太平稽核提煉出了管理、支持及審計三大序列員工能力評估的標準，見圖5-5。

序列	職等	專業能力					通用能力
管理序列	總部部門(區域負責人)	戰略思維	資源協調	專業權威	團隊建設		
	總部室(區域部門)負責人	執行力	協同合作	專業權威	輔導培養		
支持序列	經理、主任、文員	-	-	-	-	-	
審計專業序列	首席審計師	數據分析(4)	風險敏銳度(4)	流程導向(4)	溝通協調(3)	指導他人(4)	學習創新正直擔當積極進取服務意識
	資深審計師	數據分析(4)	風險敏銳度(4)	流程導向(3)	溝通協調(3)	指導他人(3)	
	高級審計師	數據分析(3)	風險敏銳度(3)	流程導向(3)	溝通協調(4)	指導他人(2)	
	審計師	數據分析(2)	風險敏銳度(2)	流程導向(3)	溝通協調(3)	指導他人(1)	
	助理審計師	數據分析(2)	風險敏銳度(2)	流程導向(2)	溝通協調(2)		
	審計員	數據分析(1)	風險敏銳度(1)	流程導向(2)	溝通協調(2)		

圖5-5 太平稽核職等能力標準

（二）開展人才測評分析

經過不斷地優化完善，太平稽核基於員工能力評估的過程和結果，對各種工具手段在科學用人過程中展現出的優劣勢進行了分析，最終選定了360°評估、BEI、案例分析三種測評工具。

結合能力標準及測評工具的應用，太平稽核定期以人才盤點的方式瞭解公司的人崗匹配度，針對不足進行優化和完善，並甄選出優秀的高潛質人才，提拔任用。

六、嚴格「管」：激發員工潛能

建立並不斷完善全面的績效考核機制，規範幹部員工的晉升標準，嚴格幹部員工的考核評價機制，進一步激發員工工作潛能。

（一）全面績效考核機制

一是以日常業務指標為基準，在績效考核中全面引入基於員工勝任素質模型的能力素質指標，並配以360°考核、民主評議及述職評價等手段，豐富太平稽核績效考核的管理方法。二是將太平稽核的績效考核管理從傳

統的強調考核和獎罰兌現轉變為強調考核結果與提升員工素質能力並重。在整個績效管理過程中，太平稽核各級管理者須給予員工更多的授權、指導、支持與幫助，而不僅僅是事後對於員工的考評，豐富太平稽核績效考核的管理內涵。三是將績效考核結果應用到員工培訓發展、幹部員工晉升過程中，以考核與晉升和培訓發展相結合的方式進一步激發員工潛能。

（二）規範幹部員工晉升標準

一是低職等員工遵循小步快跑原則，高職等員工遵循穩步晉升原則。審計專業序列審計師（不含）以下、行政序列經理級以下（不含），在當前職級上工作滿1.5年後方可申請晉升，審計師專業序列審計師以上、行政序列經理級及以上級別，在當前職級上工作2年以上方可申請晉升。二是跨職等晉升和同職等職級晉升差異化要求原則。如審計專業系列同一職等內的職級晉升主要依據是年限和績效評估結果，不需要通過專業能力考試和勝任能力素質評估，而跨職等晉升則需要通過進行專業能力考試和專業能力、通用能力素質評估。

第二節　建立較為完善的稽核培訓體系

隨著中國太平保險集團對新業務、新領域的不斷拓展，集團產品多元、業態豐富的綜合金融平臺特徵愈發顯著，但所面臨的風險也較以往更加複雜，這也對太平稽核的整體發展，特別是人才隊伍培養帶來了挑戰。首先，太平稽核作為集團的內審機構，承擔了對所有業務、所有條線、所有層級公司全覆蓋的稽核任務，這就要求稽核員工必須兼具銷售管理、產品管理、客戶管理、投資管理、公司治理結構等綜合性知識及技能，需要具備較強的綜合金融風險識別能力及防範意識；其次，太平稽核作為集團的內審機構實行獨立於各子公司的營運機制，雖保證了內審工作的客觀性，但也存在與各子公司業務聯繫相對較弱，稽核員工專業知識結構相對單一的問題；最後，風險管理理念的轉變和新技術的發展應用對稽核員工的知識更新提出了更高要求。

隨著經濟生活的不斷發展、消費者需求的不斷提升以及科學技術的不斷發展，技術應用及業務模式創新層出不窮，跨業務、跨產品、跨公司風險也逐步累積，風險形勢日益複雜。以風險為導向的「償二代」的推行實施促使整個行業風險管理理念發生了轉變，定量定性與市場統一的監管規

則推動險企在持續提升風險管理能力的前提下轉型升級和提質增效。因此，加強稽核員工隊伍對保險、投資、證券、金融租賃、法律、財會、精算等專業知識的培訓，改善員工專業知識結構，不斷加強稽核員工對新理念、新技術的學習及知識更新才能滿足集團發展的要求，這不僅是太平稽核面臨的現實任務，也是決定稽核質量高低的關鍵性因素。

太平稽核定位於更好地為集團提供稽核服務，為公司業務發展保駕護航，全面提升稽核員工綜合能力素質，以中央對幹部教育工作提出的新要求為基礎，以集團精品戰略和構建「以風險為導向的特色稽核體系」為導向，結合稽核隊伍培養現狀，堅持「頂層設計、問題導向」的原則，以全面提升稽核隊伍綜合能力素質為核心，以崗位勝任素質模型為依據，不斷加快稽核隊伍工作理念和工作方式更新的步伐，在十年的業務發展歷程中，逐步建立起了具有太平稽核特色的培訓體系（見圖5-6）。

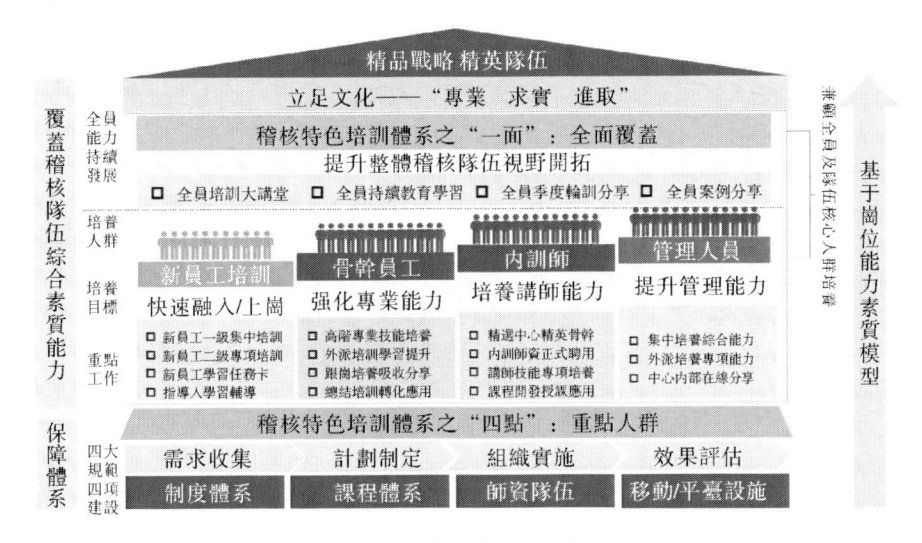

圖 5-6　太平稽核培訓體系

一、太平稽核特色培訓體系概況

為全面加強稽核隊伍綜合素質能力建設，打造高層次、複合型稽核精英團隊，結合太平稽核人才培養現狀，以崗位勝任素質模型為依據，通過建立「立足文化、四點一面、持續發展」的特色人才培訓體系，為太平稽核可持續發展提供人才保障。

二、培訓體系依據：學習地圖

（一）設計理念

秉承以培訓促進稽核業務發展的服務宗旨，以鞏固稽核員工學習發展路徑為核心，以稽核員工勝任素質模型為依據，以開發設計稽核員工職業發展通道為主軸而設計的整體學習發展框架（見圖5-7）。

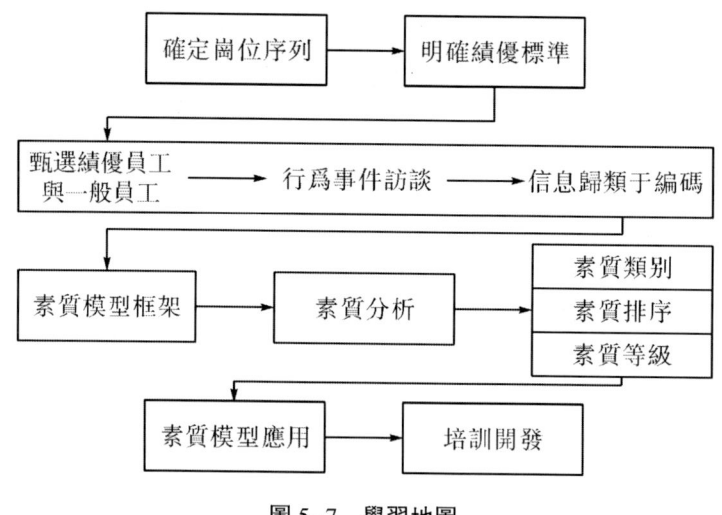

圖5-7 學習地圖

（二）產出成果

依託於勝任素質模型，太平稽核開發出了囊括專業序列學習地圖（見圖5-8）、管理序列學習地圖及支持序列學習地圖三大類學習發展框架，不同序列、不同層級的稽核員工均匹配了相應的學習內容和學習要求。

三、培訓體系核心：立足文化

稽核特色人才培訓體系以立足太平稽核文化為核心，將「專業、求實、進取」的稽核文化貫穿於稽核特色人才培養體系中。

專業，聚焦於稽核專業能力提升，將培訓重點聚焦在提升崗位專業能力上；求實，落地到具體行為表現，區別於傳統培訓僅關注於訓中，連結實際工作場景，將稽核人才培養貫穿訓前、訓中、訓後整個流程；進取，持續追求卓越表現，持續拓展優質培訓資源，同時拓展稽核智能為集團各子公司健康發展提供專業服務的諮詢培訓服務。

稽核中心學習地圖——專業序列(助理審計師)

序列		專業		職級	助理審計師		
學習目標		課程名稱	課程編號	課程類別	推薦學習形式	建議內容來源	備註(ELM編號)
溝通協調	表達與反饋	商務溝通面面觀	1	全員通用	ELN/課堂	外購	B11S072
		直言不諱：表達的藝術		職級專用	ELN/課堂	外購	B12V081
		給予和接受反饋		序列通用	ELN/課堂	外購	M13H091
	處理衝突	衝突管理		序列通用	ELN/課堂	外購	B13P096
		化解團隊衝突		序列通用	ELN/課堂	外購	M08N020
	影響他人	語言溝通的作用	1	全員通用	ELN/課堂	外購	B10M059
		說服他人		全員通用	ELN/課堂	外購	B09H042
流程導向	流程意識	ISO9000質量管理體系		全員通用	自學、課堂、OJT	內部、文件資料	
	通過流程解決問題	稽核中心個業務條線作業規範(結合自己的工作)		序列通用	自學、課堂、OJT	內部	
		認清問題的本質		序列通用	ELN/課堂	外購	M12S090
數據分析	數據收集	稽核項目的非現場作業規範		全員通用	自學、課堂、OJT	內部	
		OracleSQL腳本基礎查詢		序列通用	自學、外派、課堂	書籍、外部資源、內部	
		子公司核心業務系統介紹		序列通用	課堂、自學、外派、OJT	內部知識沉澱、業務系統	
	數據整合與應用	Excel 2007、word和ppt進階操作技巧		全員通用	ELN/課堂、OJT	外部/內部	
		數據分析方法		序列通用	課堂、自學、OJT	內部、外部	
		撰寫報告的藝術：如何編寫高質量的報告		序列通用	ELN/課堂	外部/內部	M09V033

圖5-8　學習地圖——專業序列（助理審計師）

四、培訓體系著力點：四點一面

結合太平稽核人才培養實施現狀，堅持「頂層設計、問題導向」的原則，兼顧重點人群及員工全面覆蓋為培養著力點，堅持培養內容「從工作中來，到工作中去」，切實保障培訓有效落地。「四點」：以新員工、稽核主審骨幹、內訓師、中高層管理人員等四類重點人群的專項培訓為抓手，強化稽核隊伍關鍵人群的綜合素質能力。「一面」：基礎類專業培訓全面覆蓋太平稽核所有員工，夯實整體稽核隊伍基礎業務能力。

五、培訓營運保障：分級管理實施

為規範及做好太平稽核培訓營運管理工作，公司將培訓營運進行了精準化細分，進行培訓分級管理營運，並對各級培訓的責任單位和責任內容進行了明確的區分：一級培訓、二級培訓。

一級培訓是由太平稽核培訓室統一組織或集團統一組織太平稽核承辦或協辦的體系化培訓。以稽核員工綜合素質能力培養、基礎共性業務知識及通用業務技能為主，主要包括管理序列培訓、專業序列培訓、支持序列培訓、內訓師培訓、全員培訓、新員工集中培訓及其他專題培訓。

二級培訓是由太平稽核總部各部門或各區域中心根據自身業務職責及工作需要組織開展的個性化針對性培訓。以各單位個性化培訓為主，主要包括業務條線人員培訓、各單位內部培訓等。

六、培訓資源保障：內外部資源共建

（一）師資隊伍建設

（1）開拓了四大類外部培訓資源。一是有效利用集團專家及骨幹資源，與集團及各子公司建立了培訓資源共享機制，將集團及各子公司各類業務專家、核心骨幹納入了公司師資庫；二是開拓了行業協會類資源，目前已將中國保險行業協會、中國內部審計協會等機構資源納入了公司培訓學習資源庫；三是開拓了業務相關高校類資源，目前已將北京國家會計學院、保險職業學院納入了公司培訓學習資源庫；四是開拓了其他綜合類外訓資源，目前已將普華永道、高頓財務、安越等綜合類公開課供應商資源納入了公司培訓學習資源庫。

（2）打造了內部兼職內訓師隊伍。一是對公司內各單位業務專家進行盤點，通過選拔、評聘等手段，將各單位優秀業務專家評聘為中心內部兼職內訓師，現已評聘兼職內訓師近 30 名；二是通過開展專題培訓班、日常課程開發技能培訓、專業題庫建設等手段對內部兼職內訓師隊伍進行了營運和培養，有效地提升了內訓師隊伍的課程開發、演講表達等綜合素質能力。

（二）課程體系建設

（1）圍繞稽核要求開發基礎類專業課程。緊扣稽核員工崗位工作需要，以稽核員工學習地圖為依據，以《保險稽查指引》系列套書為藍本，組織中心內訓師進行審計基礎類專業課程的定向開發，現已開發形成了數十門系列課程，對太平稽核專業知識的沉澱與傳承奠定了一定的基礎。

（2）緊扣當前突出問題開發針對性課程。依託稽核員工階段工作情況，以階段性工作改進需求為依據，組織中心內訓師開發了涵蓋業務操作流程、業務技巧、突發問題應對等針對性課程，滿足稽核員工短期、緊迫性學習需求。

（3）獲取外部合作共享專業知識類課程。以保險、財務、審計等知識類課程資源為核心，以辦公應用、綜合素養等通用類課程資源為補充，通過與中國保險網絡大學、中國內部審計協會等外部機構合作共享的方式，為中心員工提供了豐富的基礎知識類課程的學習渠道，滿足不同層次員工

的多樣化學習需求。

(三) 稽核案例庫建設

以實現中心內部優秀業務經驗的傳播與沉澱為目的，以季度優秀稽核成果為主要途徑，於 2017 年起組織中心員工撰寫開發稽核案例，現已收集稽核案例一百餘篇，初步形成了中心內部稽核案例庫，搭建起了太平稽核優秀經驗分享平臺。

第六章　企業文化

文化,作為一種「軟實力」,對於大到國家民族,小到部門單位,既是一種象徵性標示,又是一種精神紐帶和精神支柱。先進的企業文化作為「軟實力」,具有的強大的凝聚力和創造力,是企業核心競爭力的重要組成部分。建立先進的企業文化,是企業創新發展、做大做強的迫切需要;是提升企業管理水準,打造高素質員工隊伍的重要舉措。

太平稽核以集團核心價值觀為基礎,結合稽核工作特點,經過實踐和總結,形成了「求實、專業、進取」的太平稽核文化。具體來說,求實,主要是太平稽核在職業道德和職業操守層面倡導的價值取向,要求稽核人員在稽核工作中要實事求是、恪守獨立、注重實效;專業,主要是太平稽核在職業素養和工作能力層面倡導的價值取向,要求稽核工作要不斷提升專業化運作的能力,要求稽核隊伍不斷提升專業素質和專業能力;進取,是太平稽核在企業精神層面倡導的價值取向,引導稽核人員勇於創新、奮發向上、不斷追求卓越。上述三個方面相互支撐、互為補充,共同構成太平稽核文化的基石。

第一節　求實

求實就是探求事件的客觀實際和本質,以得到對事件本身的正確認識。求實是一種價值判斷,內含一定的價值標準。求實是稽核人員履行職責時的基本價值取向,它要求稽核人員一切從實際出發,堅持以事實材料為依據、以規章制度為準繩、以維護公司利益為根本目標,實事求是地反應情況,實事求是地揭示問題。稽核人員只有保持求實的態度,才能確保稽核工作的有效性和權威性,才能得到被稽核單位的理解和尊重。稽核工作作為保障集團健康發展的「免疫系統」,只有將「求實」滲透日常的稽核工作中,才能履行好稽核人員的職責,才能及時發現「疫情」,才能保

證集團在發展過程中不出現系統性、區域性風險。我們主要從以下幾個方面培育求實文化：

一是依規稽核，求實客觀。「依規稽核」是太平稽核最基本的行為規範之一。它包括兩個方面：一方面是稽核人員在工作中必須做到有規必依、執規必嚴、違規必究；另一方面是稽核人員在履職時，必須嚴格遵紀守規，按照規定的紀律和程序開展工作。「求實客觀」是指稽核人員履行職責時的基本價值取向，它要求稽核人員一切從實際出發，以事實為依據，真實反應情況；既不摻雜個人好惡和主觀意願，也不受被稽核對象的干擾和左右。「求實」是太平稽核文化的核心，是太平稽核不斷發展的基礎和生命線。

二是堅持原則，敢於碰硬。公司經營的合法合規性是太平稽核實施內部審計的重點，也是集團公司賦予太平稽核的重要職責之一。合法合規性檢查要求稽核人員要以各項法律法規和規章制度為標準，在稽核工作中要堅持原則，敢於碰硬，勇於揭示違法違規行為，維護制度的權威性和有效性。

三是廉潔自律，恪守獨立。廉潔是求實的保鮮劑、防腐劑。而廉潔和獨立是求實客觀地開展稽核工作的前提。太平稽核代表集團公司行使對子公司經營合法合規性的監督、檢查和評價，這就要求稽核人員必須嚴格執行稽核工作紀律，廉潔自律，恪守獨立。

四是講求實際，注重實效。稽核工作也要講實用、重實效，正確認識發展、質量和效益三者的關係，根據實際工作情況準確把握好支持業務發展與加強風險防範之間的「度」，正確處理好加快發展與防範風險的關係，在有效控制風險、確保業務品質和質量、依法合規經營的前提下，協助集團及各子公司健康快速發展。

第二節　專業

專業，就是有專長和特長的意思，是一個屬於能力範疇的概念。在現代社會中，是否專業是人們評價一個人或一個組織時最看重的標準。當人們一提到專業人士和專業機構時，就會頓時肅然起敬，進而產生信賴感。

太平稽核之所以追求「專業」，是因為：其一，這是不斷提升太平稽核核心價值的需要。為集團及集團內子公司提供專業的內部審計和諮詢服

務是我們的核心價值所在。「專業」要求太平稽核不斷提升核心價值，在管理架構、運作流程、稽核技術和手段等方面均處於行業的前列。這也正是我們不斷追求的目標。其二，這是不斷加強稽核隊伍建設的需要。「專業」意味著稽核人員對所從事的稽核工作具有很強的專業精神、過硬的專業技能和很高的專業操守。稽核工作要求我們具備審計的基本知識和技能，具備對保險相關業務的清晰認識和理解，具有對風險事件敏銳的洞察和分析能力，具備對集團內部各有關方面的協調能力。這就要求太平稽核要不斷推動學習型組織建設，要求各級員工不斷加強專業學習，勤學博學、一專多能。其三，這也是出於員工規劃自己職業生涯的需要。太平稽核不僅是員工工作謀生的場所，也是追求進步成長的舞臺。員工應該通過提高自己的專業水準來累積自身價值，拓展更大的事業空間。

我們主要從以下幾個方面大力培育專業文化：

一是開放心態，學習借鑑。開放和學習是稽核人員提高專業能力的捷徑，我們應該學習任何好的思想、知識、經驗和做法。我們要保持開放的心態，學習太平稽核內部的優秀典型，學習集團內優秀機構的好做法，借鑑金融行業內先進的內部審計模式和經驗。只有通過不斷地學習和借鑑，完善和改善稽核流程，豐富稽核技術和手段，太平稽核的專業化運作水準才能不斷提高。

二是重視培訓，提升能力。當今知識經濟社會，知識更新速度快於環境變化速度，稽核工作更是需要專業知識的不斷豐富和更新。太平稽核要重視和加大培訓的投入，按照中心的培訓規劃，通過開展各類專業培訓，努力為員工創造學習的機會。通過學習和培訓不斷提升稽核隊伍的專業能力。

三是愛崗敬業，精益求精。熱愛和興趣是人生最好的老師。太平稽核各級員工要練就精湛的核心專業技能，就必須發自內心地熱愛本職工作，恪守職業精神，不放過工作中的任何一個問題和疑點，刻苦鑽研，努力尋找最好的解決辦法。這也就是我們通常所說的「干一行、愛一行、鑽一行、精一行」的要求。員工個人專業能力的提升必然會推動太平稽核整體專業能力的提升。

第三節　進取

　　進取是一種蓬勃向上的精神，是不滿足於現狀、堅持不懈地向新的目標追求的精神。將進取作為太平稽核文化的一部分，這是稽核工作特點所決定的。集團的不斷發展，對稽核工作的要求也在不斷地發展變化，稽核的重點、稽核工作的流程、稽核技術和手段等必將隨著時間的推移而不斷調整和改進。太平稽核也必須適應新的形勢需要，承擔新使命和新責任。稽核工作如果不進取、不創新，將無法滿足集團公司及各子公司對於太平稽核的要求和期望，無法保證稽核工作的質量和效果。我們就是要在不斷開拓進取、持續創新中求發展。

　　我們從以下幾個方面努力，通過培育「創新、創優、創業」的三創精神，大力培育進取文化：

　　一是以創新之舉帶發展。牢固確立創新的理念，把創新作為帶動稽核事業發展的重要舉措，圍繞理念創新、制度創新、實踐創新，不斷創造新特色、新方法、新工具。圍繞提升稽核質量與效率，進一步加強重大稽核課題的研究和攻關，力爭在稽核廣度和深度上不斷突破。

　　二是以創優之氣抓發展。在全系統上下形成「積極向上，爭先創優」的氛圍，形成人人爭先、你追我趕、齊頭並進的良好局面、高標準、嚴要求，全體員工同心協力、追求卓越，推動太平稽核的快速發展。

　　三是以創業之志促發展。激發全體員工的創業激情，人人養成想干事、會干事、干成事的志趣。以工作實績作為價值取向，銳意進取，有激情、在狀態，不滿足於現狀，勇於自我挑戰，努力實現新的更高的目標，不斷促進稽核工作的新發展、新進步。

第二部分
專業的運作模式

太平稽核依據COSO-ERM企業風險管理內容框架，融入「償二代」的基本內容，實施以風險為導向的全面風險稽核。稽核內容全面涵蓋內部環境、控制活動、風險識別與評估、信息溝通和監督等方面重要內部控制環節；涉及「償二代」所包含的保險風險、市場風險、聲譽風險、信用風險、戰略風險、流動性風險、操作風險等所有風險領域；檢查層級全面覆蓋集團和子公司總部及二、三級分支機構，對四級機構根據風險情況，延伸實施現場檢查。

目前，太平稽核的審計業務類型涵蓋內部控制評價、常規審計、經濟責任審計、專項審計、IT審計、效益效能審計、跟蹤審計等。除了傳統的事後審計業務類型外，太平稽核還積極探索事中審計業務——非現場監測，通過對集團主要子公司保險業務的重要風險領域T+1同步監測，開展即時、連續性監測，開發風險熱圖等可視化預警功能，大幅提升中心的預警風險能力的同時，還豐富了中心的稽核業務類型。

另外，太平稽核還提出將內部控制評價審計以事前、事中審計為主的工作思路。一是將審計對象從「結果」轉化「過程和結果」，強化過程的審計；二是從以對某一時點的靜態情況審計轉化為對全過程的動態情況審計，重點關注過程控制有效性的審計。通過健全審計業務類型，構建起「控制過程、預防為主、持續改進」的審計運行機制，從根本上防範風險，促進增值，提高組織運行效率。

根據上級監管機構的相關要求，結合集團公司自身發展實際，太平稽核建立了機構、業務、數據、風險「全覆蓋」審計檢查模式，內部審計風險防範作用顯著。通過進一步理順內審機構與被審計機構間的工作機制，立足子公司風險管理需求，太平稽核在提供全面內部稽核審計業務基礎上，還提供專業內審服務和諮詢，確保雙方全面履行內審工作相關權責和義務。從整體來看，實現了「全覆蓋」的監督模式。同時，還實現了檢查層級年度全覆蓋，對集團境內主要子公司總、分、中支常規審計每年全覆蓋，高管人員任中經濟責任審計每三年全覆蓋、離任經濟責任審計3個月內全面完成。

第七章　以風險為導向的稽核審計

第一節　全面風險管理與內部審計

一、風險的定義

關於風險的含義，許多國內外專業研究機構都給出了不同的表述。2001年國際內部審計師協會（IIA）對風險進行定義，認為「對實現目標產生影響的事件發生的不確定性稱為風險」，並指出後果和可能性是衡量風險的指標。美國反虛假財務報告委員會（COSO）下屬的發起人委員會對風險的定義，認為風險是某個事件的發生將會對目標實現的可能性發生嚴重影響。風險源於公司外部和內部，對公司實現目標或者使得目標發生變化，對目標的實現可能會產生積極的變化或負面的影響，而負面的影響被稱為風險。中國國有資產監督管理委員會對風險進行定義，認為風險是未來的不確定性對公司實現經營目標的影響[1]。

無論如何定義「風險」一詞，其基本的核心含義都是「風險是指某一特定環境下，在某一特定時間段內，某種損失發生的可能性」。通過分析上述國際專業協會和國家機構對風險定義的論述，可以概括出風險的特徵：

（1）風險具有不確定性，是可能發生的事件，具有一定概率性；

（2）風險是客觀存在的、不可避免的，伴隨著公司營運，與公司目標相關，是由於公司風險敞口造成的；

（3）一旦發生風險事件，將會影響公司的目標實現，對公司造成損失或者影響，但並不僅僅片面地認為是消極因素，也有可能是積極因素，給

---

[1] 秦榮生. 現代內部審計學［M］. 上海：立信出版社，2017：61.

公司創造機會，增加公司價值。

二、全面風險管理要素

全面風險管理的基本原理是以公司價值最大化、股東財富最大化為目標，以公司整體的經營管理活動為對象，綜合分析公司可能會面臨的所有風險，通過風險識別、風險評估、風險應對等措施並把握機會，及時有效地預防風險。

根據COCO《企業風險管理——整合框架》的規定，全面風險管理的要素包括內部環境、目標設定、事項識別、風險評估、風險應對、控制活動、信息與溝通及監督。

（一）內部環境

內部環境對公司的影響是重大的，是其他七個要素的基礎。公司內部環境受到多方面因素的影響，如公司文化氛圍、公司發展歷史等因素的影響。內部環境包括董事會和經理層的風險理念、公司可容忍的風險、公司員工的誠信及價值觀念、公司員工的專業勝任能力等方面。

（二）目標設定

目標設定是指在戰略目標、經營目標、報告目標及合規目標的基礎上進行細化，建立次級目標體系，次級目標體系貫穿於公司經營管理的始終。目標設定不僅需要考慮如何對公司使命實現提供支撐，而且需要考慮與公司的風險容量相互匹配。

（三）事項識別

事項識別是指公司需要識別出影響公司目標的潛在事項。影響潛在事項的因素包括外部因素及內部因素，外部因素包括經濟因素、科技因素等，內部因素包括人員因素、流程因素等。

（四）風險評估

風險評估是在事項識別的基礎上開展的，風險評估時可以採用定性及定量技術來評估潛在事項發生的可能性及影響範圍。

（五）風險應對

風險應對工作是在風險評估的基礎上開展的，公司選擇的風險應對手段包括風險接受、風險規避、風險分擔及風險降低，公司董事會通過選擇風險應對措施使得剩餘風險在公司可接受範圍內。

（六）控制活動

控制活動是在風險應對的基礎上開展的，控制活動保證風險應對措施

得到有效的實施。控制活動包括董事會和經理層的重新審核、業績指標及職權分離等。

（七）信息與溝通

信息為公司管理風險及決策提供保障，而溝通是信息傳遞給相關人員的方式。

（八）監督

持續地對公司風險管理進行監督，從而及時發現風險管理體系的缺陷及不足[1]。

三、風險管理審計

風險管理審計是指公司內部審計部門採用系統化、規範化的方法，進行以測試風險管理信息系統、各業務循環以及相關部門的風險識別、分析、評價、管理及處理等為基礎的一系列審計活動，對公司的風險管理過程進行評價進而提出改進建議及措施，幫助公司實現其目標。

內部審計實施風險管理審計的程序，主要包括審計計劃階段、審計實施階段、審計報告階段和後續審計階段。

內部審計實施風險管理審計，主要是通過對公司內部環境的確認、風險事件識別充分性的確認、風險評估合理性的確認、風險應對措施恰當性的確認、控制活動科學性及合理性的確認、信息與溝通有效性的確認、風險監控有效性的確認[2]。

第二節　以風險為導向的太平稽核審計

太平稽核積極開展以風險為導向的全面評價的探索與實踐，以風險為導向，通過建立風險點模型並不斷優化，對風險點進行分類，突出檢查重點，體現在全面風險評估基礎上進行差異化地稽核檢查，對重要的風險領域查深查透。在此基礎上，通過建立完善的評分評級體系，對被稽核單位進行科學、準確評分、評級，全面反應集團及子公司各級機構風險控制和合規經營水準。為配合集團實現全面風險管理戰略目標，太平稽核還獨立

---

[1]　秦榮生. 現代內部審計學［M］. 上海：立信會計出版社，2017：61.
[2]　秦榮生. 現代內部審計學［M］. 上海：立信會計出版社，2017：68.

開展子公司總公司層級的內部控制評估復核評價項目，從控制環境、風險識別與評估、控制活動、信息與溝通、監督五個方面對內部控制的健全性、合理性、有效性進行復核評價。

在以風險為導向的內部審計中，太平稽核在風險的識別與分析、採取的風險應對措施等累積了一定經驗，以下分別從兩方面介紹。

一、風險識別與分析

內部審計人員針對公司現有內外環境與經營過程，採用各種分析方法獨立地推斷所有潛在的重大風險，為審計公司是否合理制定風險管理策略與決定風險方案提供充分依據。經過風險事件的識別後，內部審計人員必須對風險事件定量值（貨幣損失或事件發生可能性帶來的負面影響程度）以及給定量值時不利事件發生的概率予以計量，為確定風險管理戰略、政策與程序提供更為科學的依據。

為更好地進行風險識別與評估，太平稽核建立健全了風險點模型，並定期進行優化更新。風險點模型是根據外部監管規定以及集團、子公司管理制度，按照全面風險管理架構，基於被稽核單位經營管理建立的稽核檢查模型，是對被稽核單位開展檢查使用的工具。風險點具有以下特點：

一是以風險為導向，按照風險等級、影響程度、問題性質等對風險點進行分類，突出重中之重。對風險點模型進行優化，突出檢查重點，體現全面風險評估基礎上的稽核檢查差異化發展思路。根據監管關注重點適時調整稽核策略，對重要的風險領域查深查透，實現由「合規遵循型稽核」向「風險管控型稽核」的轉變。

以境內保險業務稽核為例，風險大類是指根據《保險公司償付能力監管規則第 11 號：償付能力風險管理要求與評估》規則，將基礎與環境、目標與工具、保險風險、市場風險、信用風險、流動性風險、操作風險、聲譽風險、戰略風險與風險點相對應。

境內保險業務稽核以風險實際暴露情況為參考，根據歷年稽核發現情況，統計分析問題的分佈、發生的概率、頻次、影響程度，將風險等級從高到低分為四類。一類風險指重點檢查類風險，要加大稽核資源投入，確保查深查透，包括重要決策類風險、重要資金支付類風險、履職待遇與職務消費、權限管理、重要監管風險等。二類風險指機構中多發的、高發的、反覆出現的且具有苗頭性、趨勢性、普遍性的風險，為必查類風險。三類風險指內控類等一般性、操作類的風險，在非現場風險評估的基礎上

決定現場檢查內容。四類風險指執行層面中諸如差錯類、基礎管理類風險。

二是以流程為主線，在保持風險點完整性的基礎上，優化風險點模型構架，由傳統的以部門或條線為主軸的「塊狀」風險點模型升級為以作業流程為主軸的「線型」風險點模型，對涉及作業流程的所有環節進行評估，選取風險較大的環節做重點檢查，提升稽核檢查的穿透力。並保持與監管要求、集團及子公司發展和市場環境變化的匹配度，能夠即時地揭示和預警最新的風險，保持風險點模型的完整性、針對性和及時性。

三是根據職權及授權體系，差異化風險點分佈層級，區分總、分、支層面的風險點，並針對不同層級的公司實行分別檢查。

四是根據風險點管控實際情況，對應差異化檢查方式。在風險評估的基礎上，對不同風險點分別實行現場檢查、非現場+現場檢查、非現場檢查、非現場監測等不同的檢查方式，使檢查更聚焦。

二、風險應對措施

在風險管理戰略方針和策略的指導下，風險應對措施有接受、規避、轉移、減少等，每種措施的實施都經過了風險與收益的權衡。

對於風險控制的審計，內部審計人員需要對內部控制設計和執行的有效性進行測試。風險應對措施審計的審計工作，主要是指內部審計在風險分析的基礎上通過審查公司的管理制度及業務流程，對風險應對措施的涉及做出確認；既要審計公司的風險應對措施是否涵蓋所有的風險，也要審計控制措施是否有效。風險應對措施執行的審計主要是審計公司的風險應對措施是否得到有效執行；內部審計根據每項風險應對措施，設計相應的評價指標，實施相應的審計，並就每一項審計結果進行評分。

太平稽核在風險點模型中對每個詳細風險點配備了「建議測試方法」「抽樣指引」「制度依據」等工具。「建議測試方法」是指針對該項風險點檢查可採取的方法，該方法為建議性而非強制性（若未採用建議測試方法進行檢查，需在底稿中註明實際檢查中採用的測試方法）。「抽樣指引」規範了審計抽樣方法和最低樣本量。審計抽樣方法包括統計抽樣、非統計抽樣（控制測試樣本規模表）、詳細審計和自主檢查。選樣方法包括多階段抽樣、分層抽樣、隨機抽樣及相結合的方式。抽樣指引是針對該項風險點檢查建議採用的抽樣方法，該方法為建議性而非強制性。若未採用抽樣指引進行抽樣，需在底稿中註明實際檢查中採用的抽樣方法。

對於風險管理的評價，太平稽核建立健全了評分評級體系。評分評級是在COSO企業風險管理架構基礎上，依據公司風險管理和內部控制目標，建立相對量化的稽核監督指標和評估模型。客觀地評價被稽核單位內部管控狀況，促進了被稽核單位提高風險管理和內控水準，確保公司業務、財務信息的真實性、完整性和及時性，提高經營效率和效益，為最終實現各項經營目標提供監督服務。稽核評分從內部控制的「制度健全性」（即被稽核單位內部控制基礎、環境、目標和工具等是否科學、全面、合規）、「遵循有效性」（即被稽核單位內部控制制度、機制是否得到持續的、有效的實施）兩個方面進行。

以境內保險業務稽核為例，每個詳細風險點設置一定的標準分值，按重要性分成四級，標準分值分別為5分、3分、1分和0分。評分評級對應每一詳細風險點，從「制度健全性」和「遵循有效性」兩方面進行評價，並且根據機構層級不同「制度健全性」「遵循有效性」的權重不同。在稽核檢查中若發現被稽核單位發生異常扣分事項（即重大違規行為），根據異常扣分事項性質，在最終評分及相應系列評分中扣減相應分值。根據稽核報告評分評級情況結合風險提示和異常扣分，最終給出被稽核單位的評分評級結果。

太平稽核負責向集團、子公司審計委員會和管理層定期報告被稽核單位的評級情況。稽核評分評級結果作為確定下一年度稽核工作重點的重要依據之一。

第三節　案例分析

案例一：虛列營業費用，套取營業費用二次分配

（一）案情簡介

某分公司綜合開拓渠道共計報銷禮品及汽油充值卡發票358,707元。對於油卡購置後的使用，分公司未留存任何資料，財務報銷憑證僅有汽油充值卡發票。經綜合開拓渠道負責人反饋，部分用於支付外部公關費用；部分被兌換成現金用於兌現代理人激勵及業務招待；個人每月交通費補貼700元；其他油卡款項用於渠道激勵。

該行為違反公司及外部監管規定，存在虛列經濟事項套取現金，用於二次分配的問題。其中套取的現金有部分用於公司薪酬福利體系外發放個

別人員補助、部分經辦人解釋用於支付公關項目的款項，實際檢查相關項目無實際保費的實現。

（二）問題成因分析

（1）由於各保險主體市場競爭激烈，分公司為了開展業務，虛列營業費套出資金，用於支付代理協議約定比例之外的銷售費用。虛列費用屬於公司嚴禁的違規、違紀行為，同時存在外部監管風險。

（2）財務部門對費用使用的管理控制不到位，費用報銷時沒有嚴格審核憑證附件的真實性、合理性，同時缺乏對財務數據的日常分析，未能及時發現虛列費用問題。

（3）虛列費用影響了公司財務業務數據的真實性，存在舞弊套利、偷稅漏稅等風險。

（三）案例警示及建議

（1）總公司應加強對下轄機構的業務費用使用的管控和指導，嚴格要求下轄公司據實列支費用，杜絕出現虛列營業費用，報銷資金後帳外使用的情況。

（2）總公司應與各分公司共同評估合規及業務風險，加快公司渠道業務的轉型，採取適當方法處理銷售費用投入。明確銷售人員薪資管理辦法和審批權限，禁止分支機構隨意設定銷售人員工資績效。

（3）完善財務管理規定和實施細則，對各項財務列支通過實施項目預算、監控渠道配置和強化集中管控等措施，提高真實性、合理性和合規性。

（4）各分支機構在渠道費用報銷時需提供完整的費用報銷附件，費用審核人員需加強對費用報銷附件的審核工作，嚴格按照公司的費用管理辦法執行。財務人員應切實履行其監督、復核職責，及時制止違規、違紀行為，降低公司違規風險。

案例二：某分公司涉嫌私設網點

（一）案情簡介

某中心支公司（籌）於 2016 年 6 月獲當地保監局批覆後進行籌備，2016 年 8 月經總公司批准租賃某辦公場地為該中支公司場地。2016 年 12 月籌備期滿，開業驗收申請未獲當地保監局批准，二次申請又因總公司系統有三家機構被當地保監局處罰，保監不予批准新設機構。2017 年 6 月進行常規稽核現場檢查時發現該場地已開展日常經營管理活動。場地中保存

有考勤記錄本、周活動管理表、工作總結和工作計劃等業務管理資料。場地布置有公司統一配置的投影儀、臺式電腦、打印機以及培訓桌椅、櫃臺等辦公設備和辦公家具。場地內設置有營運櫃臺、帶公司 LOGO 形象牆、反洗錢宣傳易拉寶、橫幅，並且場地已開通有公司內部網絡。

（二）問題成因分析

（1）由於籌備期滿後未如期獲得當地保監局開業批准，分公司基於業務需要和成本考慮，默許該中心支公司停止籌建後將所租場地繼續由下屬某分部業務團隊使用，如開展早會經營、會議培訓、客戶服務等經營活動事實。

（2）個別基層管理單位存在僥幸心理，對私設經營網點違規經營風險認識不足，認為只要不大張旗鼓宣揚就不會引起外部監管單位關注。

（3）分公司各管理部門間監督管控職能落實不到位。

（三）案例警示及建議

（1）未獲得監管機構批覆情況下進行日常業務經營管理活動（有固定場所、固定人員、懸掛公司店招和開展保險經營活動）屬重大違規事項，分公司相關管理負責人要提高合規意識，充分認識因私設營業網點帶來的監管處罰風險。

（2）分公司加強業務線日常經營管控，將合規經營納入日常管理流程，通過職場布置、文化宣傳、會議培訓等管理動作提升基層管理人員和業務團隊人員合規意識。

（3）分公司人事辦公室、財務部嚴格履行監督把關。確保公司所有資產配置、費用開支相關事項必須真實、合理。

案例三：某分公司利用銀保違規科目進行工資避稅

（一）案情簡介

某分公司通過在人力資源系統—薪資板塊中虛增業務支出科目抵扣部分納稅工資，以減少銀保業務員納稅稅額。該分公司通過使用「扣除展業成本」科目違規調整工資金額合計 506 萬元，導致少繳納個人所得稅稅額合計 144 萬元。上述行為符合違規避稅定義，觸犯了國稅徵收辦法（第六十一、六十九條）、刑法（第二百〇一條）的相關規定，最高可處三以上七年以下有期徒刑，50%以上三倍以下罰款。

（二）問題成因分析

（1）分公司銀保條線基於業務發展和考核壓力，在業務開展過程中，

為鼓勵業務人員的銷售積極性，通過「扣除展業成本」科目調整銀保業務員納稅稅額，涉嫌規避相關稅務法律法規制度要求。

（2）該類違規事項情況具有比較強的組織性。多數因公司或業務條線負責人為達到特定目的，有組織地安排人事、財務和業務人員在工資發放審批流程過程作假，經辦部門未能履行復核監督職能。

（三）案例警示及建議

（1）銀保業務條線經營具有自身特性，銀保費用管理為外部監管重點關注對象。日常業務開展過程中，分公司管理層合規經營意識淡薄，為提升業務員的銷售主動性以達成業務考核指標，通過虛增業務支出科目抵扣部分納稅工資，易引起因少繳納稅額被稅務機關處罰的風險。

（2）在日常經營管理過程中，分公司人事部、財務部應切實履行監督管理職能，加強工資發放流程審核工作力度，特別對於特殊項處理依據要遵循相關稅務法律法規制度要求。

第八章　審計抽樣體系

稽核人員通過詳細審核審計證據，對審計事項做出評估，實現審計目標。有時這些證據只包括數量有限的文件和報告，稽核人員可以通過審核全部數據，得出審計結論。但是當稽核人員面對成百上千或更多的待查項目時，執行起來則困難得多。

為了在合理的時間內以合理的成本完成審計工作，審計抽樣應運而生。審計抽樣旨在幫助稽核人員確實實施審計程序的範圍，以獲取充分、適當的審計證據，得出合理的結論，作為形成審計意見的基礎。

第一節　審計抽樣原理

一、概念

審計抽樣，是指審計人員對具有審計相關性的總體中低於百分之百的項目實施審計程序，使所有抽樣單元都有被選取的機會，為審計人員針對整個總體得出結論提供合力基礎。

二、審計風險模型

審計風險模型從理論上解決了稽核人員以制度為基礎採用抽樣審計的隨意性，又解決了審計資源的分配問題，要求稽核人員將審計資源分配到最容易出現重大錯報的領域。

審計風險＝固有風險×控制風險×檢查風險

審計風險是指當存在重大錯報時稽核人員發表不恰當稽核意見的可能性。

固有風險是指在考慮相關的內部控制之前，某一稽核事項易於發生錯報（該錯報單獨或連同其他錯報可能是重大的）的可能性。固有風險受管

理人員的品行和能力、行業所處環境、業務性質、容易產生錯報的稽核事項等因素的影響。

控制風險是指某一稽核事項發生錯報，該錯報單獨或連同其他錯報可能是重大的，但沒有被內部控制及時防止或發現並糾正的可能性。控制風險取決於相關內部控制的設計和運行的有效性。由於控制的固有局限性，某種程度的控制風險始終存在。

檢查風險是指如果存在某一錯報，該錯報單獨或連同其他錯報可能是重大的，稽核人員將審計風險降至可接受的低水準而實施程序後沒有發現這種錯報的風險。檢查風險取決於審計程序設計的合理性和執行的有效性。

固有風險和控制風險與被稽核單位的風險相關且獨立存在。固有風險和控制風險不受稽核人員的控制，稽核人員僅可對固有風險和控制風險進行評估。稽核人員可控制的是檢查風險，即檢查更多的樣本，採用更多的稽核程序。

在既定的審計風險水準下，可接受的檢查風險水準和評估的固有風險、控制風險水準呈反向關係。評估的固有風險、控制風險越高，可接受的檢查風險越低，需採取更多的稽核程序、檢查更多樣本；評估的固有風險、控制風險越低，可接受的檢查風險越高，可採取較少的稽核程序、檢查較少樣本。

因此，在評估被稽核單位固有風險和控制風險基礎上，確定檢查風險水準，確定需採取的稽核程序和檢查樣本數量，最終將審計風險控制在可接受範圍內。

三、抽樣風險和非抽樣風險

在使用審計抽樣時，審計風險既可能受到抽樣風險的影響，又可能受到非抽樣風險的影響。抽樣風險和非抽樣風險通過影響固有風險和控制風險的評估和檢查風險的確定而影響審計風險。

（一）抽樣風險

抽樣風險是指稽核人員根據樣本得出的結論，可能不同於如果對整個總體實施與樣本相同的審計程序得出的結論。抽樣風險包括錯誤接受風險（信賴過度風險）和錯誤拒絕風險（信賴不足風險）。錯誤接受風險（信賴過度風險）是指樣本表明審計事項不存在重大差異或缺陷，而實際上存在著重大差異或缺陷的可能性。錯誤拒絕風險（信賴不足風險）是指樣本

表明審計事項存在重大差異或缺陷，而實際上並沒有存在著重大差異或缺陷的可能性。

抽樣風險與樣本規模反方向變動，稽核人員可以通過擴大樣本規模、進行風險評估和非現場分析降低抽樣風險。

（二）非抽樣風險

非抽樣風險是指稽核人員由於任何與抽樣風險無關的原因而得出錯誤結論的風險。例如，稽核人員選擇的總體不適合於測試目標，選擇了不適於實現特定目標的稽核程序，未能適當地評價稽核發現的情況等。

四、統計抽樣和非統計抽樣

稽核人員在運用審計抽樣時，既可以使用統計抽樣方法，也可以使用非統計抽樣方法，這取決於風險總體特徵及稽核人員的職業判斷。

統計抽樣，是指同時具備以下特徵的抽樣方法：以數理統計方法為基礎，按照隨機原則選取樣本；運用概率論評價樣本結果，包括計量抽樣風險。不同時具備上述兩個特徵的抽樣方法為非統計抽樣。

統計抽樣的優點在於能夠客觀地計量抽樣風險，並通過調整樣本規模精確地控制風險，這是與非統計抽樣最重要的區別。但統計抽樣有可能發生額外的成本。

不管是統計抽樣還是非統計抽樣，兩種方法都要求稽核人員在設計、實施和評價樣本時運用職業判斷。

五、選取樣本的方式

選取樣本的方式主要包括多階段抽樣、分層抽樣和隨機抽樣。

（一）多階段抽樣

多階段抽樣是指將抽樣過程分階段進行，每個階段可根據具體情況再採用不同的抽樣方式。其實施過程為，先從總體中抽取範圍較大的單元，稱為一級抽樣單元，再從每個抽得的一級單元中抽取範圍更小的二級單元，依此類推，最後抽取其中範圍更小的單元作為測試樣本。多階段抽樣不僅可以把所有的抽樣方法、估計方法綜合在一起，十分靈活，而且選出的樣本代表性較強。

（二）分層抽樣

如果稽核事項的總體存在重大的變異性，稽核人員就可以考慮將總體分層。分層，是指將總體劃分為多個子總體的過程，每個子總體由一組具

有相同特徵的抽樣單元組成。分層抽樣是先按與研究內容有關的因素或指標將總體各單位（或個體）分為不同的等級或類型，按規定的比例從不同層中隨機抽取樣本（個體）的方法。分層可以降低每一層中事項的變異性，從而在抽樣風險沒有成比例增加的前提下減小樣本規模，提高樣本代表性，提高稽核效率。

值得注意的是，採用分層抽樣的選樣方法時，需要對總體的分層進行持續評估，不斷優化異常類數據、帶條件的非現場數據清單等，否則可能會因為樣本而不能有效地控制抽樣風險。

（三）隨機抽樣

一般地，從元素個數為 N 的總體中不放回地抽取容量為 n 的樣本，如果每一次抽取時總體中的各個個體有相同的可能性被抽到，這種抽樣方法叫作隨機抽樣。

在稽核工作中，可使用隨機數表或計算機輔助審計技術選樣。使用隨機數選樣需以總體中的每一單元都有不同的編號為前提。稽核人員可以使用計算機生成的隨機數，如電子表格程序、隨機數碼生成程序、通用審計軟件程序等計算機程序產生的隨機數，也可以使用隨機數表獲得所需的隨機數。

隨機數選樣不僅使總體中每個抽樣單元被選取的概率相等，而且使相同數量的抽樣單元組成的每種組合被選取的概率相等。這種方法在統計抽樣和非統計抽樣中均適用。由於統計抽樣要求能夠計量實際樣本被選取的概率，這種方法尤其適合統計抽樣[①]。

第二節　保險類子公司審計抽樣體系

太平稽核針對保險類子公司分支機構的檢查建立了較為科學的審計抽樣標準。在開展稽核業務時，通過以風險為導向，持續優化稽核風險點模型，降低檢查風險；在具體開展抽樣時，採用全量數據下的統計抽樣和非統計抽樣方法，多階段抽樣、分層抽樣和隨機抽樣相結合的選樣方法；另外抽樣應考慮資源配置傾向稽核重點，以及非現場分析和現場實施重點覆

---

① 中國註冊會計師協會. 2015 年度註冊會計師全國統一考試輔導教材（審計）[M]. 北京：經濟科學出版社，2015：64.

蓋稽核重點等方面相結合的方式，構建和持續優化審計抽樣體系，確保稽核項目質量。

（一）進行審計抽樣時，需以風險為導向，持續優化稽核風險點模型，降低檢查風險

包括結合外部監管重點、集團公司關注重點和專業公司經營管理重點，持續制度更新、測試資料更新、測試方法更新，通過持續優化保險類專業公司總分支機構審計風險點模型、內控評價模型，降低檢查風險。

（二）保險類子公司審計抽樣方法

在開展保險類子公司審計抽樣時，一般使用全量數據下的統計抽樣和非統計抽樣，樣本選取採用多階段抽樣、分層抽樣和隨機抽樣相結合方式如表8-1所示。

表8-1　　　　　全量數據下的統計抽樣和非統計抽樣

審計抽樣方法	適用條件	選樣方法	樣本量推薦
統計抽樣	已知總體偏差的稽核事項	多階段抽樣、分層抽樣、隨機抽樣	統計抽樣樣本規模表、隨機抽樣規則
非統計抽樣	設定可容忍偏差率（總體偏差未知）	多階段抽樣、分層抽樣、隨機抽樣	控制測試樣本量規則、隨機抽樣規則

1. 全量數據下的統計抽樣（主要適用營運條線）

對於已知總體偏差的稽核事項，尤其適用統計抽樣的審計抽樣方法。採用多階段抽樣、分層抽樣、隨機抽樣的選樣方法，結合統計抽樣樣本規模表和隨機抽樣規則確定樣本量。

基於專業子公司的差錯管理數據，如壽險公司的新契約綜合差錯率、保全受理差錯率、理賠受理差錯率等，財產險公司的人傷查勘率、配件點選率、人傷減損率、非點選配件金額占比等營運監控指標可獲取總體偏差數據信息，結合稽核風險點模型營運條線的詳細風險點，均可適用統計抽樣的審計抽樣方法。

例如，稽核人員確定的信賴程度（可靠程度、置信度）為95%，可容忍誤差率為3%，預期總體誤差率為0.25%。在可靠程度95%統計抽樣樣本規模表中，3%可容忍誤差率與0.25%預期總體偏差率的交叉處為157，即所需的樣本規模為157。稽核人員評估該稽核事項控制有效所需的樣本數量至少是157個。如果157個樣本中沒有發現偏差，那麼測試的樣本結果支持控制運行有效性和風險評估結果。如果157個樣本中發現了1個及

以上的偏差，則可直接認定該稽核事項控制沒有有效運行，測試的樣本結果不支持計劃的控制運行有效性和風險評估結果。可靠程度 95% 統計抽樣樣本規模如表 8-2 所示。

表 8-2　　　　　全量數據下的統計抽樣和非統計抽樣

預期總體誤差率（%）	最大可容忍誤差率								
	2%	3%	4%	5%	6%	7%	8%	9%	10%
0.00	148 (0)	99 (0)	74 (0)	59 (0)	49 (0)	42 (0)	36 (0)	32 (0)	29 (0)
0.25	236 (1)	157 (1)	117 (1)	93 (1)	78 (1)	66 (1)	58 (1)	51 (1)	46 (1)
0.50	*	157 (1)	117 (1)	93 (1)	78 (1)	66 (1)	58 (1)	51 (1)	46 (1)
0.75	*	208 (1)	117 (1)	93 (1)	78 (1)	66 (1)	58 (1)	51 (1)	46 (1)
1.00	*	*	156 (1)	93 (1)	78 (1)	66 (1)	58 (1)	51 (1)	46 (1)
1.25	*	*	156 (1)	124 (1)	78 (1)	66 (1)	58 (1)	51 (1)	46 (1)
1.50	*	*	192 (1)	124 (2)	103 (2)	88 (2)	77 (2)	51 (1)	46 (1)
1.75	*	*	227 (4)	153 (3)	103 (2)	88 (2)	77 (2)	51 (1)	46 (1)
2.00	*	*	*	181 (4)	127 (3)	88 (2)	77 (2)	68 (2)	46 (1)
2.25	*	*	*	208 (5)	127 (3)	88 (2)	77 (2)	68 (2)	61 (2)
2.50	*	*	*	*	150 (4)	109 (3)	77 (2)	68 (2)	61 (2)
2.75	*	*	*	*	173 (5)	109 (3)	95 (3)	68 (2)	61 (2)
3.00	*	*	*	*	195 (6)	129 (4)	95 (3)	84 (3)	61 (2)
3.25	*	*	*	*	*	148 (5)	112 (4)	84 (3)	61 (2)
3.50	*	*	*	*	*	167 (6)	112 (4)	84 (3)	76 (3)
3.75	*	*	*	*	*	185 (7)	129 (4)	100 (4)	76 (3)
4.00	*	*	*	*	*	*	146 (6)	100 (4)	89 (4)
5.00	*	*	*	*	*	*	*	158 (8)	116 (6)
6.00	*	*	*	*	*	*	*	*	179 (11)

註：① * 表示樣本規模太大，因而在大多數情況下不符合成本效益原則；② 本表假設總體足夠大。

【稽核事項統計抽樣舉例】

對於「是否存在虛構保險事故或擴大保險損失套取賠款資金的情況」的詳細風險點，確定的信賴程度為 95%，可容忍誤差率為 4%，預期總體誤差率為 0~1%。在可靠程度 95% 統計抽樣樣本規模表中，4% 可容忍誤差率與 0~1% 預期總體偏差率的交叉處分別為 74 和 156，同時考慮隨機抽樣的 25 個樣本，採用多階段抽樣和隨機抽樣相結合的選樣方法，推薦檢查樣本量為 99~181 個進行測試，對該風險點進行評估。

样本来源：起保 10 天内出险的案件；同一个保单年度内出险 5 次以上（含 5 次）的赔案；出险时间在夜间 19 点至早上 7 点之间，赔付金额超过 2 万元的重大车损案件；同一报案人年度内报案 10 次以上的赔案；现场查勘时间超过 10 天、赔付金额超过 5 万元的人伤理赔案；出险时间不在保险责任期限内赔案清单；大于或等于 3 个事故的理赔款由同一人现金代领的保单及案件付款清单；大于或等于 3 个事故的理赔款转入同一帐户的保单及案件付款清单；无主肇事赔案（已决、未决）（玻璃破损、停放中被撞、划痕均可能无主肇事）清单；商业车险起保当天出险清单。

2. 全量数据下的非统计抽样（主要适用非营运条线）

对于总体偏差率未知的稽核事项，可通过设定可容忍偏差率，采用非统计抽样的审计抽样方法，多阶段抽样、分层抽样、随机抽样的选样方法，结合控制测试样本规模表和随机抽样规则确定样本量。

在非统计抽样中，将样本中发现的偏差数量除以样本规模，就可以计算出样本偏差率。样本偏差率就是稽核人员对总体偏差率的最佳估计。通过比较样本偏差率（即估计的总体偏差率）与可容忍偏差率，以判断总体是否可以接受。由于在实务操作中，外部审计通常认为当偏差率为 3%～7% 时，控制有效性的评估水准较高，因此我们将可容忍偏差率设定为 5%。

例如，对于发生频率为每日数次的稽核事项，所需的样本数量至少是 25 个，如表 8-3 所示。

表 8-3　　　　　　　　控制测试样本规模表

控制执行频率	控制发生总次数	最低样本量
1 次/年度	1 次	1
1 次/季度	4 次	2
1 次/月度	12 次	3
1 次/周	52 次	5
1 次/日	250 次	20
每日数次	大于 250 次	25

如果 25 个样本中没有发现偏差，那么测试的样本结果支持控制运行有效性和风险评估结果。如果样本量为 25 且发现有 1 个偏差，样本偏差率为 1/25＝4%，接近可容忍偏差率 5%。对此，稽核人员有两种处理方法：其一，认为该稽核事项控制没有有效运行，测试的样本结果不支持控制运行

有效性和風險評估結果；其二，再測試 25 個樣本，如果其中沒有再發生偏差，也可以得出樣本結果支持控制運行有效性和風險評估結果，反之則證明控制無效。

如果樣本偏差率高於可容忍偏差率，則可直接認定該稽核事項控制沒有有效運行，測試的樣本結果不支持計劃的控制運行有效性和風險評估結果。

【稽核事項非統計抽樣舉例】

對於「會議和培訓費真實性的檢查，是否存在虛構事項虛報會議培訓費；是否存在套取會議和培訓費情況等」的詳細風險點，確定的可容忍偏差率為 5%。採用分層抽樣和隨機抽樣相結合的選樣方法，由於該稽核事項的發生次數為大於 52 次，根據控制測試樣本規模表，分層抽樣的樣本量為 5 個，同時考慮隨機抽樣的 5 個樣本，則推薦檢查樣本量為 10 個，若發現有 1 個偏差再測試 5 個樣本。

樣本來源：費用報銷明細表，會議、培訓舉辦清單（包括名稱、時間、地點、參會人員類型與數量、報銷金額、供應商名稱）等。

抽樣規則：

（1）優先抽取未將會議培訓通知通過工作通知書形式並納入 OA 系統發布至各參會、參訓機構的會議培訓（此類會議、培訓的真實性在同等條件下弱化）；

（2）優先抽取採用旅行社、會展公司等仲介類型供應商舉辦的會議培訓；

（3）優先抽取非定點協議酒店、應採用相關採集流程而實際未採用的會議培訓。

（三）在進行抽樣檢查時，資源配置應傾向稽核重點

在進行審計抽樣檢查時，應非現場分析和現場實施應重點覆蓋稽核重點，突出和抓住重點，關注主要風險，揭示各類違法違規的行為。非現場需深入分析配套的異常類數據、帶條件的非現場數據清單。在現有可投入的現場人力和時間等資源下，現場實施應抽取盡可能多的樣本檢查稽核重點。

第九章　審計信息化

太平稽核十年信息化建設秉承「夯實基礎、健全體系、穩促發展、積極創新」的基本工作思路，依託集團及太平金科專業的、高效的營運與信息技術支持，「積極推進信息化建設和稽核技術創新」工作，通過不斷的努力和累積，太平稽核信息系統架構日臻完善，信息化建設取得了可喜的成績，在同業中佔據了領先地位，多次與金融集團、銀行、政府機構、同業進行稽核信息化建設的探討和交流，分享了信息化建設過程中累積的大量經驗。

太平稽核信息化建設的十年，由零起步，從基礎做起，一步一個腳印，圍繞太平稽核作業平臺，逐步打造了面向不同服務對象、支持不同業務的安全、便捷、高效的多元平臺，見圖9-1。

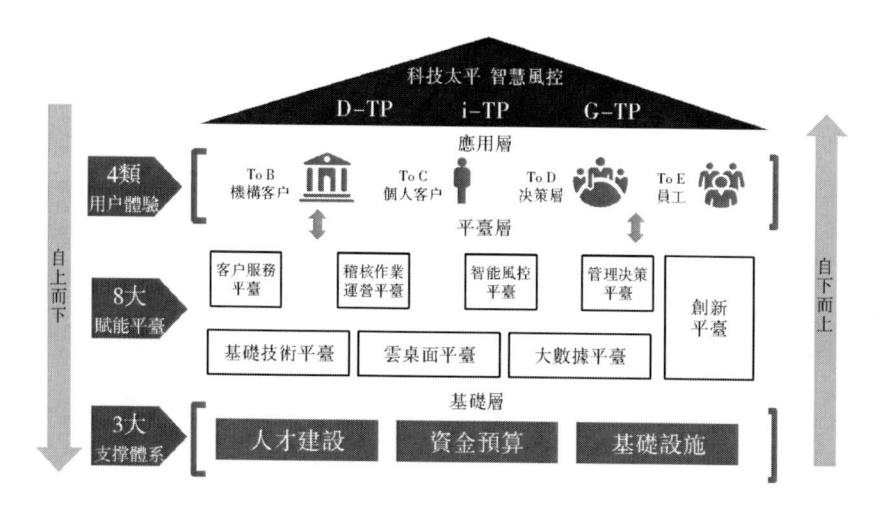

圖9-1　太平稽核信息化平臺

第一節　全天候、全地域、多終端、一體化太平稽核作業平臺

太平稽核作業平臺全面整合了審計風險評估、作業、支持及風險預警等功能，打造了綜合審計作業一體化平臺。

一、太平稽核作業平臺支持項目風險評估、作業流程管理、成本核算、績效考核等稽核管理功能，並持續完善各稽核系統信息共享功能，加強稽核結果交叉運用，提升稽核作業效率

（1）太平稽核作業平臺全面覆蓋集團和專業子公司及二、三級分支機構檢查層級及相關高管人員和集團各業務板塊。

（2）太平稽核作業平臺全面涵蓋保險風險、市場風險、信用風險、操作風險、戰略風險、聲譽風險、流動性風險、風險傳染、組織結構不透明、集中度風險、非保險領域風險和集團特有風險等審計內容。

（3）太平稽核作業平臺全面包括內部控制評價、常規審計、經濟責任審計、非現場審計、信息系統審計、專項審計、效益效能審計、跟蹤審計等業務類型。目前太平稽核作業平臺是行業內審計業務支持最全的平臺。

（4）太平稽核作業平臺全面跟蹤審計結果在各級機構經營決策、人事任免、內控管理等審計整改效果。

二、太平稽核作業平臺創新稽核模式與流程再造

太平稽核作業平臺建立以風險為導向，創新差異化稽核模式整體作業流程，並在此基礎上，再造各類稽核項目具體作業流程，完善相關稽核工具；同時太平稽核作業平臺與集團新合規系統建立數據接口，實現稽核項目作業、稽核發現與整改反饋等流程的貫通，加強數據交換與信息共享。

（1）太平稽核作業流程標準化。太平稽核項目均從項目計劃創建開始，到審計發現整改反饋，涵蓋作業全環節，所有稽核作業流程標準化並固化到太平稽核作業平臺中。

（2）太平稽核作業執行規範化。太平稽核作業中重要領域、關鍵風險有效關注，稽核作業記錄和歸檔標準化、規範化。

（3）太平稽核項目過程持續監控。對項目進度、時效持續監控，即時

瞭解項目進展情況；同時對項目底稿質量持續監控，隨時抽調、檢查項目作業底稿。提升稽核項目時效和審計底稿質量。

三、太平稽核作業平臺支持全面、靈活、適用、有效的模型

在充分評估的基礎上，建立了多樣的、適用的模型，其中包括風險點模型、績效分析模型等。太平稽核作業平臺不斷優化、完善了目前遵循性稽核項目的風險點分析模型，並有針對性地開發與集團發展要求相適應的各種類型績效分析模型。分析模型包括但不僅限於各保險類「償二代（《中國第二代償付能力監管制度體系建設規劃》簡稱「償二代」）」全面風險管理模型、集團及專業子公司發展戰略風險模型、投資類公司資產配置戰略風險模型、大類資產管理風險管理模型等。太平稽核作業平臺成為各類稽核項目有效開展的保障。

模型底稿規範化。涵蓋所有稽核作業類型，統一規範了風險模型和作業底稿格式。

（1）模型符合以下審計標準：
①內部審計師協會：「內部審計實務標準」。
②保監會：「償二代」。
③COSO：「內部控制，整體框架」。
④企業管理實務與行為準則 2002。
⑤COBIT：ISACA 面向過程的信息系統審計和評價的標準。
（2）支持新風險、新模型無縫、彈性、動態生成及應用。
（3）作業過程中支持風險模型即時動態調整，顆粒度到單個風險點級別。

四、太平稽核作業平臺在統一底稿的基礎上，實現了不同類型項目的底稿數據共享

太平稽核共享審計發現，同時拓展了各類稽核項目間的信息共享，復用並優化審計方法。

五、太平稽核作業平臺提升了審計監督的系統化和即時化，支持在線督查稽核項目，查閱稽核項目報告與底稿，無須線下索要資料

督查人員在作業平臺上完成檢查與評分作業，自動計算督查項目得分，替換原手工製表算分的工作模式，同時直接生成督查報告與批量督查

項目匯總表，提升了稽核項目督查的效果和時效。

六、太平稽核作業平臺實現了審計績效管理系統化

自動提取、計算所有項目的工作量數據、項目得分、組員評分、項目審計成果、質量督查結果，為績效管理提供基礎信息。

七、太平稽核作業平臺支持稽核作業多維度統計分析

快速生成多種格式報表，為各級領導及員工作業提供有力支持。

八、太平稽核作業平臺——移動端，移動作業系統（E稽核）

移動作業系統（如圖9-2所示）將太平稽核作業平臺的相關功能擴展到移動端，方便了稽核人員隨時隨地進行稽核作業。同時為太平稽核「規範工作流程、及時傳遞信息、有效利用資源、減少溝通障礙、保障信息安全、提高辦公效率和降低管理成本」提供了有效手段。

圖9-2　太平稽核移動作業系統

（1）移動作業系統影音取證提升證據時效性及可信度。移動作業系統利用移動終端拍照、錄音、錄像進行影音取證，提升了證據時效性、可信度，做到了防篡改，處於業內領先地位。

（2）移動作業系統實現語音轉文本功能。移動作業系統即時語音轉文本功能，在業內應用尚屬首次，方便稽核人員編輯底稿和語音內容搜索。

（3）移動作業系統融入作業審批工作流。移動作業系統將作業審批工作流融入移動應用中，提升了太平稽核作業平臺的工作效率，為移動作業打下堅實基礎。

（4）移動作業系統引入全流程作業管理。移動作業系統引入從立項後的任務分配、底稿編輯取證到各審批報告審批全流程作業管理。

（5）移動作業系統易用性、安全性、可擴展性強。移動作業系統界面交互友好，實現信息快速通知，業務操作連貫，版本實現自動更新；採用加密儲存、數據備份，並通過綁定身分、手機號、手機特徵碼等信息強化平臺安全；可根據用戶需求進行應用功能配置，提供接口文檔和標準接口應用包。

（6）移動作業系統是太平稽核作業平臺的擴展和延伸。移動作業系統的業務處理邏輯完全與太平稽核作業平臺一致，不會產生冗餘數據，並大幅提升了業務處理效率。

（7）移動作業系統接口服務定義清晰，擴展性強，為後續對接更多平臺奠定了技術基礎。

九、太平稽核作業平臺架構應用了主流技術

太平稽核作業平臺在業內具有創新性、技術領先優勢，具備規範性、開放性、易用性、靈活性、可靠性和安全性等；系統設計具有可擴展性，滿足了業務需求發展需要。

第二節　審計數據支持平臺

太平稽核審計數據支持平臺（如圖 9-4 所示）採用 x86 平臺、閃存卡、萬兆交換機以及分佈式存儲管理軟件組成輕量級、低成本、高性能、可擴展的針對傳統數據庫架構的一體機整體解決方案（如圖 9-3 所示），解決了面臨的性能問題及未來的容量擴展問題，確保了平臺在容量擴展和

性能提高方面具有較高的靈活性。

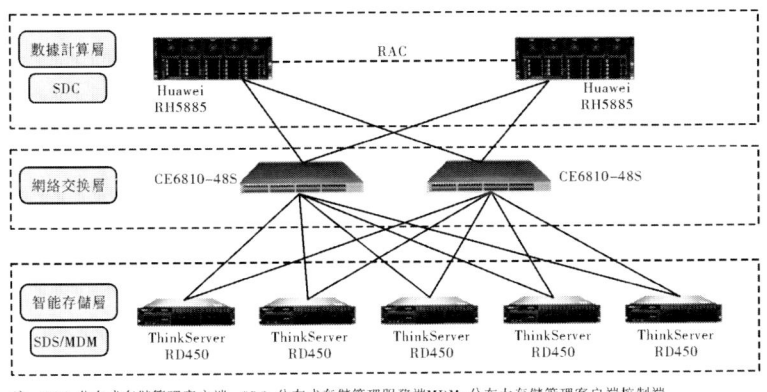

図9-3　SDC-分佈式存儲管理客戶端

太平稽核審計數據支持平臺現已正常抽取各子公司核心系統、客戶回訪系統及資金、費用控制、財務等系統數據，見圖9-4。

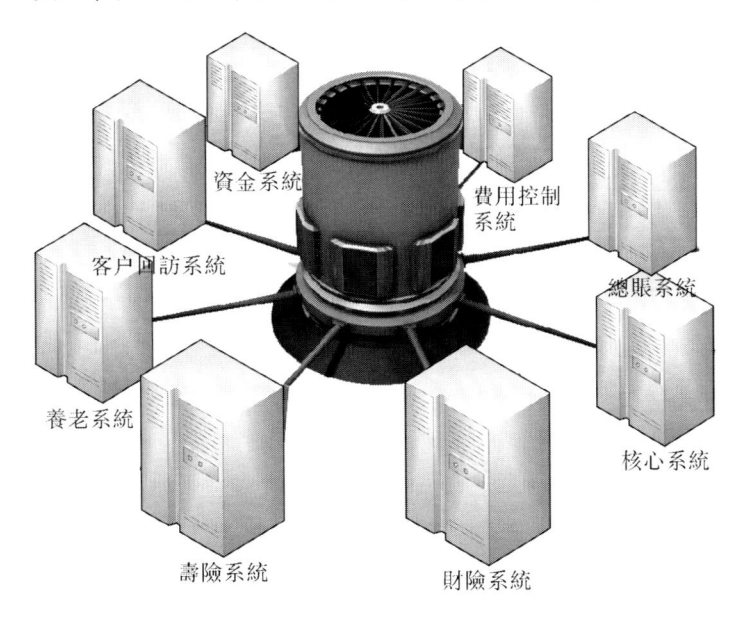

図9-4　太平稽核審計數據支持平臺

太平稽核審計數據支持平臺為太平稽核業務提供了高效、有力的數據支持，具有以下特點：

一是採用分佈式存儲方式構建的數據平臺，性能較傳統數據平臺，效

率提升了若干倍。

二是根據稽核工作需要，實現了各子公司稽核所需的核心業務、財務數據的集中、整合。

三是提高了數據質量，確保了數據一致性、完整性。

四是為非現場即時監測提供良好的數據基礎，提高現場稽核數據分析廣度、深度；提供統一標準數據滿足各稽核條線業務需要，滿足非現場監測部後臺分析數據需要，在一定程度上提高非現場替代率。

五是實現了與 SAS 分析系統的無縫銜接，並可根據分析腳本的特性，自定義系統性能優化方案，大幅提高了腳本運行效率。審計數據支持平臺現已有能力將成熟的分析腳本用於數據轉換，極大限度地提高數據查詢效率。

第三節　審計工具支持平臺

審計工具支持平臺將 SAS 工具、企業背景調查工具、金融資訊工具、電子地圖 GIS 應用、網絡爬蟲工具和日志分析工具等進行了融合。

（1）SAS 數據分析工具提供用戶自行開發，靈活支持個性化分析，擴展了稽核數據範圍與深度，推動了數據挖掘分析方法（如聚類、決策樹等）在稽核作業中的運用，結果通過審計工具支持平臺進行共享。

（2）根據稽核業務需要，引入企業背景調查工具和金融資訊工具。企業背景調查工具立足於企業徵信的相關信息整合，內容主要包括企業相關的工商登記信息、年報、股東信息、投資人信息、涉訴、失信、擁有商標、知識產權、企業證書、主要人員信息、變更記錄等。金融資訊工具提供國內金融財經數據領域最完整、最準確的金融證券數據，數據內容涵蓋股票、基金、債券、外匯、保險、期貨、金融衍生品、現貨交易、宏觀經濟、財經新聞等領域。根據稽核項目需要通過企業背景調查工具、金融資訊工具即時查詢信息，並將查詢數據與相關平臺進行分享，滿足項目需要。

（3）電子地圖 GIS 應用將地址轉換為經緯度信息，並在地圖上直觀顯示，然後通過運算分析等對地址進行風險分析。目前稽核項目通過電子地圖 GIS 應用檢查出了太平人壽個別中支機構私設機構問題。後續將進一步擴展其運用範圍，如車險反詐欺方面。

（4）網絡爬蟲工具自動獲取的外部數據與太平稽核作業平臺進行交互，為各類稽核項目稽核線索。

（5）日誌分析工具採集用戶網絡中各種不同廠商的安全設備、網絡設備、主機、操作系統，以及各種應用系統產生的海量日誌信息，並匯集到審計中心進行數據處理與計算、檢測分析、關聯分析、用戶異常行為分析、權限管理等方面分析，進一步結合後臺和業務數據對重點風險開展深入檢查分析，查深查透揭示問題和風險。

審計工具支持平臺對各種稽核工具既進行統一管理，又進行定制化管理。審計工具支持平臺建立了每個工具與其他相關平臺的聯繫，使其盡可能發揮更大的合力。審計工具支持平臺定制化管理每個工具，使每個工具都能發揮自身的特點，並在特定應用場景下展現更強的能力。

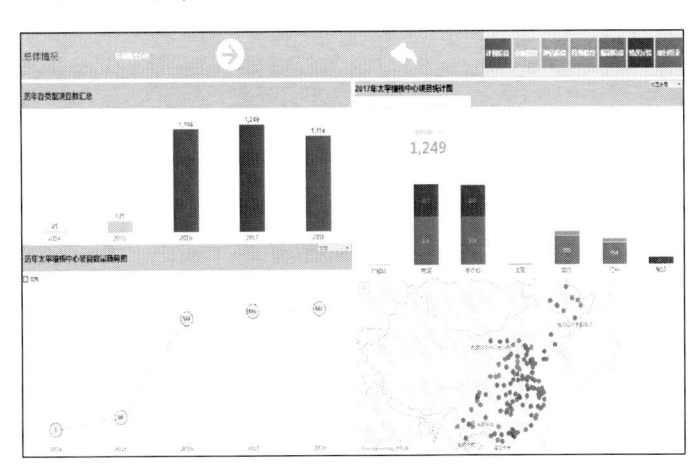

第四節　審計管理決策平臺

審計管理決策平臺使用來自太平稽核作業平臺、審計數據支持平臺的數據。審計管理決策平臺形成了太平稽核統一、完整的信息分析體系；重點整合了太平稽核營運數據、體現中心的全局化；為太平稽核各部門精細化協同管理，項目信息共享、自定義報表提供了高效的工具，為非現場稽核、輔助決策提供技術支持。

審計管理決策平臺將太平稽核作業平臺的稽核項目數據進行全面分析。通過審計管理決策平臺可視化報表展示各年度稽核項目總體情況、年度趨勢、地理分佈情況，如圖9-5所示。

圖9-5　審計管理決策平臺

通過審計管理決策平臺可視化報表可以一目了然地瞭解太平稽核當年項目整體開展情況，見圖9-6。

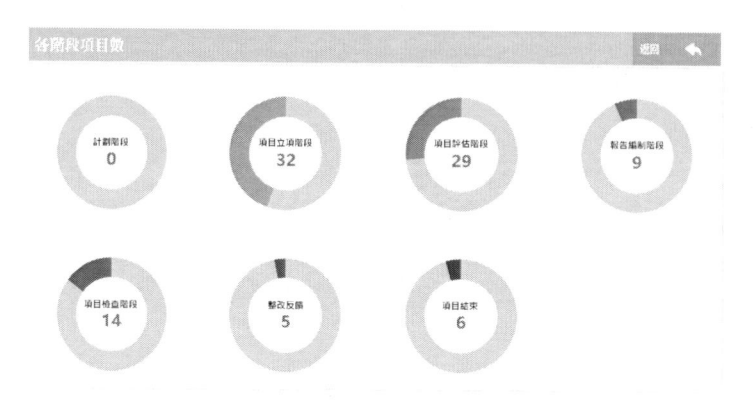

圖9-6　審計管理決策平臺可視化報表

審計管理決策平臺是一個綜合分析、可視化平臺，既可以總覽太平稽核項目開展情況，也可以細緻瞭解每個項目的實際進度、開展情況以及項目取得的稽核成果，見圖9-7。

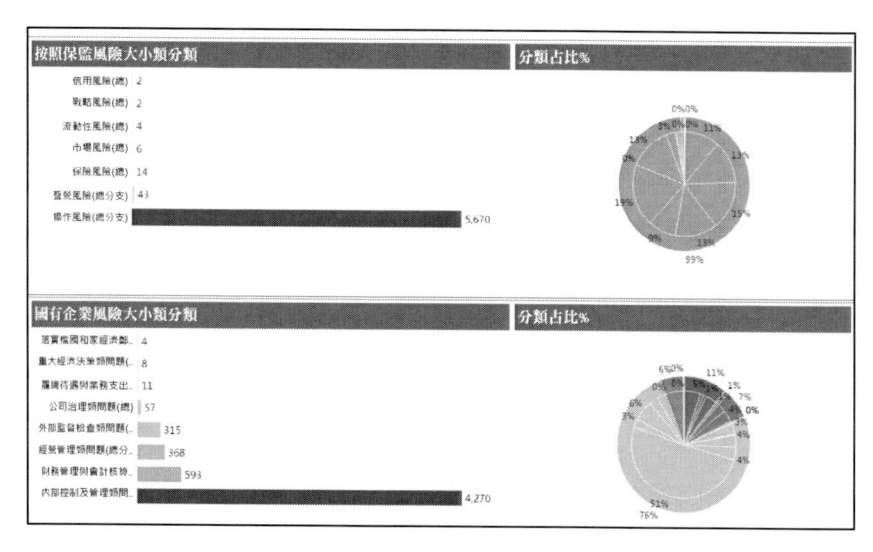

圖9-7　審計管理決策平臺可視化報表

審計管理決策平臺通過可視化的方法讓太平稽核作業平臺、審計數據支持平臺的數據又一次「活」了起來，能夠形象地表達數據中所蘊含的深意，讓閱讀數據者更加一目了然。

第五節　專家知識支持平臺

　　專家知識支持平臺是太平稽核知識收集、整理、發布、應用的統一平臺，使太平稽核的知識得到有效的沉澱、共享、應用和創新，倡導全員參與知識管理，從而提高中心的創新能力、反應能力和工作效率，打造行業最具創新精神和高效能的學習型組織。

　　在構建太平稽核良好的知識生態系統，打造太平稽核無邊界組織，建立太平稽核積極主動學習知識、分享知識的文化氛圍過程中，通過一個支撐（「支撐企業戰略目標的實現」）、三種提升（「提升太平稽核人力資本」「提升太平稽核組織資本」「提升太平稽核關係資本」），將知識管理能力構建成太平稽核不可複製的第四種核心競爭能力。

　　（1）構建公司綜合業務知識庫。整合現有知識資產，實現科學、規範的知識結構分類，能夠快速準確的知識查找定位，為工作提供高效、簡潔、易用的知識應用支持；消除知識孤島，提供統一、準確、便捷的知識內容支持。平臺已有近兩萬個知識點和一批專家團隊，平臺為太平稽核所有同事提供知識查詢，用戶在平臺上可向專家團隊提問，並在最短時間內得到專業、權威的指導。

　　（2）構建完備的用戶知識體系，定義不同用戶的權限、角色，實現知識安全、有序的維護、分享、應用。

　　（3）建設了良好的知識共享流程，提升員工的知識共享意識，推廣知識管理系統應用。

　　（4）專家知識支持平臺提供移動端 APP 軟件，用戶在手機、平板等移動終端也能快速地查找知識、向專家提問，提升知識傳遞的及時性。

　　知識庫平臺頁面展示（見圖 9-8）。

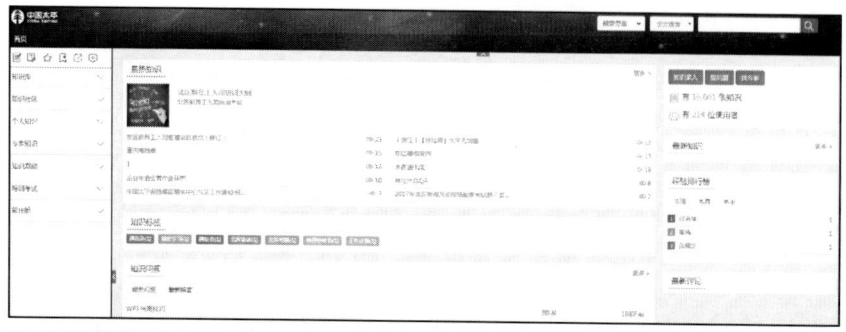

圖 9-8 知識庫平臺

第六節　審計對象客服平臺

審計對象客服平臺依託太平稽核作業平臺、太平稽核官方微信應用和移動教育應用，為太平稽核內外部用戶提供各種服務。太平稽核官方微信應用通過「微信公眾號」等公共平臺，設置中心官方微信公眾號帳號，定制化開發，實現中心對內對外的信息即時傳送、身分認證和信息查詢等功能。

一、太平稽核作業平臺有專為客戶提供服務的功能模塊

太平稽核作業平臺不僅是太平稽核審計作業的重要核心平臺，同時平

臺也充分考慮了被審計單位的需要。被審計單位通過太平稽核作業平臺上傳與稽核項目相關的資料，大大增強了項目時效；被審計單位可以通過太平稽核作業平臺查詢稽核項目的相關情況，便於被審計單位瞭解項目相關情況；被審計單位可以通過太平稽核作業平臺諮詢項目中的相關問題。太平稽核作業平臺服務模塊縮短了被審計單位與太平稽核之間的距離，使稽核項目更加高效地開展。

二、太平稽核官方微信公眾號平臺

太平稽核官方微信公眾號平臺（如圖9-9所示）融合了公眾之家、職工之家、黨員之家和太平稽核微信宣傳渠道，對內部員工提供各種服務，對外部關注人群提供最新資訊，每個應用均可獨立配置，並可按員工職級配置不同訪問權限。

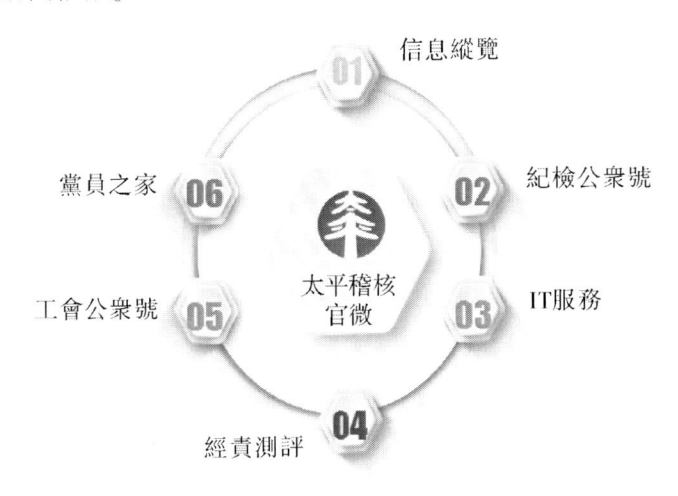

圖9-9 官方微信公眾號平臺

同一平臺、同一微信公眾號進行統一管理，一致宣傳，為擴大太平稽核宣傳提供了有力工具。

對於太平稽核內部員工：使用「太平稽核微信公眾號」代替目前短信及郵件通道，可以推送或自助獲取內部信息，提高信息獲取的時效性。向特定群體（全體員工、黨員、監察）推送公司內部要聞、資訊等；內部管理人員可以即時獲取公司統計分析報表。

對於太平集團其他專業子公司員工及外部關注人群：通過關注「太平稽核微信公眾號」獲取最新的太平稽核動態，及時瞭解太平集團的審計政策等資訊。

（一）實現微信端收集項目綜合測評數據及調查問卷

通過微信電子化測評系統，稽核項目現場高效完成被稽核人履職情況測評、數據統計分析，靈活增減測評範圍，有效擴大測評範圍，降低紙質辦公成本；被調查對象通過掃描問卷的二維碼，不受時間、地域限制匿名答題，克服時間和空間等制約因素的影響，且個人信息受到充分保護；同時由系統自動統計問卷調查統計結果。問卷調查功能簡化了每份問卷前期和後期繁瑣的準備和整理工作，極大地減輕了稽核人員在項目裡問卷測評的工作量。

（二）太平稽核官方微信平臺與太平稽核作業平臺對接，實現稽核項目數據全集中管理

微信平臺與作業平臺全面對接，數據集中管理（見圖 9-10）。

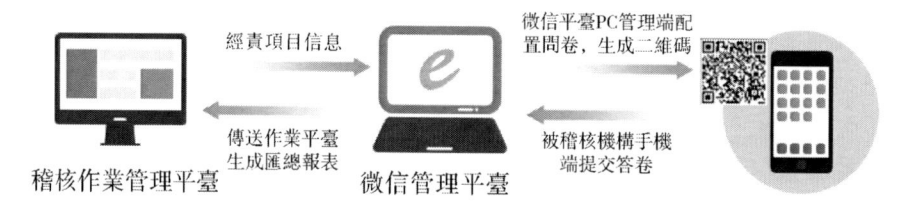

圖 9-10　官方微信平臺與稽核作業平臺對接

（三）太平稽核官方微信公眾號平臺增加了 IT 系統報障功能

太平稽核官方微信公眾號平臺增加了系統報障功能，太平稽核內部員工可通過微信端報送桌面運維問題或者是各系統的故障，為太平稽核各部門同事提供更便捷、更直接、更形象反應系統故障的方法。

三、移動教育服務

移動教育應用支持電腦 PC 端+手機移動端互聯的學習方式，方便學員隨時隨地參與課程學習和考試、自由交流學習心得、分享經驗。員工可充分利用碎片時間進行移動學習、移動考試、移動交流、移動分享，提高自身各方面素養，構建全方位能力，全面加強了稽核隊伍專業能力。移動學習平臺結構如圖 9-11 所示。

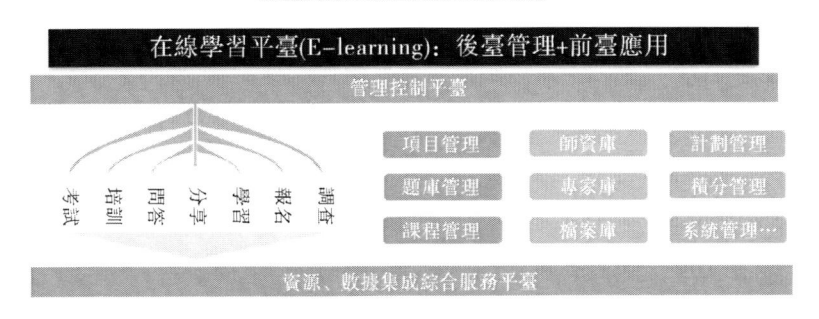

圖 9-11　移動學習平臺

移動教育應用同時提供被審計單位相關審計課程學習，提升了被審計單位的相關審計業務知識，為稽核項目的順利開展做了更多準備。

四、為其他專業子公司提供辦公系統等業務諮詢和支持服務

太平集團其他專業子公司需要通過太平稽核辦公系統和相關專業系統進行業務處理。當專業子公司在業務處理過程中遇到問題時，太平稽核信息技術人員會通過現代科技手段（電話、郵件、微信等）進行相關業務問題解答和技術支持。

五、通過線下形式進行各種信息技術服務

隨著信息技術在太平稽核的深入應用，信息設備的線下維護服務尤為重要。為了保證太平稽核業務人員的業務系統、辦公系統的正常使用，太平稽核信息技術人員會定期進行信息設備巡檢服務，並及時處理故障設備和進行諮詢服務，從而保障太平稽核業務人員順利開展工作。

第七節　信息安全保障平臺

　　大數據時代帶來了信息發展，同時新技術也給行業的信息安全帶來了挑戰，太平稽核積極應對新型信息化審計模式帶來的數據風險，解決各種安全漏洞、網絡攻擊等威脅，建立了一套全面的數據安全風險防控體系極，太平稽核信息安全體系架構符合 ISO27001 的標準。

　　太平稽核確立了「立足科技強審，打造智慧風控」的總目標，提出了四個堅持「堅持問題導向、堅持重點突破、堅持統籌協調、堅持人才引領」。圍繞太平稽核「立足科技強審，打造智慧風控」的總目標，積極探索使用大數據、人工智能、雲計算、物聯網、區塊鏈等新興技術。通過運用協調技術，提高組織協調性和效率；通過運用數據提取技術和 RPA（機器人流程自動化），提升審計的效率和範圍；通過分析技術、人工智能和機器學習，為企業提供創新的源泉和附加值。

　　（1）太平稽核充分利用儀表盤和工作流程技術，保證審計工作及時有效開展，減輕內審部門和被審計部門的工作負擔，加強與風險部門的合作。利用工作流程或其他審計技術追蹤稽核項目，使內部審計成為業務單位的協作者和夥伴。

　　（2）太平稽核將通過三種方式發揮人工智能為企業帶來更多的價值：依賴於成熟科技自動化複雜的流程；依據歷史數據深度學習，識別趨勢創造更大的價值；提供前瞻性的信息來幫助領導層進行決策。

　　（3）太平稽核現有信息系統體系架構的完善，增強系統對接新興技術的能力。太平稽核信息系統架構在硬件系統、軟件系統、應用服務等方面需要具有高可用、高性能、高擴展性的能力。太平稽核未來系統架構要充分利用、融合雲計算、雲存儲、雲服務等新技術，完善當前信息系統架構，增強新技術的使用效能。

　　（4）太平稽核現有業務系統的功能、流程完善，適應「智慧風控」新型模式的審計。隨著「科技太平」方案實施，大量新技術、新理念的引入，勢必對目前的業務流程產生深遠的影響。業務系統要適應業務流程的變革進行功能、流程完善，同時盡可能地利用新技術提升業務系統，使業務系統在合規的情況下更智能。

　　（5）太平稽核移動應用功能繼續加強，並將新興技術用於移動應用

中，進一步增強移動應用的便捷。

（6）挖掘太平集團旗下各專業子公司結構化和非結構化數據，並結合互聯網、第三方數據進行整合。各專業子公司非結構化數據通過圖像識別技術、語音轉換技術和自然語義解析技術及自動化測試機器人處理，大幅減少重複性測試工作的投入，提升數據分析效率和利用價值。

（7）利用可視化、人工智能手段對數據進行快速、高效分析。利用專業數據分析工具對數據進行建模分析，為領導、審計人員提供即時、便捷、直觀的指標和數據。可視化讓指標和數據更加生動，便於領導和審計人員進行決策、判斷。

（8）太平稽核信息安全體系架構在日新月異的新技術面前需要與時俱進，時刻不放鬆信息安全的意識，充分保證信息資產的可靠、安全。

為了達到「科技太平」「數字太平」「智慧太平」「綠色太平」的願景，太平稽核要在系統架構、業務系統、傳統技術上不斷挖掘潛力，節約成本，創新應用，並加強信息安全意識；探索、學習大數據、人工智能、雲計算、物聯網、區塊鏈等新興技術，爭取將新技術轉換為有效生產力。

第十章　經濟責任稽核

現代內部審計產生的客觀原因是公司治理的客觀要求，其主要目的是為了監控董事會和經理層對股東的受託經濟責任。因此，從廣義上看，現代內部審計就是經濟責任審計。也就是說，廣義的公司經濟責任審計包括任何形式的內部審計。狹義的公司經濟責任審計，則是特指中國在近年來出現的旨在明確公司董事會和經理層主要負責人經濟管理責任而進行的一種審計活動，包括任期經濟責任審計或者離任審計。因此，經濟責任審計是指公司的內部審計機構接受委託，對本公司或者下屬公司負有經濟管理職能的主要負責人履行經濟責任情況開展審計並發表審計意見[1]。

經濟責任審計除了具有審計的一般特點外，還具有獨特性。具體表現在受託性、政策性等四個方面。

(1) 受託性：審計部門接受國家幹部管理部門的委託進行經濟責任審計，是一種被動的審計行為，受託性是經濟責任審計與其他審計不同的最明顯特點。

(2) 政策性：經濟責任審計要對領導幹部的經濟管理、經濟決策、政策執行和監督等能力進行相關的審計評價。這就要求審計人員應該具有較高的政策水準和理論水準，才能從機制、體制和制度等方面給出審計建議和審計意見。

(3) 風險性：經濟責任審計涉及到領導幹部的廉政情況和個人業績，如果不能以充分的事實為依據，以完善的審計底稿為支撐，僅僅以被審計對象的報告為依據進行經濟責任審計的話，審計人員將會承擔一定的風險。

(4) 跨期性：經濟責任審計的審計期間是領導幹部的任職期間。審計期間一般不止一個會計期間，往往是 3~5 年甚至更長的年限；審計期間的跨期性給經濟責任審計工作帶來了較大的難度，加大了審計風險。

---

[1] 秦榮生. 現代內部審計學 [M]. 上海：立信會計出版社，2017：207.

第一節　經濟責任審計的歷史沿革

中國國有公司經濟責任審計是伴隨著中國建設中國特色社會主義市場經濟體制和公司制改革而不斷發展的，自 20 世紀 80 年代起，經過三十多年的探索與實踐、發展與深化，逐步走向法制化、制度化、規範化軌道，並取得了明顯的成效。具有中國特色的國有公司經濟責任發展基本分為產生、探索、完善等發展階段。

一、經濟責任審計產生階段

1986 年 9 月，為適應中國國有公司深化改革需要，中共中央、國務院頒布了《全民所有制工業企業廠長工作條例》。該條例明確規定：「廠長離任前，公司主管機關（或會同幹部管理機關）可以提請審計機關對廠長進行經濟責任審計評議。」同年 12 月，審計署制定並下發了《關於開展廠長離任經濟責任審計工作幾個問題的通知》，對廠長（經理）離任審計的範圍、內容、程序和要求等方面作出規定。

二、經濟責任審計探索階段

1999 年 5 月，中共中央辦公廳、國務院辦公廳印發的《縣級以下黨政領導幹部任期經濟責任審計暫行規定》和《國有企業及國有控股企業領導人員任期經濟責任審計暫行規定》，為開展經濟責任審計提供了依據。

三、經濟責任審計的完善階段

黨的十七大報告指出：重點加強對領導幹部特別是主要領導幹部、人財物管理使用、關鍵崗位的監督，健全質詢、問責、經濟責任審計、引咎辭職、罷免等制度。落實黨內監督條例，加強民主監督，發揮好輿論監督作用，增強監督合力和實效。黨的十七大報告提出的新要求將經濟責任審計工作提升到一個新的高度。

2014 年 7 月 27 日，中央紀委機關、中央組織部、中央編辦、監察部、人力資源和社會保障部、審計署、國務院國資委聯合印發實施《黨政主要領導幹部和國有企業領導人員經濟責任審計規定實施細則》。該實施細則有利於內部審計機構準確把握其內容，全面、客觀、公正地對被審計公司

主要負責人進行履職評價，加強內部審計規範化建設和健全完善審計結果運用機制，促使國有公司經濟責任審計向縱深發展。至此，公司經濟責任審計已逐漸完善，發展成為一種專門的審計形式，並具有豐富的內容[①]。

第二節　具有太平特色的經濟責任審計實踐

太平稽核的經濟責任審計工作指導思想是堅持客觀公正、實事求是的原則；堅持嚴謹細緻、求真務實的作風；保持不卑不亢、尊重耐心的態度；按照稽核程序及所賦予的權限，全面瞭解、主動傾聽、綜合分析、核實到位，做到履職盡責。

一、發揮經濟責任審計對幹部的監督作用

習近平總書記在黨的十九大報告中強調，堅定不移全面從嚴治黨，不斷提高黨的執政能力和領導水準。習近平同志強調，全面從嚴治黨永遠在路上。要深刻認識黨面臨的執政考驗、改革開放考驗、市場經濟考驗、外部環境考驗的長期性和複雜性，深刻認識黨面臨的精神懈怠危險、能力不足危險、脫離群眾危險、消極腐敗危險的尖銳性和嚴峻性，堅持問題導向，保持戰略定力，推動全面從嚴治黨向縱深發展。同時在國家「十三五」規劃綱要中也提出，要對國有企業國有資本和企業領導人員履行經濟責任情況實行審計全覆蓋，要規範領導幹部職責權限，建立科學的問責程序和制度，強化領導幹部經濟責任審計。

綜合上述內容，在新形勢下的全面從嚴治黨工作中，審計監督起著重要作用，而領導幹部經濟責任審計應成為全面從嚴治黨的有力抓手。

（一）抓住領導幹部「關鍵少數」，為從嚴治黨提供有效的檢查方式

習近平總書記指出，從嚴治黨、依法治國必須抓住領導幹部這個「關鍵少數」。黨員領導幹部特別是「一把手」位高權重、權力集中，一旦出現問題，最容易帶壞班子、搞亂風紀，對黨的形象和威信危害極大。因此，從嚴治黨，必須突出領導幹部這個「關鍵少數」特別是「一把手」，通過抓重點部門和重點崗位、重點人和重點事，起到事半功倍的效果。

集團根據中央有關要求及審計管理規定，持續加強幹部監督管理的要

---

① 秦榮生．現代內部審計學［M］．上海：立信會計出版社，2017：210.

求，修訂《太平保險集團經濟責任審計管理辦法》，賦予經濟責任審計在幹部監督工作中的職責：太平稽核的經濟責任審計是太平稽核對集團公司內各子公司管理層成員、各子公司下轄分公司管理層成員、中心支公司總經理等人員經濟責任履行情況進行監督、評價的行為。該職責反應出集團要求太平稽核經濟責任審計在幹部監督中發揮應有的作用，要起到對幹部監督的全覆蓋，包括三年任期中的審計期間覆蓋以及從總公司到中心支公司的審計機構全覆蓋。同時要抓住關鍵少數，重點關注合規風險較為集中的分公司一把手經濟責任履職情況檢查。

太平稽核的經濟責任審計作為集團幹部監督管理工作的重要抓手，通過構建經濟責任稽核制度體系，不斷推進稽核規範化、精細化管理，提高幹部監督檢查工作質量。通過近幾年的制度建設，經濟責任審計條線基本建立了內容全面、層次分明、互為補充、統一完整的經責制度體系，形成了以從嚴治黨有關精神、國家法律法規為統領，以《太平保險集團經濟責任審計管理辦法》為總綱，以《經濟責任稽核作業指導書》為基本遵循，以《經濟責任稽核管理工作指引》等具體工作指引、管理工具、工作聯繫函為指導的制度體系，全力保障中央及集團從嚴治黨等幹部管理相關規定落地情況的監督檢查。

同時為了提升管理質量，對經濟責任審計制度進行了全面梳理和修編，編製了《經責法規制度匯編》，其中收錄了國務院、審計署、原保監會發布的有關政策、法規，中國內部審計協會、集團公司及太平稽核發布的有關制度、規定以及經濟責任稽核部的管理要求，共 71 項制度 33 萬餘字。經濟責任稽核制度體系的建立為審計人員更好地開展中央及集團幹部管理相關規定的落地及監督工作提供了抓手，為幹部監督檢查工作提供了工具，有效保證了經濟責任審計能夠抓住領導幹部「關鍵少數」，助力從嚴治黨。

（二）通過經濟責任審計衡量領導幹部政策執行意識

黨的十八屆六中全會強調，黨的各級組織、全體黨員特別是高級幹部要向黨中央看齊，向黨的理論和路線方針政策看齊，向黨中央決策部署看齊，做到黨中央提倡的堅決回應、黨中央決定的堅決執行、黨中央禁止的堅決不做。

太平稽核積極落實有關政策執行的跟蹤審計要求，對領導幹部經濟責任審計，其首要的職責就是對政策執行情況的跟蹤審計，根據國家審計署《國家重大政策措施和宏觀調控部署落實情況跟蹤審計實施意見（試行）》

以及《中國太平保險集團重大決策部署和政策措施跟蹤審計管理辦法（試行）》的規定，對集團公司或子公司重大經營活動、重大決策部署和政策措施等審計事項全過程分階段、有重點的進行持續性、過程性審計監督。

將重要政策等落實情況作為跟蹤審計重點納入經濟責任審計中，能夠通過揭示跟蹤審計事項在貫徹落實中存在的問題，分析問題產生的原因，推動措施落實到位，從而全面、客觀評價被審計對象經濟責任履行情況，促進工作機制不斷完善。同時關注跟蹤審計事項實施中出現的新情況、新問題，有針對性地提出建議，也有利於促進公司強化管理，提高效益。

（三）通過經濟責任審計促進領導幹部貫徹執行民主集中制

習近平總書記指出，沒有監督的權力必然導致腐敗，這是一條鐵律。一個地區的「塌方式腐敗」、一個部門和單位的「全軍覆沒」，無一不是「一把手」大權獨攬、任性用權、上行下效、目無法紀，不貫徹執行民主集中製造成的。如果領導幹部大權獨攬、獨斷專行，對「三重一大」重大經濟事項搞決策一言堂、拍板一句話、審批一支筆，不經過集體研究和決策，對事業、對組織、對個人都是有百害而無一利。

太平保險集團經濟責任審計關注重點之一就是檢查領導幹部在「三重一大」事項的決策中是否規範履職，除了在經濟責任審計風險點模型中納入民主決策相關檢查內容外，太平稽核經濟責任稽核部還制定並下發了《「三重一大」審計作業指導書》，對審計範圍、審計內容和審計方法都做出了更為詳細的規定和說明，從而提高決策審計質量。因此，經濟責任審計關注被審計對象執行民主決策、科學決策、依法決策情況，有利於促進公司內部監督、防止權力濫用，倒逼領導幹部嚴格執行民主集中制，認真落實「三重一大」集體決策制度，提高決策的科學化、民主化水準。

（四）為組織實現廉潔從業、正風肅紀的問責提供重要抓手

強化正風肅紀，重點是堅決落實中央八項規定精神。黨的十九大報告指出，要堅持以上率下，鞏固拓展落實中央八項規定精神成果，繼續整治「四風」問題。十九屆中央政治局第一次會議審議通過中央政治局貫徹落實中央八項規定的實施細則，向全黨全社會釋放了推進全面從嚴治黨一刻不能鬆、落實八項規定精神半步不會退的強烈信號。廣大黨員幹部特別是各級領導幹部應當充分認清黨中央不會讓「四風」卷土重來的堅強決心，始終牢記人情面前有原則、交往之中有規矩，從而真正做到遵守八項規定精神不越界、不逾矩。

為深入貫徹落實中央八項規定精神，2017年上半年太平集團制定了

《中國太平保險集團對違反中央八項規定精神問題開展集中通報和專項整治工作方案》，貫徹中央紀委關於對金融系統違反八項規定精神問題開展集中通報和專項整治的通知精神。按照集團要求，太平稽核將違反中央八項規定精神列為內部經責任稽核檢查的重點內容，研究制定了《太平稽核關於落實中央八項規定精神和履職待遇及業務支出執行情況檢查工作指引》。該指引明確檢查必須堅持「高度重視、落實三到、重點檢查、盡職免責」的原則，詳細列示落實中央八項規定精神情況和履職待遇及業務支出情況檢查的風險點及檢查方法，突出檢查重點，保障幹部廉潔從業情況檢查質量，為集團鞏固拓展落實中央八項規定精神成果，繼續整治「四風」問題工作發揮好監督作用。

二、積極落實「密切聯繫機制」

經濟責任稽核工作根據《中國太平保險集團經濟責任審計管理辦法》的規定，為全面瞭解被稽核人員情況，實現監督信息共享、節省稽核資源，提高經濟責任稽核工作質量，按照集團「四位一體」監督工作機制要求，在實施經濟責任項目前，會向被稽核對象上級公司紀檢監察、人力資源、風險合規等部門發函徵詢，瞭解被稽核人的相關稽核信息。

信息徵詢函是經濟責任稽核發揮「四位一體」監督作用的重要抓手。歷年來通過不斷調整優化徵詢函的結構和內容，增強了信息徵詢的實用性和針對性。同時，進一步優化信息徵詢函發送流程，擴大信息徵詢的部門和範圍，由原來監事辦、紀檢監察、人事、合規風控部門，增加了向財務部、上級主管部門瞭解履職待遇及業務支出相關費用、預算執行、費用管控等方面信息；對於省級分公司班子成員，增加了向上一級總公司分管部門徵詢意見流程。任中項目徵詢函以月度為單位統一發送，減少了集團或子公司工作量，提高了信息徵詢的目的性和有效性。

密切聯繫機制推進了非現場稽核的深入。經濟責任稽核在項目開展中樹立「大非現」稽核理念，結合經濟責任稽核工作性質，充分利用太平稽核信息共享機制、「四位一體」機制以及與各子公司建立的密切聯繫機制，提前與被稽核單位進行溝通，獲取常規稽核部、專項稽核部等相關項目涉及的情況，瞭解項目背景，收集相關稽核資料和數據成果，保證充分非現場分析時間和充分的分析資料。強化非現場分析的質量意識，提前優化項目組人員分工安排，提前制定稽核方案，做好項目風險及重點分析，確保每位項目人員做到心中有數、有的放矢，集中更多的時間和精力有針對性

的實施現場檢查，提高檢查質量和檢查效率。

三、利用大數據技術對合作企業進行背景調查

在新時代，利用大數據技術在審計對象、審計資源、審計技術等方面下功夫，有利於推進「有深度、有重點、有成效」的經濟責任審計，特別是對其合作企業的背景調查能做到利用多領域、全樣本的數據資源挖掘，提高了工作的效率和效益。主要檢查範圍如下：

（1）檢查高管或員工違規經商辦企業、各級機構違規與員工或親屬關聯企業發生經濟往來事項的風險情況。

經濟往來事項包括（不限於）以下幾個方面：

①營業費用支出、資本性支出；

②提供保險仲介、代理服務、理賠、查勘公估服務；

③在公司投保，並生產大額理賠支出或公司承擔較大保險風險的企業；

④向公司購買物資或服務，如購買公司處置物資、承租公司物業等。

（2）檢查與各級機構發生經濟往來事項的相關企業，企業間是否存在關聯關係，通過「串通招標、詢價」等方式，違反《中國太平保險集團集中採購管理規定》或存在重大訴訟、處罰等不利於履行公司合同的風險。

基於大數據技術的稽核模式，主要以三種不同方式為企業的背景調查及風險分析提供有力的線索或直接的證據：第一種方式是擴大數據審查範圍。與數據供應商合作，獲取、審查企業徵信數據，包括工商、司法涉訴、「董監高」對外投資及任職等數據維度。第二種方式是利用網絡爬蟲完成數據獲取、匯總工作，大大提高工作效率。基於 Python 爬蟲框架，結合工作實際制定搜索策略，可以快速實現企業徵信數據的採集、處理及存儲功能。第三種方式是對全樣本的歷史交易數據進行篩選和檢查，而不僅僅是數據樣本，避免檢查風險。

四、微信掃碼實施民主綜合測評工作

經濟責任稽核項目作業流程中，在項目現場需要實施員工測評及調查問卷環節，稽核人員通過搜集該類信息，可以更好地瞭解群眾反饋的被稽核人情況，收集舉報投訴信息，多維度分析高管人員的履職評價情況。

微信測評系統實施前，相關測評及調查問卷實施仍停留在稽核現場紙質測評階段，文件的打印、發放，相關現場測評流程安排、測評結果統計

等工作，占用了稽核人員較多現場工作量，且測評範圍受項目時間、機構規模等因素制約，不能做到靈活增減測評範圍。為解決上述制約，經責部思考運用信息化手段，研究利用微信相關功能實現測評工作。經過與信息系統稽核部、系統開發商的通力合作，通過項目需求分析、平臺開發、測試及正式上線運行等工作步驟，最終按照項目計劃進度完成了微信測評系統開發工作。

微信測評項目實現了測評人員利用智能手機通過太平稽核微信公眾號內的接口，進入某個具體經責項目關於被稽核人的履職測評、調查問卷界面，在該界面進行選擇性及描述性測評，根據界面上的測評及調查問卷內容對被稽核人進行打分、選擇、打字描述等操作。從而擺脫了紙質現場測評的諸多限制，可以有效擴大測評範圍，同時通過後臺數據運轉，實現測評結果快速統計，提高稽核檢查效率。

五、引入「3E」審計方法

「3E」審計也稱績效審計，太平稽核經責工作涉及的「3E」審計是指稽核人員對集團內各專業子公司下屬分支機構高管人員經營管理活動的經濟性、效率性和效果性進行審查和評價。經濟性是指被稽核人經營管理過程中獲得一定數量和質量的產品或者服務及其他成果時所耗費的資源最少；效率性是經營管理過程中投入資源與產出成果之間的對比關係；效果性是指經營管理目標的實現程度。

「3E」審計跳脫出了傳統經濟責任稽核較為狹隘的稽核範圍，為全面、客觀地評價高管人員履職情況提供了科學有效的評估方法。「3E」審計重點評估內容如下：

（一）業務發展水準的效率性和效果性

評價業務達成進度、保費規模實現程度、業務增長速度、系統內及市場內排名變化趨勢等經營結果評價指標：

（1）壽險方面，如個險標保規模、銀險期繳標保規模、銀險躉繳規保規模、計劃任務達成率、成長率、貢獻率、系統排名、市場占比、市場排名等；

（2）養老險方面，如年金新增標準繳費規模及達成率、團險標準保費規模及達成率、團險短EB規模及達成率、團險長EB規模及達成率、傳統年金規模及達成率、市場佔有率及排名等；

（3）財產險方面，如保費收入、系統排名、市場佔有率及排名等。

(二）費用投入的經濟性、效率性和效果性

（1）費用投入。費用效率性分析，主要針對重大項目費用投入產出情況進行的分析，如弱體機構改造方案、大型產品說明會等投入產出情況分析；費用經濟性分析，主要針對投入產出關聯性較差向項目，如大型培訓會議、職場租賃裝修等，分析人均成本、預算執行率等指標，評價費用使用是否存在浪費問題。

（2）利潤情況。通過調閱財務報表、年度總結、述職報告等資料，瞭解被稽核人任職期間機構利潤完成情況以及利潤完成的經濟性、效率性、效果性。

(三）任中項目運用 3E 審計方法案例分析

稽核人員在太平人壽內蒙古分公司某同志的任中稽核中運用了 3E 審計方法。現將該項目開展情況總結如下：

1. 非現場階段

（1）總公司數據收集及系統數據提取。

此階段的任務主要是通過分析全系統的數據，判斷某任職期間內蒙古分公司業務發展的趨勢變化，並確定內蒙古分公司業務水準在全系統、市場的位置如何，以此初步勾勒出某同志對內蒙古分公司的管理成果如何。

此階段，稽核人員借助的工具主要是 3E 底稿中的指標評價體系。為加強 3E 審計的作業標準化和可操作性，設計了 3E 經責底稿和報告模板，某項目作為年度第一個 3E 項目，對相關底稿、報告進行了試用。3E 底稿的架構主要是對指標評價體系進行整理歸納，並形成相關數據分析結論，通過該底稿，可更加清晰地確定機構在基礎管理、業務發展、人力發展、隊伍結構、投產比等方面的管理結果，為現場訪談和檢查確定了方向。

通過對這些數據多個維度的分析，明確了個、銀、續期的業務趨勢及水準，並找到了機構發展的短板和不足，為下一步分析確定了方向。結論為：內蒙古分公司在 2013—2015 年，取得了業務的穩定發展，與自身歷史水準相比，增幅較大，且增長速度居系統領先水準；但因業務平臺基數較小，首期總保費規模在系統排名始終穩定在 33/34 名，未取得進位。

（2）機構上報資料的分析。

機構上報資料的完整性和豐富性對數據分析的結論有著較大程度的影響，為保證資料上報的效果，必須事先與機構充分溝通取得機構的配合。比如某項目，提前與機構人事負責人溝通，強調了經責項目對被稽核人的重要性，所以機構上報資料齊全、詳盡，被稽核人撰寫的述職報告也有非

常豐富和充分的內容。在對材料進行分析時，因之前通過對總公司報表數據的分析已經形成了對機構發展水準的定位，所以述職報告中被稽核人表述的工作成果、各部門的分析報告稽核人員在閱讀時可以有判斷性地甄別真偽，且不被機構包裝或隱匿的業績情況迷惑。另外，通過財務、續期、人事、合規以及公司整體的分析報告可以對一些現象和問題多次驗證，做到對機構狀況更準確地把握和判斷。

通過業務發展報告瞭解業務狀況，品質分析報告則反應的是業務發展質量，財務分析報告反應的是在履職管理過程中關於費用的使用情況，人力資源分析報告反應管理幹部以及整個團隊建設的狀況，企劃合規類的報告則反應的是公司的內控合規管理水準以及存在的風險隱患。通過對各個主要管理環節進行關聯分析，使報告素材不斷趨於全面、豐富和客觀。

通過機構上報資料特別是對各類報告及數據的分析，提煉被稽核人在機構的重點管理措施、成果以及不足，確定現場稽核方向。

（3）形成稽核方案。

對上述分析進行總結提煉後，從多個角度，如戰略規劃、文化建設、機構建設、團隊建設、業務管理體系建設、合規內控建設等多個方面分別進行分析結論列示和現場針對性稽核計劃。某項目的非現場方案內容翔實、緯度豐富、結構分明且具備清晰的針對性現場稽核要點，為現場稽核的實施準備了充分條件。

2. 現場稽核階段

訪談的深度和效果、資料收集的豐富程度，決定著報告的素材，並直接決定著項目的整體質量。

（1）根據訪談過程及結果，隨時調整方案及重點；

（2）隨時根據訪談提到的事項、數據進行進一步的資料收集；

（3）根據新發現的線索及信息對相關人員訪談核實，相互印證，並隨時有針對性的擴大訪談範圍。

稽核人員根據方案計劃以及擬定的針對性的訪談提綱，對相關崗位和員工進行了訪談以及數據調取，進一步驗證了非現場稽核結論。這個階段通過對人事、企劃和財務的重點訪談從機構管理大的生態環境方面進行了深入的調研，發現了更多新的素材和線索，為進一步工作的開展疏通了路徑。最終，現場階段獲取了大量的資料素材，為報告的形成和深加工提供了條件。

通過非現場和現場的分析、訪談、檢查，稽核人員瞭解到了被稽核人

述職報告沒有提到的更多的內容，包括成果以及不足，形成了對機構更全面的評估結論。在對機構提出的管理建議方面也更客觀、更具有針對性，為被稽核單位提供了有價值的管理諮詢服務。

該項目的主要成果在於：

（1）對3E底稿進行了試用，完善了3E項目實施的使用工具。

（2）豐富了指標，強化了對比分析效果，比如豐富了保監、行業關於當地市場的發展數據，加入了費差指標分析等。

（3）進一步深入對經營管理狀況的分析和評價，以此為基礎形成了更深刻、更具針對性的管理建議。

（4）通過一年多以來幾個3E項目的探索和經驗累積，數據的收集、分析更加熟練，訪談的效率更加提高，看問題的角度和深度逐漸加強。所以，在熟練的基礎上，此項目的工作效率較高，在標準的分公司經責項目的工作量投入下，項目得以高效、高質量的完成。

第十一章　績效審計及其典型案例分析

績效審計就是審計人員採用現代技術方法，客觀、系統地對政府部門及企事業單位的項目、活動和功能就其實現經濟性、效率性和效果性的程度進行獨立的評價，提出改進意見，增強公共責任意識，為有關方面決策提供信息。

經濟性（Economy）是指以最低的資源耗費，獲得一定數量和質量的產出，也就是節省的程度。

效率性（Efficiency）是指產出（如產品、服務）與投入的關係。具體說，就是從對一個部門或一個項目的資源投入，力爭取得最大的產出，或確保以最小的資源投入取得一定數量的產出。如果以較少的投入取得一定數量的產出，或以一定數量的投入能獲得更多的產出，就可以說一項經濟活動效率是高的。

效果性（Effectiveness）是指既定的目標實現的程度或一項活動預期的影響與實際影響之間的關係，如完成預算目標、政策或計劃目標的情況（實際產出與目標的關係）。審計的任務是檢查預期目標是否達到。它不考慮為達到預期目標所投入的資源情況。當然，既經濟而又有效率地取得預期效果是可能的。

第一節　績效審計發展

績效審計產生半個多世紀以來，世界上許多國家都積極地推進了績效審計實踐，建立起適合本國情況的績效審計模式。在這些績效審計模式中，比較有特色的包括美國、英國、德國和加拿大等國家的績效審計模式。2003年頒布的美國《政府審計準則》認為績效審計就是對照客觀標準，客觀地、系統地收集和評價證據，對項目的績效和管理進行獨立的評價，對前瞻性的問題進行評估，對有關最佳實務的綜合信息或某一深層次

問題進行評估。美國的績效審計主要圍繞部門和個人職責履行、工作機制開展績效考核，注重從管理制度、政策、機制等角度進行分析判斷。英國審計署將績效審計稱為貨幣價值審計（Value For Money Audit），其績效審計模式的特色主要包括：依據《國家審計法》設立績效審計項目；績效審計程序分為初步調查、全面調查和後續檢查三個階段；績效審計報告中的審計建議不具有強制性；績效審計機關具有獨立性；等等。加拿大審計署將績效審計歸為綜合審計（Comprehensive Audit），主要是對政府活動進行有組織的、有目的、系統的檢查，並對政府活動進行效益評價，將評價結果報告議會，以促進加拿大政府活動的透明性，提高公共服務的質量。

對中國績效審計模式的研究從20世紀80年代開始便陸續有相關學者進行了初步探索，並提出審計工作應該朝績效審計方向轉變。但從發展現狀來看，中國審計機關目前仍主要是以真實性和合法性審計為主，與西方開展績效審計較早的國家相比，無論是績效審計的內容、評價標準、組織模式、操作流程還是開展範圍等方面，都存在較大的差距。

第二節　績效審計的探索和實踐

太平稽核自成立以來，在做好遵循性審計的同時，積極開展績效審計方面的探索和實踐。2010年初對財險分公司開展了效益效能專項稽核，隨後對產險、壽險和養老險三條業務線開展了績效審計嘗試，2013年開始對集團內的不動產項目開展效益效能審計。在探索績效審計內容和方法方面，太平稽核累積了一定的經驗。

開展績效審計，需要有科學的審計評價標準來評價被審事項績效的好壞。中國現行的績效審計正是缺少一套科學的評價體系，處於無標準的審計狀態。且對於不同的企業而言，績效的含義是不同的，難以用相同的標準來衡量不同的被審單位。即使做了大量的審計工作，由於評價制度的不完善，也往往使得工作成果得不到及時的評判和應有的肯定，或者由於其他原因歪曲了審計的結果。在這種情況下，審計人員的主觀判斷在審計中具有非常重要的作用。

作為對保險公司績效審計的全面探索，我們遵循了內部審計的一般性流程，同時也根據不同保險業務突出了特點，主要是建立績效審計分析模型、確立績效審計評價標準和靈活運用稽核方法等。

一、建立績效審計分析模型

在績效審計開展過程中，確認詳細的分析點，並以此建立績效審計分析模型，是做好績效審計的關鍵，也是制定審計方案的重要內容，還可以作為選擇項目組成員的主要依據。

太平稽核主要是探索分公司層級的績效審計，項目人員根據產險、壽險和養老險分公司層級的業務特點和績效審計重點等分別明確了財險、壽險和養老險三種業務類型分公司績效審計的明細分析點，理順了各個分析點間的邏輯關係，建立了相應的績效審計分析模型。

例如，財險分公司的績效審計分析模型（如圖11-1所示）主要包括業務發展類、業務品質類、固定成本類、變動成本類和利潤類等。

表 11-1　　　　　　　財險分公司績效審計分析模型

類別	分析指標	詳細指標及說明
業務發展	業務規模	公司總體業務規模，可分車險業務和非車險業務，與當地其他保險主體比較
	業務增長率	公司業務發展速度，業務增長率＝（本期業務收入－上期業務收入）/上期業務收入×100%，與當地其他保險主體比較
	市場份額	公司在當地市場份額和地位，單列比較車險等主要險種的市場份額變化情況
	………	………
業務品質	當地市場主要險種賠付率	當地保險市場平均綜合賠付率情況，分析近三年的賠付率。同時比較分公司相應的賠付率變動情況，分析分公司賠付率改善的空間和方向
	各主要險種的賠付分析	當地保險市場險種平均賠付率情況，分析近三年各險種賠付率及形成的主要原因
	未決管理	未決賠款準備金是否充足（考慮近三年IBNR的因素）
	………	………

表11-1(續)

類別	分析指標	詳細指標及說明
固定成本	非人力固定費用	①固定資產折舊額和長攤費用額的變動，是否存在大幅波動現象。②分析分支公司職場建設費用情況，其職場租賃面積是否與業務發展相當，固定資產購置、租賃費等是否適當。③分析分公司固定資產投產比（固定資產投產比＝累計折舊/保費收入，每百元保費所需固定資產費用，該數據越小越好）
	人事費用	①人力資源成本與當地金融系統單位進行比較（人事費用包括月度工資，公司承擔的社保和公積金，內勤的年終獎等所有人事費用），人員配置是否合理。②分析人事費用投產比（人事費用投產比＝保費收入/人事費用，該指標越高越好）
	人均固定成本	分析人均固定成本（全員人均固定成本＝固定成本總額/所有員工，以此來說明公司維持正常運轉所必需的成本）
	………	………
變動成本	外勤人員績效	①外勤人員的績效是否與其業績相符，計算是否正確，是否符合公司的規定等 ②不同渠道同一類業務績效標準是否一致
	手續費及佣金支出	①手續費及佣金支出是否與業務發展成一定的比例關係，是否存在手續費和佣金比例變動較大現象 ②不同渠道同一類業務手續費及佣金標準是否一致
	其他變動費用	分析其他與業務直接相關的費用是否合理，與當地其他保險主體進行比較
	……	……
利潤情況	經營利潤	分析公司的經營效益和分險種效益情況，分析效益險種及虧損險種情況
	利潤達成率	分析公司利潤指標完成情況，分析分公司在當地市場的情況
	主要險種利潤情況	根據淨貢獻表分析交強險、商業車險和其他主要險種的利潤情況，包括保費收入、承保利潤以及綜合賠付率，毛保費銷售成本率、已賺保費綜合成本率等
	……	……

　　通過對五個方面各個指標的深入分析和研究，一家分公司在經營和管理方面哪些方面做得較好，哪些方面存在不足和缺陷，可以得出較全面的結論。

二、探索建立科學、客觀、公正的評價標準

績效是由多維建構的。評價和分析的角度不同，其績效的結果也會不同，這就帶來了績效審計評價多元化的問題。選擇科學、客觀、公正、大眾認可度和接受度高的評價標準是績效審計成功的前提和基礎。為了評價被稽核對象業務經營的經濟性、效率性和效果性，揭示影響效益的關鍵因素和業務環節，必須以獲得廣泛認同的業務指標和衡量標準作為評判績效優劣的依據。

（一）內部標準

績效審計內部評價標準（見表11-2），主要運用財險公司內部評價與考核指標，量化地評價被稽核單位的業務規模、作業效率、效益水準和資源配置情況，確定其效益的高低及在全系統內排名情況。

表11-2　　　　　　　　　　績效審計內部評價標準

評價內容	評價標準
分公司保費規模	與總公司任務指標、歷年業務規模及同批開業的其他分公司對比
下轄機構數量和整體經營效益	與同批開業的其他分公司對比
銷售人員人均產能	與系統內平均水準對比
分公司本部及中支保費占比	選取保費規模相當的其他分公司，對比保費占比結構及經營效益
險種結構（多維度分類）	與同批開業的其他分公司對比
內外勤人力結構	與人事制度規定或保費規模相當的分公司對比
固定費用開支占比	與同期開業的其他分公司及系統平均水準對比
預算執行率	與公司下達的預算指標對比，與系統內規模相當的分公司對比
變動費用（或銷售成本）投入	與總公司規定費用率和系統內平均水準對比
人事費用開支占比	與保費規模相當的分公司對比
邊際貢獻覆蓋率	與同批開業的其他分公司、系統平均水準對比
……	……

（二）外部標準

績效審計外部評價標準（見表11-3），主要運用當地市場行業信息和當地保監監管數據，評價被稽核單位的經營效益和作業管理水準，尋找異

常的效益指標並進行成因分析。

表 11-3　　　　　　　　績效審計外部評價標準

評價內容	評價標準
公司發展狀態	對比同一省市保險公司保費增長速度、業務規模、經營效益等
品牌口碑	同業、客戶、監管部門綜合評價，市場份額、排名情況等
中支網點開設佈局	選取保費規模相當的當地同業公司，比較其網點開設佈局
險種結構	主要險種及險種效益情況，與當地市場平均水準比較，與當地規模相當的公司比較
險種費率合理性	該地區行業平均費率比較
銷售投入合理性	該地區行業平均費用投入水準比較
人員素質與薪資水準	該地區市場領先的公司人力素質結構及薪資待遇比較
……	……

　　儘管外部信息數據獲取較為困難，但其作為效益衡量標準的參考作用很大。如以分公司下屬的分支機構網點佈局合理性稽核為例，項目人員在某市選取了與被稽核中支公司保費規模大體相當的同業機構，比較兩家機構的營業網點佈局數量，分析單位職場成本的保費產出，便可以較直觀地得出「網點鋪設過多，固定成本投入產出效益低下」的稽核結論。

　　要科學、全面地評價被稽核單位業務經營過程中各項經濟活動行為，不僅需要大量繁復、細緻的資料收集和數據統計工作，而且對於已獲取的分析指標需審慎運用，才能恰當地判定衡量。

　　部分簡單直觀的業務指標，如業務發展規模、人均產能、投產比等可通過內外部數據信息比較，直接分析得出分析結論。然而有一部分數據指標，儘管能夠同兄弟機構或同業公司相比較，卻無法直接得到高低優劣的結論，例如評估固定費用投入或員工數量合理性時，不能單一地參考、比較兄弟機構或同業公司的指標數據，而要結合被稽核單位的保費規模、業務複雜程度、職場網點的數量、客戶所在地域的覆蓋程度等因素，實施綜合分析與評估。此外在部分效益環節評估時，需建立多項業務、財務指標聯動評價模型，才能得出合理、恰當的結論。例如評估被稽核單位預算執行情況時，需同時對照公司銷售費用開支額度及年度計劃任務達成進度兩項指標，同時要

考慮總公司預算額度下達的依據是否充分合理，才能評判分公司費用開支是否超額，是否在給定的費用條件下實現了產出最大化的目標。

三、靈活運用稽核審計方法

實施績效審計，需根據被稽核對象經濟活動和業務管理領域的多樣性，採取多種稽核方法進行評價、鑒證。績效審計方法既有傳統方法，又有技術分析方法，還有新型稽核方法如計算機輔助方法等，項目人員需結合實際工作需要，靈活運用各類稽核方法，如抽樣法、比較分析法、觀察法、因素分析法和訪談法等。

（一）抽樣法

為確保稽核檢查和評估的全面、完整及效率，規範績效審計作業模式，保證項目質量，項目人員需對現場稽核工作制定抽樣標準和原則。

常用的績效審計抽樣原則與標準如表 11-4 所示。

表 11-4　　　　　　　　績效審計抽樣原則與標準

稽核內容	抽樣原則與標準
分公司下屬三級機構現場稽核	採用分層抽樣的方式，根據經營效益上、中、下三類各抽取 50% 實施現場稽核
銷售人員產能	分層抽樣，對產能 100 萬元和 60 萬元兩個檔次的業務 100% 進行核查分析
續保業務（如商業車險續保率）	續保業務需 100% 核查
承保理賠時效及保費充足度	稽核期間內 100% 全覆蓋核查
非標準業務流轉時效	對某年的非標準業務隨機抽取 100 件進行了核查、分析
……	……

在績效審計項目實施過程中，項目人員還需充分運用公司業務、財務管理信息系統和作業支持系統，全面調取業務信息數據進行核查，需運用計算機輔助審計的手段，設定統計口徑和數據判別條件，從系統數據源中篩選目標信息，上述方法的工作效率高於手工抽樣，在系統資源允許的情況下，基本能夠實施 100% 全覆蓋檢查。

（二）比較分析法

在績效審計實施過程中，一個重要的工作就是要收集和分析被審計單位在稽核期間的各類業務、經營數據、管理流程時效等數據，並把這些數

據進行分析形成結論與所確定的評價標準或評價參照物進行對比，進而獲得相應的科學、合理的結論。

（三）觀察法

績效審計更應注重實地觀察、查詢，從業務一線獲取最直接真實的稽核證據。在績效審計項目實施過程中，現場觀察的目的不僅是核查內控管理的有效性，而且是需通過實際接觸業務流程收集各類信息，作為分析效益現狀提出管理諮詢建議的基礎。

（四）因素分析法

績效的形成往往不是受單純一種或幾種因素的影響，而是多種因素綜合作用的結果。要從錯綜複雜的影響因素中條分縷析、尋找到起關鍵作用的因素，就需要利用科學的方法由表及裡，逐步深入地探尋根源。項目組在現場工作時需運用圖示展示相關因素，進而識別潛在的問題和形成結果的原因。

（五）訪談法

在績效審計實施中，訪談不僅有助於稽核人員掌握各項經濟活動信息，深入研究和判斷影響效益的因素，而且是獲取稽核線索和管理建議的一個重要來源。

按照項目計劃與被稽核單位經濟活動當事人或相關人員進行訪談時，稽核人員能夠獲取非現場準備階段無法掌握的事項和信息，根據其中重大或異常事件提供的線索追加稽核程序，調整稽核重點或擴大稽核範圍。在對效益、效率不佳的業務領域分析原因時，機構管理者和基層經辦人員的真實意見通常直指問題核心，稽核人員在此基礎上辨識信息真偽，綜合提煉具有實際操作性的改進方法，便能準確而有針對性地提出更具可行性的管理諮詢建議，從而為被稽核單位改善經營管理提供決策支持。

第三節　典型案例分析

財產保險有限公司××××分公司績效專項稽核

（2007—2009 年）

第一部分　基本情況

一、當地產險市場總體情況

××××省是全國第二大經濟強省，產險保費規模居全國第四位。2007—

2009 年產險保費收入分別為×××、×××、×××億元；承保利潤分別為-××、×、××億元，產險行業連續兩年實現承保盈利。省內存在眾多實力雄厚的大型企業，在 2009 年中國企業 500 強排名中，入圍了 51 家企業，與 2008 年相比增加了 13 家，入圍數量位居全國第二位。當地集團內壽險公司多年經營累積了眾多的優質客戶；省內銀行業務發達、保險仲介市場繁榮。綜上，所在地財產保險市場潛力巨大，保險業務拓展具有豐沛的潛在客戶資源。

二、公司組織架構及經營情況

公司為 2003 年成立，截至 2009 年底，下轄 6 家中心支公司和 22 家四級機構。2007—2009 年一直處於虧損狀態，三年累計虧損近億元。

（一）保費收入、險種結構和邊際貢獻

1. 保費收入。2007 年實現保費收入為當年全公司 2003 機構平均水準的 86.4%，占 2003 機構總保費的 9.6%。之後業務規模持續縮減，至 2009 年保費收入當年 2003 機構平均保費收入的 58.6%，占 2003 機構總保費的 6.52%。

2. 險種結構。車險業務占比逐年擴大，非車險業務逐年減少。2009 年非車險淨保費僅占整體保費規模 14.7%。

3. 邊際貢獻。2007 年、2008 年邊際貢獻額和邊際覆蓋率均為負數。2009 年有所改善：邊際覆蓋率達 20%，比全公司平均水準低 25 個百分點；邊際貢獻額是同期 2003 機構平均水準的 17.72%。

（二）重要成本指標

（1）自留保費綜合成本率較全國機構平均水準高出 20 個百分點，銷售體制改革後，自留保費綜合成本率降至 111.7%，較全國機構平均水準高出 5 個百分點，仍未達到機構自負盈虧水準。

（2）滿期保費賠付率與全國平均水準和 2003 年的機構平均水準相比較，約高出 18 個百分點。2009 年的滿期賠付率較 2008 年大幅下降，但仍高出全國平均水準近 7 個百分點，並高於當地市場平均水準近 5 個百分點。

（3）毛保費固定費用率 2007—2008 年分別為 9.8%、13.4%。2009 年降至 13.1%，但仍高於全國機構平均水準 2 個百分點。

（4）兩率 2007 年與全國機構平均水準基本持平；2008 年、2009 年低於全國平均水準，其中 2009 年低於全國平均水準 4.4 個百分點。

（5）自留保費綜合費用率與全國機構平均差異較小（1~3 個百分點），

因此，賠付率過高是經營虧損最直接和最重要的原因。

第二部分　效益效能評價

一、戰略目標及市場定位

公司成立 7 年來，未能制定合理有效的經營目標，沒有形成明確的區域市場發展規劃和戰略定位，在資源豐富的當地保險市場經營成果不佳。2007—2009 年保費收入逐年下降，市場份額逐年下降（1.17%→0.91%→0.68%），2007 年在省內 18 家產險公司中位於第 10 位，2008 年在 21 家中位於第 13 位，2009 年在 22 家中位於 16 位。連續三年經營虧損。

由於種種原因，機構數量眾多、產能低下，經營成本高，管理戰線長，導致風險環節多、管理效力衰減嚴重，與集團及總公司的經營目標存在明顯差距。

（1）分公司班子對總公司經營管理目標及制定相應的區域市場戰略等重要問題研究少，沒有清晰的發展戰略及經營管理措施，對總公司的經營管理要求執行不力。在發展模式上，沒有通過有重點地發展特定地域優質保費規模，沒有堅持通過提高現有機構的產能來提高優質保費規模；在目標客戶選擇上，缺少明確的重點目標客戶群（如政府部門、大型企業集團、高端個體客戶或中小企業團體客戶等），缺乏對目標客戶的研究分析及主攻策略；在渠道建設上，沒有明確的渠道發展策略，導致各渠道建設相對滯後，銀保重要客戶渠道基本處於停滯狀態；在產品策略上，未能針對當地客戶需求的特點選取恰當的產品（險種）進行重點銷售和推廣。

（2）2007—2009 年公司班子成員變動頻繁，難以形成持續穩定的發展規劃。少數高級管理人員受歷史遺留問題的影響，主觀上對公司的振興缺乏信心，實務中將大部分精力投註在短期具體事務的處理上，對公司整體業務推動的步驟、節奏等缺乏有效思考。

（3）2010 年，新的領導班子成立之後，根據總公司的發展策略，分析了分公司的經營現狀，初步提出了業務推動及發展思路。

二、銷售能力

銷售體制改革之前，公司機構佈局不合理，機構產能低下，固定成本高昂，分公司對三四級機構的管理失控。銷售體制改革後，分公司管控力度有所加強。但由於分公司在較長時間裡，渠道發展策略不明確，激勵和培訓機制不健全，下轄機構管控能力不足，導致目標客戶群及忠實客戶缺

乏，銷售團隊穩定性差，績優業務人員匱乏；三四級機構業務數據失真，渠道清分難以徹底，對業務的長遠發展造成不利影響。

(一) 機構建設與業務拓展

1. 早期運作不規範，合規經營意識差，違規成本巨大

2003 年開業初期在未經總公司審批的情況下設置了 6 家中心支公司、20 多家四級機構。2004 年 6 月總公司對其進行整頓，機構業務開展受阻，市場影響惡劣，違規成本極高。

2. 機構開設前定位不準確

缺乏可行性分析與發展計劃，與市場銜接不緊密，設置不合理，人員準備不充分，導致機構長期產能低下，無法形成規模經濟效應，眾多機構的管理和人事費用、職場成本耗資巨大。2007—2009 年保費收入逐年遞減，而用於支撐 6 家中支、22 家四級機構的固定費用 2009 年比 2007 年增長 14%。

公司沒有建立對機構的經營現狀、後續發展潛力的評價及考核機制，沒有根據實際情況及時調整機構佈局，機構眾多且弱小成為阻礙分公司發展的沉重包袱。

3. 分公司及三級機構本部產能低下，且逐年下滑

2007—2009 年，四級機構業務在整體保費規模中占比達 53.38%。分公司和三級機構本部的業務規模小且降幅大。以分公司本部業務為例，2009 年較 2007 年保費規模累計降幅達 41.81%，僅占整個分公司保費收入的 16.2%。分公司保費排名居前的三家中心支公司，三年來保費收入的累計降幅分別達到 15.44%、32.24%、22.63%。

(二) 銷售團隊建設

1. 直銷渠道人均產能低下

經代車商及壽銷產渠道已建立較為穩定並具有一定產能的團隊；直銷團隊產能較低，達標的直銷團隊較少；銀保重要客戶渠道銷售團隊處於重建階段。

表 11-5 顯示：經代車商渠道的人均產能在系統內排名屬中等偏上水準；直銷渠道的人均產能系統中排名倒數第三。造成直銷渠道人均產能低下有以下幾個因素：

2009年主要渠道人均產能

渠道	人均產能系統內排名
直銷	26
經代	15
車商	6

（1）未嚴格貫徹執行總公司的渠道發展策略。根據總公司的業務定位，直銷渠道主要客戶群是個人中高端優質客戶、政府及企事業團單客戶。然而受現有業務人員能力素質、培訓督導力量的限制，目前直銷渠道業務大多以私車散單為主，未能打造高績效的直銷團隊從而大量吸收高品質的業務。

（2）優秀業務員增員困難。考核不達標的業務人員清退後，分公司和機構缺乏對優秀業務員的引進能力。分公司本身缺乏對銷售人才培養的能力，新增人員達不到「三高」的要求，淘汰率較高，難以形成良性循環。

2. 銷售團隊建設不力

（1）銷售隊伍穩定性較差，高產能業務人員流失嚴重。

（2）高職級客戶經理占比較少。以經代渠道為例，2009年12月底的客戶經理中，中級客戶經理僅有1名，無高級客戶經理。

（三）市場目標客戶

1. 缺少目標客戶群，客戶分散

通過對分公司本部及中心支公司2009年客戶群現狀進行分析，除個別中心支公司團單客戶占比相對較高外，其餘機構團單客戶缺乏，客戶群分散。

2. 缺少忠實客戶，續保率偏低

分公司對續保工作未出抬相應的管理辦法，僅在日常工作中進行續保提示。對業務數據分析後發現，2007年商業車險保單在2008、2009年連續兩年續保率僅為16%，客戶留存率較低。

3. 造成續保率偏低的主要原因是客戶信息真實性差

據統計，分公司本部2009年商業車險承保業務中聯繫人為空白的占6.9%，地址不完整的（少於7個字）占52.8%，地址為空白的占6.4%，無聯繫電話的占7.8%。另外，業務人員流動對續保工作影響較大，人員流動較大的續保率明顯低於人員流動較小的。

4. 續保管理有待於加強

2007 年通過對該險種的續保情況進行分析，發現在 2008 年分公司續保時未根據 2007 年賠付情況進行二次核保，賠付率較低的客戶群續保率低於整體續保水準，對 2008 年賠付率走高產生影響；2009 年續保情況有所改善，分公司根據業務品質進行了保單業務篩選，高賠付的業務的續保率低於低賠付業務，對 2009 年賠付率下降發揮了作用。

5. 針對目標客戶群的培訓和激勵機制不健全，考核導向作用不明顯

培訓和激勵大多集中於產品緯度，且各渠道激勵的內容接近，特色不明顯，沒有根據各渠道定位的目標客戶群制定有針對性的激勵及考核措施，以突出考核導向。

（四）銷售投入

1. 總體投入在當地市場處於較高水準，但產量和品質不佳

當地保監局在對分公司《2009 年度監管意見書》中明確指出其「簽單費用率偏高。公司簽單費用率為 34.49%（非兩率口徑），在當地成立滿三年的 14 家公司中排名第 11 位（自低向高）」。但是高投入並未收到相應的效果，保費收入未獲得較大提高，也未獲取相應的優質業務。

2. 直銷渠道非標件兩率投入水準較高，但獲取的業務品質較差

2009 年分公司直銷渠道非標件的兩率達到 22.8%，標件業務兩率水準為 12.7%。非標件業務占整體保費比重為 46.1%，但是，業務質量較差。直銷渠道非標件業務的當期滿期賠付率高於標件業務 7.2 個百分點。高費用投入沒有獲得高品質的業務，且在整體業務中占比很高，對分公司的效益影響很大，詳見表 11-6。

表 11-6　分公司與總公司直銷渠道標準件、非標準件的數據統計

公司	險種	保費占比 標準件	保費占比 非標準件	兩率 標準件	兩率 非標準件	當期滿期賠付率 標準件	當期滿期賠付率 非標準件
分公司	整體	53.9%	46.1%	12.7%	22.8%	62.4%	69.6%
總公司	整體	82.6%	17.4%	16.4%	21.8%	55.2%	35.4%

3. 經代及銀保渠道總體兩率投入低於直銷渠道，不符合渠道的特點

特別是銀保渠道，兩率投入水準較直銷渠道低了 4 個百分點，不符合渠道的特點，在某種程度上可能會制約該渠道的建設和業務發展。

4. 私家車兩率投入水準在當地市場上處於較低水準

分公司私家車標準件兩率水準為 4% 和 8%。在當地市場上，這樣的投

入標準除在部分地區與老三家持平外，其他大多明顯低於市場水準。

三、營運能力

2007—2009年分公司優質業務的銷售能力不足，保費充足度偏低，在業務選擇、人傷案件管理、查勘定損、未決管理、理賠操作時效等方面存在管控不到位的情況，綜合賠付率（滿期保費賠付率）在當地財產保險市場主體和系統內一直處於較高的位置，業務品質不佳。2009年分公司通過差異化核保政策與變動費用引導進行業務結構的主動調整，一定程度地改善與提升了商業車險、水險、非水險業務品質。

（一）業務品質

（1）2007—2009年綜合賠付率（滿期保費賠付率）在當地財產保險市場主體和系統內一直處於較高的位置。

①分公司2007—2009年綜合賠付率分別為77.35%、84.67%和70.1%，綜合賠付率按照從低至高排序，在當地財產保險市場排名分別為第13名（18家主體）、第20名（21家主體）和第19名（22家主體）。

②分公司2007—2009年滿期保費賠付率分別為77.4%、84.7%和70.1%，在系統內排名（從低至高）分別為第22名（22家分公司）、第27名（28家分公司）和第22名（28家分公司）。

（2）2007—2009年淨保費規模逐年下降，車險占比逐年提高。分公司2007—2009年淨保費收入呈逐年下降趨勢。分公司車險業務（商業險和交強險）占比相對較高且2007—2009年逐年擴大，分別為77%、78%和85%，車險業務損益對分公司整體損益有較大影響。

根據總公司要求主動放棄高風險和高賠付率業務的同時，分公司銷售、市場推廣能力短期無法迅速提升，導致非車險淨保費從2007—2009年降幅為43.54%。其中非水險降幅最大達56.84%。

（3）2009年分公司通過差異化核保政策與變動費用引導，壓縮了高賠付的出租客運、貨車運輸車輛業務，提高了家庭自用車輛業務，業務結構的主動調整一定程度地改善與提升了商業車險業務品質。2009年商業車險賠付指標有所改善。

分公司商業險車險2009年淨保費較2007年增長4.4%，歷年制賠付率從2007年的89.43%下降到2009年的59.62%，下降29.81個百分點，商業車險當期滿期保費賠付率呈逐年下降趨勢，從2007年的74.73%下降到2009年的57.14%，下降幅度明顯。

（4）交強險賠付率持續上升，分公司進行了主動管控。2007—2009年交強險業務規模逐年下降，業務占比有所降低。但由於交強險費率優惠比例提高，特別是2008年2月將賠償標準提高一倍後，影響2008年和2009年交強險當期滿期保費賠付率11.5%、5.2%。

2007—2009年，分公司交強險規模逐年遞減，業務的占比從2007年的28.74%下降至2009年的25.75%，可是，當期滿期賠付率從2007年的34.61%上升到2009年的72.71%。其中，單獨投保交強險業務的當期滿期保費賠付率也從2007年的29.76%上升到2009年的74.95%。

項目小組精算評估結果顯示，按事故季度統計的交強險最終賠付率從2007年開始逐季遞增，由最初低於40%升至2009年末超過100%，業務質量明顯惡化。主要原因有：①2007年7月交強險實施無賠款優待機制後，越來越多的車輛開始享受到費率折扣，加上2008年2月開始基準費率下調，整個市場的費率水準逐年遞減。②2008年2月保監會提升交強險賠償限額，使得案均賠款明顯上升。③投保人逐漸熟悉交強險的理賠規則，導致索賠頻率也呈現上升趨勢。④外部不嚴格執行交強險條例，司法判決的法律訴訟環境較差。

（5）效益險種水險規模較小；意康險業務結構單一、規模較小、抗風險能力較差。2008年、2009年兩率投入滿期保費賠付率最低的險種大類為水險，分別為73.67%和55.58%，是分公司的效益險種。但2009年其水險業務規模盡占當年淨保費比例為僅4%。2007—2009年意康險淨保費下降23.6%，當期滿期保費賠付率由40.01%升至59.01%。

（二）營運管控能力

1. 保費充足度偏低

（1）商業車險保單折扣率低於系統平均水準及集團內同一市場公司；財產險平均費率不足，部分財產險業務通過擴展保險責任、批改等方式變相降低費率。

（2）分公司通過不規範使用商業車險費率系數方式變相降低費率，影響保費的充足性。在2009年全系統商業車險平均保單折扣率上升至8.1折時，分公司保單折扣率仍在2007年以來的7.6折水準徘徊，低於系統平均水準。

（3）2007年和2008年由於客運承運人責任險費率低，導致分公司非水險平均費率水準低於系統平均水準；2008年、2009年意康險平均費率水準低於系統平均水準。詳見表11-7。

表 11-7　　　　　　各險種 2007—2009 年費率水準統計

險種	2007 年 分公司平均	2007 年 系統平均	2008 年 分公司平均	2008 年 系統平均	2009 年 分公司平均	2009 年 系統平均
非水險（剔除客運人因素）	1.1‰		0.8‰		0.8‰	
非水險（不剔除客運人因素）	0.2‰	0.6‰	0.4‰	0.8‰	0.8‰	0.9‰
水險	1.3‰	0.9‰	1.0‰	0.9‰	1.0‰	1.0‰
意康險	1.5‰	0.4‰	0.1‰	0.3‰	0.2‰	0.4‰

（4）部分財產險業務通過擴展保險責任、批改等方式變相降低費率。

2. 分公司缺乏經驗數據與行業信息，對個別高風險業務識別能力不強

對於高風險車型，車險核保人員承保及核保時，可參考的歷史數據不足。2007 年承保某貨車公司賠款占當期車險賠款的 17.01%，滿期保費賠付率為 250%，影響商業車險 2008 年當期滿期保費賠付率 5.64%。

3. 分公司 2007—2009 年在人傷案件管理、查勘定損、未決管理等方面存在管控不到位的情況

（1）人傷案件賠款和件數占比較大，分公司 2007—2009 年的人傷賠付案件管理的崗位人員配置、操作流程管控方面存在不足。

（2）集中管控不完善，查勘定損節點監管不到位。2008 年，分公司推行集中管控模式，逐步實行後端工作集中管控，實施了集中核損核價、集中核賠，對前端查勘定損工作仍採取分散管理方式；同時營運支持的查勘定損人員分屬各機構配置和管理，機構存在展業兼職查勘定損的現象，監督管理不到位，導致個別虛假賠案的產生。

2009 年 12 月 23 日新班子全面啟動營運大集中，落實垂直管控模式：營運全省人事權集中、實行集中調度、外部查勘定損集中、核賠核損集中後，前端查勘定損的管控得到改善。

（三）營運服務效率

1. 2009 年分公司權限內業務系統中核保時間明顯改善；超出分公司權限的核保時間較長

（1）分公司權限內的核保時間明顯改善。2007—2009 年三年內車險的核保時間趨於平穩，非車險、水險、意康險的核保時間明顯加快，其中意康險的核保時間是三年內最快的。2009 年車險（商業險和交強險）、非水

險、水險、意康險核保平均用時下降到 0.71、17.85、19.57、4.15 小時，總體核保平均用時為 4.89 小時。

（2）超出分公司權限的核保時間較長。非水險 2009 年的核保時間比前兩年明顯延長，平均核保天數基本為前兩年的兩倍；水險 2009 年的核保平均用時為 41.17 小時，比 2008 年加長 21.44 小時。

（3）OA 系統中非標準件審批環節偏多，時效較長。隨機抽取分公司 2009 年 OA 系統中申報的非標準件業務 61 件（35 件非車險業務，26 件車險業務），件均審批耗時 24.1 天，其中分公司環節處理平均耗時 12.2 天，總公司環節處理平均耗時 11.9 天。影響審批時效的原因有諸多方面，如機構上報材料不足形成多次往返，審批人次和審批層級較多等。

2. 2007—2009 年理賠操作時間逐年上升，效率偏低

（1）2007—2009 年車險人傷查勘和索賠處理時間長，導致結案週期長。

（2）2007—2009 年非車險的結案時間逐年延長。

3. 對營運人員考核管理的工具較少

缺少對營運人員考核的報表和監控工具，如對核保出單人員的時效考核工具、對理賠各環節時效和退回率的考核；對分公司查勘定損等各節點操作考核工具，目前僅僅停留在手工統計的水準上。

四、財務管控能力

分公司財務負責人及財務人員頻繁變動，財務基礎工作薄弱。2007—2008 年財務絕大部分工作內容為日常核算與編製報表，財務監督、管控等職能弱化，未能很好地履行為經營管理決策提供支持的職能。2009 年行銷體制改革及財務集中後，此種局面逐步改善，財務管理職能得以加強和完善。

（一）全面預算管理和資源配置

1. 全面預算管理

2007—2009 年銷售體制改革前基本遵循總公司的管理流程和方法安排預算工作。由於眾所周知的諸多原因，分公司的預算工作基本流於形式，離以全面預算指導公司經營發展的目標相距甚遠。

（1）預算編製與溝通工作均主要由分公司財務部門完成，其他部門參與較少。加之財務部門負責人頻繁變動，人員緊張，疲於應付日常核算及向總公司及有關監管機構報送報表。無法實現通過深入進行市場調研、認

真分析公司經營計劃與實現經營計劃、全員參與的預算編製和執行工作的過程。預算管理對公司經營發展的規劃和引導作用以及對資源配置的主導作用也難以體現。

（2）對預算執行的日常監控、分析及糾偏等過程管控流於形式。預算日常監控工作主要停留在預算執行情況與進度計算上，離真正意義的全過程動態管控存在較大差距。

（3）2007—2008 年，分公司未對三級機構進行預算考核。預算達成與否與機構業績評估基本沒有關係。無法達到通過全面預算引領機構達成公司經營目標。2009 年銷售體制改革後，全面預算管理逐步精細化，預算過程控制、調整機制都得到了一定程度的改善。初步建立了考核機制，業績達成和預算執行情況直接與機構的固定費用投入、員工績效掛勾，全面預算開始對經營管理產生積極的指導與約束作用。

2. 資源配置

分公司 2007—2009 年整體資源配置缺乏合理性和有效性，投產比指標不理想，資源配置效率低下。在 2009 年底的機構評分評級考評中被評為 D 級機構，下轄機構中 2 家中支為 B 級，其餘 4 家中支均為 D 級。且整體分值較低，最低的僅為 8.7 分。

（1）人力資源及管理人事費用配置。分公司未建立完整的人力資源配置體系，人力配置不合理，未對經營產生積極影響作用。開業以來中高級管理人員和普通員工流動頻繁。

（2）固定成本配置（除人力）。因為分公司以前重點採用鋪設機構拓展業績的外延式發展模式，機構鋪設過多使固定成本大幅增加。2009 年前部分固定資產配置時缺乏合理有效的測算規劃，基本採取機構按需申請，總公司根據相關情況審批配置的方法，機構的行政費用和銷售費用串項使用、固定費用很難真正有效控制，資源配置效果不佳，投產比偏低。

2009 年分公司固定資產投產比（單位固定資產投入產生保費收入）為 16，比系統機構均值低 8；其中單位職場成本保費產出為 44，而系統均值為 59。此外，分公司 2007—2009 年保費收入逐年遞減，固定成本無法攤薄，固定費用投產比（單位固定費用保費收入）從 2007 年的 10.34 降至 2009 年的 7.49。

（二）資金管理

2008 年資金管理系統上線前，分公司資金和帳戶管理存在重大缺漏，存在以下不合規的經營行為和內控缺失：如 2007 年上半年度違規通過報票

方式且超總公司批覆金額，發放內勤人員獎金；三四級機構普遍在查勘費中發放內勤及編外人員工資；對員工借款未有效管控造成壞帳損失、私設小金庫；等等。

隨著 2008 年月資金管理系統上線，總分公司採取一系列舉措加強資金管控。2009 年以來，總公司出抬了現金使用管理辦法和資金管理考核規定、推行內勤薪資集中發放；分公司實施財務集中，推行機構「零現金管理」，業務性支出和大部分費用開支統一支付，結合監管部門逐步實施車險「見費出單」舉措，資金風險逐步得以控制。現有資金管控體制整體有效，但是部分管控舉措在執行過程中仍需完善和強化：

1. 2007—2008 年資金日常監控及現場檢查較少實施

受人力限制，分公司資金管理人員主要精力投註在資金的上劃下撥，對各機構現金餘額調整表、銀行存款調整表的日常檢查、監控不足，現場檢查各機構資金預算與計劃編製的合理性，帳戶管理的規範性等更是難以實施。2009 年，各三級機構的所有帳戶的銀行存款餘額調節表均由分公司財務人員統一編製，並採取了及時清理未達帳項等各種措施，加大了對機構資金管理的力度，資金風險得到了較好的控制。

2. 資金預算及資金計劃準確性缺乏復核

業務性支出的預算和計劃，由分公司憑經驗預估，容易產生較大偏差，資金計劃編製及管理的科學合理性有待於進一步完善。

3. 資金帳戶沉澱較大，對總公司資金淨貢獻差

2007—2009 年分公司對總公司累計資金淨貢獻為負數。

五、內控機制

（一）內控制度健全性

分公司內控制度建設工作主要停留在轉發總公司和外部監管部門下發的文件。

（二）內控制度有效性

分公司內控制度的執行缺乏監督、評估和反饋的機制，未明確負責部門，機構和員工對內控制度執行的隨意性較為普遍，原總公司審計部、外部監管部門現場檢查中，發現在承保管理、理賠管理、資金管理、單證管理、傳統兩費管理、未決賠案管理、查勘費管理等環節存在的內控風險均主要是由於執行不力的原因造成的。

六、經營管理總體評價

（一）管理團隊建設

2007—2009年，分公司管理團隊不穩定，缺乏凝聚力和戰鬥力。其間負責人更迭了四任，副職也換了多人；三級機構負責人同樣更換頻繁，其中某中心支公司三年換了兩任負責人。領導班子缺乏執行力。2009年總公司以發文形式明確了分公司班子成員分工；但某班子成員直至年末離任時，仍對總公司的分工不予認可。管理團隊更迭頻繁且不認同總公司下達的指令，管理政策無持續性，無法形成有戰鬥力的領導核心，無法形成機構的核心競爭力。

（二）激勵與考核

對高管人員缺乏有效的考核獎懲機制。2007—2009年，總公司均對分公司和總經理室成員進行過考核。2007年綜合得分54.73分，考核結果為不合格，系統排名22名。除主要負責人年底離職未進行考核外，其他三名班子成員個人考核也在系統排名墊底；2008年度分公司得分-119分，系統排名28名，考核結果為不合格，班子成員個人考核結果全部為不合格。2009年4月為了推動銷售體制改革，總公司調整了分公司總經理，但該負責人僅在任七個月即辭職。2009年度，分公司班子（非年底新任班子）成員個人考核成績有所提高（均合格），但分公司整體評級結論尚不理想，評級結果為D級。對這樣的考核結果，總公司未採取有效的舉措，也未對班子成員進行必要培訓並及時調整。分公司自成立以來累計虧損超過億元，主要管理人員除調離原任職崗位外，沒有實施其他問責措施。

分公司對於三四級機構的管理人員，同樣未建立能力素質勝任模型，缺少崗位職責和工作手冊，各部門、各機構負責人對於自身的職能、權限、責任的認識缺少書面文件明確規範。2007年分公司下發了《××分公司三級機構班子薪酬考核辦法》，但2007—2008年未對部門和三級機構負責人實施考核。2009年對分公司（包含三四級機構）全體內勤人員（總經理室及總公司直管人員除外）實施考核，六個三級機構主要負責人有四個考核不合格。由於缺乏人才儲備，調整進度緩慢，目前僅對兩個機構進行了調整。分公司成立至銷售渠道改革前，對四級機構負責人從未實施考核，銷售體制改革後，納入渠道管理一併考核。

（三）總體評價

分公司自開業以來，管理粗放，違規經營。歷年內部稽核檢查中發現

存在假賠案、鴛鴦單、假保單、現金保費淨費入帳、挪用部分退費以支付工資、向員工籌集資金、個人墊資、賒帳等違法違規情況。外部監管部門也對稅務、外匯等違規行為進行過處罰。同時，因表見代理行為、保單業務爭議和勞動用工糾紛引發的法律訴訟案件層出不窮。

經營管理班子、各級管理人員和普通員工均變動頻繁，多年來缺乏科學有效的選人用人機制、人才引進、培養和留存機制；內部崗位職責不清，授權管理混亂；信息溝通渠道不暢；考核獎懲制度缺失等，在系統內部、市場同業和監管部門中口碑不佳，品牌副作用對分公司長期穩定發展影響深遠。

2007—2009年分公司管理層長期受累於具體事件處理中，對於公司經營發展與業務拓展的關注有限。2007—2009年公司保費規模逐年下滑，銷售產能低下，固定費用無法攤薄，賠付率居高不下，多種原因綜合作用，造成分公司連年虧損，經濟效益低下。2009年銷售體制改革後，分公司加快了對歷史遺留問題的清理和解決。至2009年底，歷史遺留問題已基本梳理完畢並明確瞭解決方案和清理日程，獲得總公司的認可和支持。

七、影響未來經營效益的風險因素

（一）稅務風險
（1）2009年稅務檢查補稅及罰款風險。
（2）原銷售費用及部分行政費用的處理方式存在稅務補罰風險。
（3）業務系統中虛擬業務管理與營業稅屬地原則衝突。
（二）社會保障及勞動糾紛風險
（略）
（三）機構撤並的外部監管風險
（略）
（四）可收回的已計提壞帳的應收保費
（略）
（五）表見代理行為風險
（略）

八、敏感性分析及未來損益預測

（一）敏感性分析
分析內容及假設：稽核組以分公司2009年數據為基礎，結合總分公司

實際情況，對影響效益的重要指標進行了敏感性測試。測試的重要指標包括賠付率、毛保費固定成本率、毛保費銷售成本率、保費規模及業務結構等。敏感性測試結果如表 11-8 所示。

測試賠付率時，考慮到分公司財產險業務規模較小，其賠付率指標極易受大賠案及巨災影響，抗波動性差。因此僅對車險賠付率進行敏感性分析。測試保費規模時，同樣因分公司 2009 年財產險發生重大賠案，為剔除大賠案影響，測試分公司保費規模的敏感性時採用的是全國非水險賠付率指標。

表 11-8　　　　　　　　敏感性測試結果

情景	自留保費綜合賠付率下降	對損益的影響	改善空間
商業車險賠付率降低 1%	0.60%	減虧 61 萬元	60% 與全國水準（55%）仍有差距，有較大改善空間。
交強險賠付率降低 1%	0.30%	減虧 30 萬元	83% 明顯差於全國水準（64%），有較大改善空間。
商業車險市場投入降低 1%	0.70%	減虧 70 萬元	隨著市場環境進一步趨好，投入水準有望進一步降低，有一定改善空間。
交強險市場投入降低 1%	0.30%	減虧 30 萬元	隨著市場環境進一步趨好，投入水準有望進一步降低，有一定改善空間。
毛保費固定成本率降低 1%	1.10%	減虧 122 萬元	13.1% 略優於全國水準（13.2%），由於目前業務規模改善空間較大，可通過發展業務改善該指標。
交強險、商業車險保費規模同時增長 10%	1.50%	減虧 150 萬元	鑒於目前保費規模，改善空間較大。
財產險保費規模增長 10%	0.10%	減虧 10 萬元	鑒於目前保費規模，改善空間較大。
交強險占比降低 1%	1.40%	減虧 140 萬元	鑒於目前業務結構，改善空間較大。

（二）未來三年損益預測

1. 基本情景（悲觀預測）

鑒於分公司歷史經營業績不佳，根據分公司與總公司達成的預算規

劃，2010 年主要以業務調整、加強管控、提高投產比為發展導向。預計 2010 年業務負增長 12%，但業務品質大幅改善，賠付率由 70% 降至 63%，銷售成本率由 19% 略微下降至 18%，固定成本率維持在 13%。

如 2010 年分公司的資源整合達到預期效果，為今後發展理順思路、打下基礎，則未來三年：在 2011、2012 年保費增長恢復至市場水準（20%），賠付及固定成本利用率每年有小幅提高的情況下，分公司自留保費綜合成本率在未來三年將由目前的 111.7% 穩步降至 98.7%。按目前適用的總公司機構評分評級辦法測算，2010—2012 年分公司的評級分別為 C、C、B 級。在此情況下，分公司在 2012 年將實現承保盈利。

2. 其他情景（樂觀預測）

分公司目前較積極的計劃是 2010 年實現保費收入同比增長 22.75%，賠付率好於預算 0.8 個百分點，同時通過保費增長攤薄固定成本，固定成本率降至 11.5%。如能實現此情景，分公司 2010 年綜合成本率將降至 97.7%，且隨著固定成本率在 2011 年及 2012 年的進一步降低，自留保費綜合成本率在 2011 及 2012 年進一步降至 95.6% 及 94.0%。按目前適用的機構評分評級辦法測算，2010—2012 年的評級分別為 B、B、A 級。在此情況下，分公司在 2010 年將實現承保盈利。

3. 其他情景（中觀預測）

從 2010 年 1—2 月實際情況看，分公司本年業務品質有一定改善，但保費增速未達分公司預期（23%）；目前，分公司保費完成時間進度為 110%。如按照此保費達成進度進行全年測算，同時假設分公司賠付率、費用率達到預算指標，則本年自留保費綜合成本率降至 102.0%，在 2012 年降至 97.6%。按目前適用的總公司機構評分評級辦法測算，2010—2012 年分公司的評級分別為：C、C、B 級。在此情況下，分公司將在 2011 年實現承保盈利。

第三部分　經營及管理的改善建議

一、制定區域發展戰略

分公司要在總公司整體發展戰略的基礎上，踐行價值管理的經營理念，針對當地產險市場的特點制定區域發展戰略，明確自身的市場定位、發展方向和發展模式，合理配置資源，提高管控能力，力爭在較短的時間內突破發展瓶頸，實現可持續增長。

對於分公司新班子的振興計劃，建議總公司盡快做出評估及審定，確

保其與集團和總公司的整體目標一致。

二、建立符合需要的各級管理人員任職勝任模型

（1）班子建設是各項工作的重中之重。振興需要一個懂市場、能經營、會管理的強有力領導核心，團結一致，既分工明確又授權合理，並具有上下溝通協調能力和指導下級有效開展各項工作的能力。其中一把手尤為重要。同時，領導班子要保持相對穩定。

（2）建立統一的、可操作的、公平公正的考核體系，科學評價各級管理人員的管理能力和業務拓展能力並據此進行嚴格的考核，根據考核結果決定獎勵、處罰，形成能者上、平者讓、庸者下的良好氛圍，建立和提升各級管理者的管理信用。

三、努力提高機構和渠道的銷售產能

（1）根據市場及渠道特點，確定優先發展策略。集團在當地的壽險公司業務發展在系統內居全國前列，有眾多的行銷人員和客戶群，建議總公司關注當地「壽銷產」業務的發展，深入踐行集團提出的資源共享、為客戶提供一站式服務的發展戰略，取得成果後全面推廣。總公司要針對壽銷產業務中客戶純度低、買單現象嚴重、業務品質較差等問題，制定應對措施，如在承保前預先對客戶身分進行核對、有效提升客戶純度；分公司要加強產險客戶經理的培訓，提高專業技能；建立和完善渠道業務流程等業務制度；引入由所在壽險營業單位負責人對產險客戶經理工作的評分機制；承諾核保、理賠及其他服務作業時效，並向壽險營業機構公布；明確產、壽專員的職責分工，建立並不斷完善「無縫連結」服務體系等。

（2）分公司及中心支公司本部保費來源相對集中，管理團隊相對成熟、管理戰線短、成本優勢較為明顯，應採取措施優先發展。建議大力發展分公司本部業務，打一場提高銷售能力的戰役，並由一名分公司班子成員中主抓此次戰役，舞動龍頭，帶動全身。

（3）加大專屬產品的開發力度。根據各渠道的特點和壽銷產、銀保櫃臺銷售等兼業代理的特點，積極開發專屬產品。力求產品對特定客戶群有較強的針對性；組合靈活有效益（如將車險產品中效益好的盜搶險、三者險、車上人員險，以及家財險、責任險、貨運險等險種進行組合）；產品內容簡單明了，便於宣傳和銷售。

（4）充分發揮兩率投入的槓桿作用，關注優質的企事業單位團單客

戶、高端個人客戶；關注銀保、重要客戶渠道的優質業務；關注壽銷產業務中原屬於壽險客戶的業務；帶動分公司優質客戶的累積和實現優質業務短期內快速提升，使之成為分公司利潤貢獻的主要來源。

（5）制定彈性、可操作的直銷業務發展計劃。建議綜合考慮保費規模、效益、二級機構本部與三四級機構的差別等因素，制定分步達成的直銷業務發展計劃，避免單一標準導致操作難度過大而影響改革整體目標的實現，最終建立起「三高」直銷團隊。

（6）建議調整三四級機構建設佈局思路：一是四級機構原則上設置在保源 3 億元以上的城市；二是以保源豐富的中心城市為主，考慮地域合理佈局。

四、優化營運管理流程、強化執行，持續改善業務結構和提升業務品質

（1）結合各險種承保理賠數據，通過精細化管理、細分市場、細分標的、細分風險，對優質業務和效益險種，以兩核為手段，以兩率（績效）投入為槓桿，合理投入，建立和完善調整機制，推動優質業務發展，努力創造邊際貢獻，提高邊際貢獻率。

（2）推行差異化的業務政策，繼續降低交強險業務占比，降低自身和下轄機構賠付率。

（3）優化核保流程，提高專業水準，提升服務意識。健全營運與渠道之間的溝通協調機制，完善和明確各崗位職責權限，進一步簡化 OA 系統中非標準件審批流程，提升營運對渠道的技術支持和服務效率，通過核保和銷售環節的緊密協作，提高優質業務的獲取能力。

（4）提升理賠管控能力，加強案件過程管理，主動監控、持續優化集中化管控的理賠營運後臺。加強人傷和大案的質量管理。落實未決跟蹤管理制度。優化理賠各業務環節的操作流程，提升理賠結案週期，改善理賠服務質量，明確和規範室和崗位的理賠流程處理節點，全面提高理賠工作效率。

（5）總公司加強對人傷醫療案件管理的關注和具體指導。

（6）建議總公司出抬對分公司核保、理賠時效的考核制度；明確理賠操作流程節點到室、到崗，全面考核，提高理賠工作效率。

五、深化全面預算管理，強化預算對公司經營的指導作用

（1）總公司層面建立並完善全面預算管理制度，明確各部門在預算管

理中的角色定位，加強全面預算管理的宣傳、引導和培訓，使各級管理人員對全面預算的理解更深刻，進一步提升各部門的參與度。

（2）經營及財務預算中，關注目標客戶、新單業務及續保業務、險種等維度，強化預算對經營和管理的指導作用；建立有效的預算監控、考核體系，加強預算過程的管控、為年度預算的達成提供保障。

六、加強財務基礎工作，持續提高會計核算質量

（1）進一步完善財務集中管控，建立對口服務、核算責任制。

（2）機構要確保財務、業務數據的真實性和一致性。

（3）分公司的應收保費，由於形成原因複雜，時間較長，且有效清收對近期損益的正影響顯著，建議採取措施積極清收，如成立呆壞帳催收攻堅戰清理小組，打一場呆、壞帳催收的攻堅戰。

七、不斷提高資金的使用效率

財務部要加大對合理編製資金周計劃的指導，提高資金的使用效率。一是協助營運管理部門建立結案進度調整機制，改善周賠款預估的科學性並及時反饋日實付賠款情況，提高資金使用效率；二是總公司資金管理人員與投資部門建立資金使用情況的定期分析機制，合理預測資金流量，在保證適當資金流動性的前提下，用好閒置資金，提高資金的收益性；三是可考慮將機構資金貢獻納入考核，提高各機構及時上劃閒置資金的積極性，提高全系統可運用資金量。

八、加強稅務管控，進行稅收籌劃，合理承擔稅負成本

總公司應嚴格按照國家稅收法律法規，及時修訂並完善稅收操作指引，明確各級稅務管理人員的工作職責，結合稅務部門的監管動態，適時對各級機構進行納稅業務的培訓和指導。各級稅務管理人員應與當地稅務機關加強聯繫。總公司應加強稅收籌劃工作，以合理承擔稅負成本。

九、強化合規經營意識，加強對三、四級機構的管控力度，打造持續、健康的發展模式

（1）把建立合規文化，強化合規經營意識作為分公司各項工作的基礎。

（2）解決四級機構管理與現行監管機構模式衝突問題，規避政策或監

管風險。關注機構冷凍和撤並的操作處理。

（3）繼續調整和完善渠道清分規則，建議通過開發渠道專屬產品等方式，合理界定區分渠道規則，保證各渠道來源及數據真實性，為決策提供堅實基礎。

（4）制定並完善二、三級機構管理部門崗位職責，規範操作流程，有效突破機構管控逐級乏力、管理效能低下的問題，為分公司的未來發展奠定堅實基礎。

第十二章　反洗錢審計及其典型案例分析

近年來，反洗錢國際標準日趨嚴格，中國反洗錢工作面臨的內外部環境越來越複雜。為盡快與國際標準接軌，迎接反洗錢金融行動特別工作組（Financial Action Task Force on Money Laundering，FATF）第四輪互評估，監管部門不斷加大反洗錢工作監管力度。

第一節　反洗錢法規政策及集團制度文件情況

中國人民銀行在《金融機構大額交易和可疑交易報告管理辦法》（中國人民銀行令〔2016〕第3號）等原有反洗錢法規政策的基礎上，於2018年7月26日發布《關於進一步加強反洗錢和反恐怖融資工作的通知》（銀辦發〔2018〕130號）、《關於加強特定非金融機構反洗錢監管工作的通知》（銀辦發〔2018〕120號）、《關於進一步做好受益所有人身分識別工作有關問題的通知》（銀發〔2018〕164號）、《關於加強反洗錢客戶身分識別有關工作的通知》（銀發〔2017〕235號）4份關於強化各類金融機構反洗錢管理的文件，要求各類金融機構全流程強化反洗錢工作。

值得注意的是，從上面4份文件要求看，對於強化客戶及其受益人的身分識別管理，按照穿透原則做好非自然人客戶的受益所有人身分識別是重中之重。130號文指出，原則上，義務機構應當在建立業務關係或辦理規定金額以上的一次性業務之前，完成客戶及其受益所有人的身分核實工作。但在有效管理洗錢和恐怖融資風險的情況下，為不打斷正常交易，可以在建立業務關係後盡快完成身分核實。在未完成客戶身分核實工作前，義務機構應當建立相應的風險管理機制和程序，對客戶要求辦理的業務實施有效的風險管理措施，如限制交易數量、類型或金額，加強交易監測等。235號文和164號文均特別強調，對非自然人客戶受益所有人的追溯，義務機構應當根據非自然人客戶的法律形態和實際情況，逐層深入並判定

受益所有人。

為切實提高反洗錢工作的有效性，防範化解洗錢風險，建立合規管理長效機制，太平集團於 2018 年 9 月在《關於進一步加強反洗錢工作的通知》（太平集團發〔2018〕74 號）文件中明確提出各公司需提高站位，高度重視反洗錢工作；全面檢視，及時補齊管理短板；打牢基礎，嚴格落實監管要求；加強與監管部門的良性互動等要求。

第二節　反洗錢處罰及檢查情況

2015—2017 年，保監會稽查局組織 36 家保監局，分三批次對 142 家省級保險公司開展反洗錢專項檢查。檢查以風險為導向，盯住重點機構、重點業務及重點環節開展檢查，發現和查處客戶身分識別不到位、可疑交易報告有效性不高、資金監測不到位等問題 748 個。對檢查發現的問題，除採取處罰和整改措施外，還將檢查結果納入「償二代」評分系統，對問題公司保持高壓監管態勢。

2017 年，中國人民銀行全系統共組織實施了 1,708 項反洗錢專項執法檢查和 616 項含反洗錢內容的綜合執法檢查，對違反反洗錢規定的行為依法予以處罰，罰款金額合計約 1.34 億元，比 2016 年增長 106%。

2018 年以來，據不完全統計，央行對保險企業開出的反洗錢相關的罰單已至少達 20 張，涉及 13 家險企，罰金 550.99 萬元。從罰單數量來看，人保財險累計收到罰單 6 張，成為因此受罰次數最多的險企；中國人壽次之，收到 3 張罰單。從受罰金額看，太平財險泉州中心支公司收到了總額超百萬（102 萬元）的罰單，成為單次受罰金額最多的險企。

2018 年 7 月，中國人民銀行在對中國人壽總部的反洗錢執法檢查中認定，中國人壽於 2015 年 7 月 1 日—2016 年 6 月 30 日，未按照規定保存客戶身分資料和交易記錄，以及未按照規定報送大額交易報告和可疑交易報告，依據《中華人民共和國反洗錢法》，中國人壽被合計處以人民幣 70 萬元罰款。中國人壽的受罰具有一定典型性，從行業看，主要受罰原因可歸為三項：①未按規定履行客戶身分識別義務；②未按規定保存客戶身分資料和交易記錄；③未按規定開展可疑交易報告報送工作。

太平稽核根據 2018 年出具的反洗錢稽核報告，結合反洗錢監管處罰及檢查情況，整理出太平集團在反洗錢工作上主要存在以下問題：①反洗錢

制度需進一步完善；②未按規定開展客戶身分識別工作、基本信息登記及交易記錄保存不完整；③未及時報送反洗錢年度報告、報表；④反洗錢培訓工作缺乏有效性；⑤大額、可疑交易分析甄別結論描述不清晰；⑥反洗錢領導小組崗位職責不夠明確、領導小組變更沒有按規定時間報送當地人民銀行；⑦客戶風險等級識別不到位。

第三節　反洗錢相關工作部署

目前，太平稽核對集團主要子公司的分支機構的反洗錢稽核工作實行年度全面覆蓋，年度反洗錢稽核項目達500餘項。下階段反洗錢工作部署如下：

一、補充及完善反洗錢檢查風險點

（1）反洗錢風險點中增加反洗錢崗位准入測試檢查內容。

（2）增加反洗錢系統缺陷的檢查內容。

（3）太平財險反洗錢風險點中增加客戶風險等級劃分檢查內容。

（4）根據《關於加強反洗錢客戶身分識別有關工作的通知》（銀發〔2017〕235號）的規定，在反洗錢「客戶身分識別」風險點中增加和明確：對非自然人客戶的身分識別措施是否符合監管規定；對特定自然人客戶的身分識別措施是否符合監管規定；對特定業務關係中客戶的身分識別措施是否符合監管規定。

（5）根據《關於進一步做好受益所有人身分識別工作有關問題的通知》（銀發〔2018〕164號）的規定，在反洗錢風險點中增加「受益所有人身分識別」的檢查內容：是否建立健全並有效實施受益所有人身分識別制度；是否按規定判定非自然人客戶的受益所有人；在受益所有人身分識別工作中，是否採取強化、簡化或者豁免等措施，建立或者維護與本機構風險管理能力相適應的業務關係。

（6）根據《金融機構大額交易和可疑交易報告管理辦法》（中國人民銀行令〔2016〕第3號）的規定，在反洗錢風險點中增加「大額交易和可疑交易監測系統」的檢查內容：是否建立健全大額交易和可疑交易監測系統，以客戶為基本單位開展資金交易的監測分析。

二、反洗錢稽核檢查重點關注的內容

根據近期監管部門發佈的法規政策、檢查重點及處罰情況，稽核人員在檢查過程中應重點關注客戶身分識別（含非自然人客戶、特定自然人客戶、特定業務關係中客戶）、受益所有人身分識別、大額和可疑交易監測分析及報告報送、客戶身分資料和交易記錄的保存等內容。

第四節　典型案例分析

案例：向從未進行客戶身分識別的客戶自動支付大額滿期保險金

一、案例背景

對某人壽保險公司進行 2017 年度反洗錢稽核。

二、稽核目標

通過檢查被稽核單位對於國家及上級公司相關反洗錢法規的執行情況，確認其在反洗錢內部控制制度的制定、執行等各個環節存在的缺陷，促進被稽核單位反洗錢內控體系的建設、加強管理並降低風險。

三、稽核難點及關鍵點

檢查某人壽保險公司在對反洗錢法規的執行情況、內部制度制定及內部操作規程情況，如客戶身分識別、客戶身分資料和交易記錄保存制度、大額和可疑交易報告等；相關法律、法規及其他各項反洗錢規定的履行情況；反洗錢系統對制度要求支持等難點進行重點檢查。

四、稽核過程及方法

（一）稽核思路及資源配置

思路：檢查某人壽保險公司在保全、理賠作業時是否按照監管部門和公司規定進行可疑額交易識別和上報；保全、理賠作業是否按照監管部門和公司規定進行客戶身分首次識別、重新識別、持續識別。

資源配置：需與營運部協商，請他們協助提供稽核期間發生的支付生存保險金（含滿期生存保險金與生存保險金）的完整清單（按稽核人員要

求必須包含相應剛性要素），清單要素的完整性對於稽核很重要。

（二）數據分層、分類分析

從全量清單中篩選出稽核期間單次給付生存金金額大於 10,000 元（包含10,000元）的保單，並隨機抽取一定數量。再從其中篩選出被保險人投保時年齡小於 18 歲但保險金發放時已年滿 18 週歲的保單，以及一些投保時間在開業後不久的長期保單後，進入核心業務系統，逐單查看投保人與被保險人及受益人的身分證明影像資料並根據影像中的信息，分別將投保人、被保險人身分證明中的「證件的類型」「有效期間」「出生日期」「有無提供保存有效身分證明影像資料」等重要信息逐一記錄下來。為了保證公證性，稽核人員還會查看每份保單最近一次發生的保全或理賠影像資料中被保險人、投保險人的有效身分證明，同樣將以上重要信息逐一記錄。有了這些影像上的原始真實的信息後，稽核人員再將其與系統數據中的相同要素信息比對，即可得出稽核結論。

五、稽核結果及成效

經檢查發現某人壽保險公司反洗錢工作中存在向從未進行客戶身分識別的客戶自動支付大額滿期保險金等風險隱患。該隱患是某人壽保險公司反洗錢工作中的缺陷，其既有制度的缺陷也有系統的缺陷，僅為了讓客戶感受服務良好而放鬆內控管理，在全球反洗錢監管趨嚴的態勢下，長此以往會得不償失。通過此次稽核，揭示出風險，幫助某人壽保險公司完善內控建設與系統建設，也降低了其面臨的外部監管處罰風險。

第十三章　保險資產管理公司受託資金運用稽核及其典型案例分析

　　保險資產管理公司受託資金運用業務是公司的重要經營業務之一，也是保險資金保值增值的主要手段，對保險資產管理公司受託資金運用業務審計也就成為公司審計的重要內容之一。

　　根據《保險資金運用管理辦法》（保監會令〔2018〕1號）規定，保險資金是指保險集團（控股）公司、保險公司以本外幣計價的資本金、公積金、未分配利潤、各項準備金以及其他資金。而受託資金運用則指保險公司將上述保險資金委託保險資產管理公司，由保險資產管理公司獨立運作，運用於銀行存款、買賣債券、股票、證券投資基金份額等有價證券，投資不動產、投資股權以及投資國務院規定的其他資金運用形式。

　　隨著保險資產管理公司的相繼出現，保險公司內部的職能逐步轉換成與公司外部資產管理公司的合作，保險公司和資產管理公司的關係已發生顯著的變化。保險公司作為委託人，主要負責資產戰略管理、確定資產負債匹配、分析市場運行情況、選擇專業投資機構、督促投資機構履行職責。資產管理公司作為受託人，根據監管的規定和委託人的要求，優化投資組合、防範投資風險、有效地配置資產、確保安全增值；同時按照合同規定，及時向委託人報告委託資金運行情況和合規情況，主動接受委託人的監督檢查。

第一節　受託資金運用稽核內容

　　受託資金運用稽核主要是指對受託資金運用的合法合規、內部規章制度的健全性和有效性以及執行情況，包括固定收益類投資、權益類投資、債券回購、投資交易管理、債權項目投資、信用評估情況以及信息技術系

統管理等方面開展稽核檢查。

太平稽核研究國家及集團在新的發展時期和發展環境下面臨的問題及風險，突出風險防範重點，識別出「重點公司」「重點領域」「重點風險」和「重點人群」。太平資產作為重點公司，其重點領域主要是在另類投資領域，重點風險主要是信用違約風險、資本市場波動風險。重點人群主要是一線關鍵崗位人員。

在上述風險點進行重點分析的基礎上，利用「風險樹」分析模型，梳理出資產公司資金流、管理流，擬訂檢查方案及風險點，加大審計力量投入，確保審計目標完成。主要風險點包括：各類投資業務制度建設是否健全、合理有效；內部決策程序是否合規；各類投資產品在項目發起、調查、審查、審議、審批各環節過程管控是否到位；項目管理和日常維護是否盡職盡責；內部控制是否執行互不相容及規避原則；等等。

第二節　典型案例分析

案例一：違反保監會規定購入代表貴金屬憑證

稽核現場對集團某子公司境外帳戶的交易明細進行測試，發現20××年×月×日、×日購入 SPDR Gold ETF（代碼：2840）金額合計港幣884.56萬元。

根據《保險資金境外投資管理暫行辦法實施細則》（保監發〔2012〕93號）第十六條的規定，保險資金境外投資不得有下列行為：投資實物商品、貴重金屬或者代表貴重金屬的憑證和商品類衍生工具。黃金 ETF 基金是指一種以黃金為基礎資產，追蹤現貨黃金價格波動的金融衍生產品。由大型黃金生產商向基金公司寄售實物黃金，隨後由基金公司以此實物黃金為依託，在交易所內公開發行基金份額，銷售給各類投資者，商業銀行分別擔任基金託管行和實物保管行，投資者在基金存續期間內可以自由贖回。

案例二：某公司委託境外資產管理公司投資×股票，存在較大個股流動性風險

某公司境外投資帳戶在2016年反覆交易「中國××網絡」股票，該股票2016年年底無衝擊變現天數205天，在16年2月29日曾經達到705.5

天，屬於流動性差的股票，雖然權益投資整體流動性風險可控，但存在個股流動性風險。經瞭解，公司屬於介紹形式上市，沒有零售投資者參與。因此，該股票流動性較差。

案例三：某公司發起的信託計劃對標的企業的評估不夠全面，盡職調查的深度及工作質量有待提高

某公司作為發起人發起設立信託計劃，××信託作為受託人，募集資金總額50億元，全部用於××投資有限公司歸還金融機構借款本息及營運支出。同時中國××投資股份有限公司為本信託計劃提供本息全額不可撤銷連帶責任保證擔保。為此，公司對××和××分別進行盡職調查。發現存在以下問題：①未對標的企業的行業地位、經營風險進行分析、研判；②未揭示標的企業與擔保人間的重大債務關係；③未對主要財產的權屬及狀況進行調查。

第十四章　建設工程項目稽核及其典型案例分析

目前，太平集團為了更好地服務保險主業，在一些主要城市開始建設養老社區及自用辦公樓。在項目竣工結算前，太平稽核作為第三道防線，主要對工程建設項目的階段性進行評價，大廈開始營運後，將對大廈職場租賃及物業管理的效益效能進行審計。

第一節　建設工程項目稽核的內容

建設工程項目稽核主要針對項目的決策立項、勘察設計、招標投標、施工、工程結算和竣工決算的制度建設情況、工程進展的過程以及成效進行稽核和評價。太平稽核根據集團關於不動產項目投資、建設和經營管理辦法的相關規定，開展不動產項目投資後評價。相關做法如下。

一、項目實施前對風險進行評估

在項目實施前，稽核人員熟悉如《工程建設項目施工招標投標辦法》《建設工程消防監督管理規定》《建設工程質量管理條例》等國家相關法律法規，以及集團內部制定的建設工程管理制度，並重點瞭解已建或在建的相似工程項目。通過對各項制度控制要點的提煉以及其他項目的經驗參考，結合集團建設項目管理的自身特點，分析其建設過程中各個環節可能會存在的各種風險。以工程項目中施工階段為例：該階段常見的問題是存在施工組織設計不合理，盲目趕進度，造成犧牲工程質量、費用超支的風險；監理的質量、安全監管不到位，造成隱蔽工程存在安全隱患的風險；設計變更的管理及控制不當，造成質量失控、變更頻繁、重複、費用超支、工期延誤、重複建設等風險；工程簽證不及時或簽證量把控不嚴，造

成增加成本、結算扯皮的風險等；施工單位資質不符合要求、隨意分包、特種工種施工人員無證上崗造成施工安全風險等，均會對建設項目產生不利影響。

二、建立《建築工程項目稽核風險點模型》

建築工程項目稽核以風險為向導，針對建設項目各階段存在的主要風險，通過分析和評估，建立《建築工程項目稽核風險點模型》，按照建立的風險點模型對建設項目深入展開專項稽核工作，如表 14-1 所示。

表 14-1　　　　　　　　施工階段稽核風險點模型

大類	詳細風險點	稽核資料	測試結果	缺陷	建議	檢查責任人	復核
施工階段	工程進度與預期進度不符情況	月報					
	未編製合格的施工方案或施工組織設計，引發質量、安全事故或延緩進度、增加造價	施工組織設計、方案					
	部分工程費用超業內標準和常規支付	結算清單					
	不進行圖紙會審和設計交底，或會審所提出的問題未嚴格落實，造成費用增加或返工隱患	圖紙會審記錄及月報					
	驗收不規範、不嚴格或不完整，對不合格項未進行整改，形成質量隱患	驗收記錄					
	技術工人無證上崗情況，無法保證質量和安全	上崗證					
	……						

第二節　典型案例分析

案例一：構造柱的拉結鋼筋被切割斷開，存在質量安全隱患

某在建工程項目的砌築工程，稽核現場檢查發現部分砌體工程的構造柱與牆體之間的拉結鋼筋被人為切割斷開，不符合設計圖紙及相關施工規範的要求，違反施工規範要求，存在施工質量問題。

案例二：通過優化施工組織，可以進一步壓縮工期，使本項目提前進入營運階段產生收益

某在建工程的項目網絡計劃圖，在關鍵路徑中本項目累計施工時長為

1,066天，較上報集團的進度計劃 1,286 天節約 220 天，根據現場溝通，目前塔樓主體每層施工需要 7 天，預計結構封頂為 2017 年 7 月 15 日，與總包網絡計劃圖關鍵路徑得出的優化工期基本一致，兼顧本項目的管理模式，本項目在進度管理能夠根據總包進度計劃進行優化，並能夠提前進入營運階段產生收益。根據項目前期策劃報告中的相關數據，如項目提前竣工交付，可預估僅地上建築面積因提前進入經營階段額外產生經濟效益約為 300 萬元/月，預計增加收益 2,200 萬元。

案例三：混凝土未進行技術性能測試就開始現場澆築施工，容易產生質量事故或質量隱患

某大廈某批次混凝土的澆築起始時間為 2017 年 3 月 8 日 23 時，該批混凝土現場塌落度實驗時間為 2017 年 3 月 8 日 24 時 15 分，即混凝土未進行技術性能測試已開始現場澆築施工（混凝土到場後不僅製作交接試塊亦抽查塌落度，以避免澆築時堵管或混凝土在運輸過程中加水，該情形在工程建設過程中時有發生），容易產生質量事故或質量隱患，不利於項目本身的質量控制。

案例四：總包實施版《施工組織設計》中的部分設置措施在現場未實施

總包實施版施工組織設計中部分措施在現場未實施，體現如下：
（1）施工降排水中「基坑頂部排水溝中沿基坑四周設置一條環形排水溝，現場僅局部設置，通過現場查勘，地下室部分板面已出現積水現象」。
（2）現場已制定幕牆、鋼管柱、鋼筋環梁、砌體、抹灰、膩子塗料、機電安裝樣板，但仍存在部分樣板未製作（如模板、鋼筋等）、未設置樣板展示區。
（3）施工組織設計中載明的消防通道及面積 144 平方米的回車場實際未修建。

案例五：較多的設計變更/簽證，其估算未經造價公司審核

某在建工程項目，可統計的設計變更數量為 334 份，簽證數量為 53 份，其中設計變更經造價公司審核的僅為 66 份，簽證經造價公司審核的僅 1 份，經造價公司審核的總占比僅為 16.75%。

案例六：安全管理不到位

某在建工程項目存在較多的安全隱患：9#一層至二層的通道底部未設置腳踏板，扶手僅為單根欄杆，二層外部腳手架安裝高度未過施工面，外部安全網缺失；10#東側樓梯口、洞口臨邊維護缺失；10#9層架子工安裝腳手架未配備及佩戴安全帶（該項稽核人員前後去現場2次，架子工普遍未佩戴安全帶，已具有系統性危險）；配電箱在施工過程中無日常巡視記錄、無接地、未關閉使用、被水淋（10#東側8層）；2#負一層電梯間腳手架底部懸空等現象。

案例七：部分結構位置未按圖紙施工的現象

某在建工程項目42層鋼筋安裝系統存在部分位置未按圖紙施工、部分位置鋼筋綁扎不規範等現象。如在電梯井KL2923（1）處，側邊結構中的$\phi 12$的鋼筋未錨入結構梁中，側邊結構的梁底標高與KL2923（1）的梁底標高不一致，影響結構安全及功能性使用，如在板面洞口四周須設置鋼筋加密區，現場鋼筋未根據圖紙說明綁扎，較不規範，如部分位置鋼筋接頭設置在一個截面上、面筋扎絲綁扎不規範等問題，稽核人員現場詢問相關情況，該層擬定當天晚上進行混凝土澆築，監理已完成隱蔽驗收並驗收合格。

第十五章　集中採購管理稽核及其典型案例分析

集中採購是指由集中採購部門在授權的集中採購範圍內組織實施的採購行為。太平集團成立了採購中心，集團對在集中採購目錄範圍內且達到一定標準的各項採購事項實行集中採購（不含工程項目），各子公司對未達到集中採購標準的採購事項可自行採購（分散採購）。

第一節　集中採購管理稽核的內容

集中採購主要採取邀請招標、競爭性談判、詢價等方式組織實施，邀請招標為優先採用的方式；競爭性談判和詢價等方式，須在符合適用條件並履行審批程序的基礎上才能使用。

集中採購管理專項稽核評價內容主要包括：內部是否獨立設置了專門採購領導小組；採購、驗收、保管、使用這四個不相容的環節是否相互分離並相互制約；有無相應的集中採購內部控制制度，並對內控制度的科學性、完整性、方法措施的適用性、有效性和執行情況進行評價。

對集中採購的全過程進行稽核，主要應抓好立項、計劃、招投標、合同及驗收和對集中採購進行後評估等環節的稽核。

一、立項環節的稽核

稽核內容主要包括：採購立項的手續是否符合規定；是否組織專家組進行了可行性評估；專家組的評審是否依據有關規定；集中採購前是否進行了充分的市場調研，對產品的性能、技術參數、規格型號、售後服務等是否進行了認真的論證；等等。

二、計劃環節的稽核

稽核內容主要包括：計劃的編製是否符合實際；是否堅持輕重緩急、合理安排、保證重點的原則；計劃的內容是否完整；是否符合年度工作安排；計劃與預算是否銜接；計劃有無變更，若有變更是否嚴格按規定的程序補報計劃；等等。

三、招投標環節的稽核

招投標全過程可分為前期考察、制定招標文件、發布招標公告、開標評標定標、到貨驗收等幾個階段。重點關注制定招標文件階段和開標評標定標階段。

（一）制定招標文件階段

招標文件是否完整、合規；是否包括對招標項目的技術要求、對投標人的資格審查標準、投標報價要求和評標標準、辦法等所有實質性要求和擬簽訂採購合同的主要條款；技術要求是否正確，是否滿足需要；對投標人的資格要求是否清楚，確定的評標標準和方法是否公平可行、合理；是否含有限制或排斥潛在投標人的內容；等等。

（二）開標評標定標階段

招標方式的選擇是否符合規定；是否在規定時間停止接收投標文件；投標人是否具備投標資格；是否當場檢查投標文件的密封情況；評標委員會的產生及組成是否符合規定；評標過程是否公正、保密；評標委員會是否嚴格按招標文件確定的評標標準和方法評標；開標評標定標程序是否符合規定；等等。

四、合同及驗收環節的稽核

稽核內容主要包括：採購合同條款是否合法、合規；是否根據招標文件和中標人的投標文件簽訂；合同條款是否完整，文字表述是否嚴密；合同文本是否規範；供應商是否嚴格按合同規定供貨；驗收組是否進行驗收，質量如何，有無購入設備品種、規格、技術性能等指標與要求不符的情況；等等。

五、對集中採購進行後評估

後評估的目的是對已完成的採購項目的目的、執行過程、效益、成

果、成本、程序、作用和影響進行系統的、客觀的分析，確定項目預期的目標是否達到；項目的立項或規劃是否合理有效，項目的主要效益指標是否實現，為項目實施營運中出現的問題提供改進意見，從而達到提高採購項目投資效益的目的。因此，集中採購的後評估機制，有利於及時總結項目經驗，進一步提升集中採購管理水準及資金使用效益。

第二節　典型案例分析

案例一：職場裝修招標採購評審工作不規範，存在疑似串標行為

《中華人民共和國招標投標法實施條例》第四十條規定有下列情形之一的，視為投標人相互串通投標：……（四）不同投標人的投標文件異常一致或者投標報價呈規律性差異。

現場檢查某公司職場裝修工程採購項目的過程文件，本次職場裝修採購採用邀請招標方式進行採購，招標一共邀請了四家單位參與投標。本次裝修預算為93萬元，中標單位為××建設工程股份有限公司，中標價為89.97萬元，非常接近公司預算。本項目不提供工程量清單，由施工單位自行列項和計算工程量。

現場查閱四家單位的投標報價文件，發現其中三家投標單位的報價文件異常一致，其製作排版極其相似，三家單位的報價表格格式錯誤的地方都一致的發生錯誤。另外，招標文件中提供的簡易清單顯示「第八項.IT倉庫1~2、機房」「第九項.電教室、會議室等」。現場檢查投標資料發現××建裝業集團股份有限公司和××建設集團股份有限公司人為地把這兩項順序調換（這兩家單位一致的調換順序，存在人為製造報價文件差異的行為）。

綜上所述，基本判斷本次投標方有疑似串標行為，損害出資方利益。

案例二：採購項目在採購時設置的「不可偏立項」以及產品的規格參數存在傾向性

某公司電子投保全流程改造防火牆設備採購項目，採購預算為2,000萬元，採購方式為邀請招標，採購需求方推薦××等三家公司。由於本項目有「連續三年入圍Gartner企業防火牆魔力象限」作為「不可偏離項」和個別參數設置原因導致很多國產品牌無法入圍。魔力象限設計之初

是為了減少廠商的搜索，並不是為用戶選擇廠商而指明道路的，防火牆是市場競爭比較充分的產品，國產品牌產品在各個行業均有銷售，相互替代性比較強。

同類產品，各供應商之間在功能上確實存在個別差異，但主要功能是相同的，不能將個別的、非主要的功能點作為採購產品或服務的「不可偏離指標」，可以作為打分項對待（有此功能加分、無此功能不給分；確實需要此功能可要求供應商承諾定制開發），積極營造相對公平的競爭環境，通過有競爭性採購方式來獲取有競爭力、有成本優勢的產品或服務。

案例三：某公司評審人員對採購投標資料審核不嚴，未能發現供應商投標造假行為

某公司採購產品，採用邀請招標的方式進行。稽核組檢查此項目供應商的採購投標文件發現，A行銷策劃有限公司提供的產品檢驗報告造假。A行銷策劃有限公司與B文化傳播有限公司提供的檢驗報告編碼相同，兩份檢驗報告的檢驗員、檢驗日期、送檢日期、蓋章位置、簽名筆記等均完全一致，但報告內產品名稱不相同，表明至少有一家供應商存在偽造重要投標文件的嫌疑。

被稽核單位針對稽核組發現的問題，要求兩家提供雷同檢測報告的供應商出具解釋，兩家供應商反饋「檢測報告都為河南南陽當地的合作工廠提供，其中B文化傳播有限公司的合作工廠承諾提供的檢測報告屬於真實材料（提供了源文件），A行銷策劃有限公司的合作工廠無法證明其檢測報告的真實性，A行銷策劃有限公司已做情況說明，並對該合作工廠做了相應處理」。

第十六章　財險公司再保險審計及其典型案例分析

《財產保險公司再保險管理規範》（保監發〔2012〕7號）規定，財產保險公司應定期對再保險業務的經營情況和管理情況進行審計，及時發現問題，並提出解決方案和步驟。審計形式包括內部審計和外部審計，每個業務年度至少各審計一次。

第一節　財險公司再保險審計介紹

再保險也稱分保，是指保險人將自己所承保的部分或全部風險責任向其他保險人進行保險的行為。這種風險轉嫁行為是保險人對原始風險的縱向轉嫁，即第二次風險轉嫁。其形式類似於一般保險業務，即轉移風險的一方向接受風險的一方支付一定保費，接受風險的一方在賠付事項發生時給付雙方約定的風險賠償。再保險可按安排方式和責任限制兩種情況分類。按照安排方式分為臨時分保、合約分保和預約分保三類；按責任限制分為比例再保險和非比例再保險。

財產保險公司通過再保險安排把部分保險業務風險轉移給再保險接受人，通過分散風險使公司經營得以穩定，降低營業費用，增加運用資金，增加其繼續承保的能力，進一步支持業務發展。通過再保險，可以在分保費中扣存未滿期保費準備金，還可以獲得分保佣金收入。這樣，保險人由於辦理分保，攤回了一部分營業費用。同時，辦理分保須提未滿期保費準備金和未決賠款準備金，保險人可在一定時間內加以運用，從而增加了保險人資金運用總量，有利於公司穩定經營。財產保險公司通過與國內、外保險、再保險市場的接受人溝通交流，可促使自身研究更加科學的承保方式、更有市場競爭力的承保條件，大大提高自身風險管理能力。

財產保險公司通過開展再保險業務受益的同時，也會產生一定的風險。如：由於核保人誤選風險等級、自留額、錯誤劃分危險單位等，導致系統分保自留錯誤；再保應收攤回時間過長，賠款支出與再保攤回存在時間差造成的流動性缺口，導致再保流動性風險；再保人或經紀人選擇不當，若再保人、經紀人破產無法攤回賠款，導致信用風險；合約安排沒有選擇合適的分保方式，導致分保不能滿足業務需要，風險不能合理分散，存在一定分保風險；一次巨災事故的損失超過公司超賠合約限額，自留風險增加，導致巨災累積風險；等等。

再保險業務屬於高風險領域，不僅專業性強，而且技術性要求高，在很多公司再保險業務審計既是盲點也是難點。太平稽核對財產保險公司再保險業務稽核進行了有益的實踐，建立了相關的風險點模型，開展了財險公司再保險業務專項審計工作。

一、建立再保險業務專項審計風險點模型

再保險業務專項審計風險點模型是實施再保險業務審計的指南。風險點模型涵蓋了保監會、集團和被稽核單位在再保險業務經營和管理過程中的要求和規定。通過對風險點模型中的各風險點進行逐一測試，可以識別被稽核單位在制度上是否存在缺陷，管理上是否存在漏洞，經營上是否存在風險，並將測試結果及時反饋給被稽核單位，建議其採取有效的風險管控措施，幫助被稽核單位改善存在的缺陷、規避風險並有效促進經營目標的實現。建立風險點模型，不僅可以減少由於審計疏忽和遺漏而導致的審計風險的發生，也是實施再保險業務審計項目的質量保證。

二、分項展開稽核工作

（一）制度建設

由於再保險業務屬於高風險領域，不僅專業性強，而且技術性要求高，制度建設顯得尤為重要。通過調閱資料發現，在重點檢查制度建設方面可能存在的問題。如比例分保管理、非比例分保管理、臨分分出管理、臨分分入管理、風險累積責任與巨災風險的管理及分入業務風險管理等方面有沒有形成相應的制度。

（二）再保險業務管理

通過數據分析，以及財務分析檢查路徑來測試再保險業務管理中存在的風險。風險測試主要包括分保風險、巨災累積風險、再保險營運風險、

再保人和再保經紀人信用風險等。具體風險測試過程如下：

1. 分保風險測試

分保風險指保險公司的合約安排沒有選擇合適的分保方式，導致分保不能滿足業務需要，風險不能合理分散；公司自留風險沒有安排合適的超賠保障，導致自留風險過高；單筆業務超過公司承保能力而未安排臨分，可能導致嚴重損失。通過被稽核單位分保方式的選擇、分保安排、方案選擇等情況，分析和判斷被稽核單位對分保風險是否採取了相應的措施加以防範和規避。經過現場訪談和檢查後，綜合分析並判斷被稽核單位的分保風險是否得到有效控制。

2. 巨災累積風險測試

主要是臺風、洪水、地震、雪災等自然災害的累積風險，包括一次巨災事故導致的損失，超過公司超賠合約限額，將導致自留風險額外提高；一次巨災事故導致的自留損失過高，超過公司的承受能力，將對公司經營帶來嚴重影響。瞭解巨災風險累積方面的實際做法，通過綜合分析可以判斷被稽核單位在巨災累積風險方面是否進行風險識別並採取防範措施，巨災累積風險是否得到有效控制。

3. 再保營運風險測試

主要是再保業務處理和管理過程中所面臨的風險，包括：再保合約續約逾期風險，即再保險合約到期後，合約條件尚未確定或合約份額尚未安排完畢而導致的風險；由於核保出單錯誤，如誤選風險等級、自留額、錯誤劃分危險單位導致系統分保自留錯誤的風險；非合同保護業務錯放合同、再保人不承擔責任導致自留風險；再保流動性風險，如再保應收攤回時間過長，賠款支出與再保攤回存在時間差所導致的流動性缺口；等等。

4. 再保人和經紀人信用風險測試

主要是指檢查被稽核單位是否對經紀人的資信建立信息庫，並進行動態更新、跟蹤和管理。如果公司對分保接受人或經紀人選擇不當，若再保人、經紀人破產，則相關責任風險加大，可能無法攤回賠款。

5. 再保險 IT 系統風險測試

根據《財產保險公司再保險管理規範》（保監發〔2012〕7 號）的規定，再保險業務 IT 系統應能夠將核保、理賠、批改等環節的變化及時反應在再保險系統中，應具有數據修訂痕跡記錄功能，對已確定數據的修改進行全面記錄跟蹤。通過資料分析及穿行測試，對再保險 IT 系統進行風險點測試。

再保險業務審計過程中還需關注信息報告和溝通機制、再保險的財務核算、檔案管理等等。綜上所述，通過對財險公司的再保險審計，可以及時發現再保險過程中存在的問題，並督促其及時完善相關制度，規範再保險業務管理行為，對存在的問題採取有效的控制措施，加強內部流程控制，保證管理質量並完善 IT 系統，有效防範再保險管理風險，保障公司穩健營運和健康、協調、可持續發展，提高公司風險管理能力，對公司的可持續發展具有十分重要的意義。

第二節　典型案例分析

案例一：財產險合約除外責任業務誤放合同

根據《20××再保險合約使用指引》中「非水險成數溢額合約」針對財產險的除外責任規定，財產險長期險保單，如原保單不超過12個月或因特殊原因批改後總保險期限不超過18個月的業務可受合約保障；針對銀行抵押類的財產險業務，保險期限不超過24個月的業務可受合約保障。

稽核現場，抽取了《財產險承保清單》中保險期限超出24個月的財產險業務××筆，並進行測試，發現有××筆除外業務進入了合約分保合同，涉及分保額××萬元。根據規定，將除外業務放入合約，一旦發生賠案，再保人將不承擔責任。除外責任的業務放進合同，需要支付分保費，再保人卻不承擔責任，且增加了公司自留風險。

建議某公司再保險部及財產險部對是否存在除外責任放入再保合同業務採取每月定期檢查機制，可有效地降低核保人發生遺漏的情況。在堅持該機制的同時，為進一步提高效率、降低風險，建議進一步完善規則引擎及系統提示配套功能，以實現系統控制；財產險部和再保部應針對再保合同的除外責任內容，加強對各級核保人和出單人員的宣導和培訓；總公司財產險部增加出單人員和核保人員的除外責任操作 KPI 考核機制，使各級核保人合理使用分保合同，減少不必要的分保費支出，同時避免人為錯用、誤用分保合同而加大公司自留風險。

案例二：單一風險分配給單一再保人份額存在超限額情況

《××公司再保險管理辦法》第三十一條規定，為避免風險過於集中，除分保金額較小或出面業務或特別分保安排的以外，不得將單一風險或合

约的分保份額全部或過於集中於單一再保險人。單一風險或合約分配給單一再保險人的份額不超過：①該再保險人淨資產（Net Assets）的4%；②總責任額的40%（以較小者為準）。

稽核發現，某公司再保部並未通過對再保險接受人的基礎財務分析結合淨資產對分出份額進行控制管理；通過調閱再保部分出電子清單發現，部分分出業務超過集團40%的限額規定。再保部未依照40%的限額標準進行控制，且缺乏對分保金額較小業務、出面業務及特別分保安排進行界定和歸類，無法判斷是否符合集團制度關於免除超限額限制的規定。經訪談瞭解，再保部確未將再保險人淨資產的4%納入對分出份額的控制管理。

案例三：部分附加地震風險業務未錄入相應的賠償限額，部分風險標的地址錄入錯誤，導致郵政編碼未顯示正確，影響風險累積評估的準確性

《××再保險業務管理規定》第十六條規定，地震風險必須錄入相應的賠償限額與附加保費，洪水、暴風等巨災風險必須錄入賠償限額，郵政編碼是IT系統判斷巨災風險累積的唯一標準，風險標的的郵政編碼錄入必須正確完整。

稽核現場，調閱《企業財產保險承保清單》發現，20××年某公司存在××筆附加地震險業務，地震保險限額為零，未錄入賠償限額，××筆業務未錄入郵政編碼。

針對郵政編碼問題，業務系統已實現通過標的地址代碼化錄入，自動帶出郵政編碼，不用單獨錄入郵政編碼。以標的地址作為風險累積計算基礎，改變了以往靠人工錄入郵政編碼隨意性較大且不太容易統計的特點。但若出單人員錄入標的地址不準確，郵政編碼則不能自動帶出，核心業務系統中風險標的的郵政編碼則無法顯示，郵政編碼為空。

案例四：核保人未按規定將同一危險單位出具多份保險單或同一保險單包含多個危險單位的情況書面通知再保險部

案情簡介：某公司保單××包含2個保險標的地址，訪談瞭解到核保人未書面向再保部通知此類情況。經瞭解，系統無同一危險單位出具多份保險單提示功能，該批業務是銀行抵押品保單，××公司前後共出具6張保單，且時間跨度長，核保人解釋無法記住並通知再保部。

根據《××公司再保險業務管理規定》第十五條的規定，危險單位的劃

分應按照財產險部的有關規定嚴格執行，各機構不得擅自拆分、合併危險單位。對同一危險單位出具多份保險單或同一保險單包含多個危險單位的情況，相關核保人須書面通知再保險部，落實安排分保，以防止自留風險的累積。

第十七章　境外業務稽核及其典型案例分析

中國太平是當今中國保險業歷史最為悠久的民族品牌之一。自 1956 年起，根據國家統一部署，專營境外業務，是目前中國保險業唯一跨境綜合經營的保險集團。除中國內地外，中國太平集團經營區域涉及中國港澳、北美、歐洲、大洋洲、東亞及東南亞等國家和地區；境外機構業務範圍廣，涵蓋壽險、財險、再保險、再保險經紀及保險代理、資產管理、證券經紀等多個領域；境外公司的資本結構上，有集團作為單一股東的獨資公司也有與外方合資成立的控股公司；境外公司的系統建設與當地經濟及科技的發展程度有著密切的聯繫，導致各境外機構作業及財務系統的結構與成熟度各不相同；同時，各個境外機構所面臨的法律環境、監管要求、公司的經營狀況、市場成熟度等千差萬別，使得太平稽核作為集團統一垂直的內審體系，在服務境外公司的內部審計上，必須針對這些因素和特點展開，與境內機構有著本質的不同。經過 10 年的實踐，中國太平探索出一條適合境外機構特點的稽核模式，取得了良好的效果。

第一節　境外稽核思路和重點

鑒於境外稽核作業的頻率、成本、便捷度等方面的考慮，針對境外公司的不同特點，參考 COSO 企業內部控制框架，建立起較為完善的風險評估檢查體系，在項目實施過程中不斷進行檢驗修訂。關注境外各公司的重要風險，同時找出不同地域、不同業務類型、不同公司規模、不同監管環境的境外公司的風險重點，構建出「點面」結合的風險評估檢查體系。整體來講，境外稽核將由內控稽核審計逐步向經營管理稽核過渡。

目前，針對合規性稽核，海外機構每三年實施一次，中國港澳機構每兩年實施一次，經濟責任稽核根據集團人力資源部的委託實施，無特殊情況的專項稽核隨合規性稽核或經濟責任稽核的時間同時開展。基於信息收

集體系的遠程風險評估模型目前正在構建並檢驗，待確定後，每年將對無現場稽核項目的境外公司開展非現場風險評估並出具評估報告。

一、集團管控層面

從集團管控層面，境外稽核主要關注集團管理政策和集團管控要求是否執行到位。

在集團管理政策上主要關注各公司對集團統一管理及「一司一策」的政策要求是否執行到位，公司治理體系是否完善，是否符合內外部監管要求；是否明確「三會一層」的權責範圍、議事規則；公司各項決策程序是否規範，是否執行到位，是否建立合適的決策跟蹤機制；決策記錄是否完整合理；是否有完善的決策授權體系及監督機制；重點評估各公司決策內容的適當性，決策程序的合規性以及決策執行的有效性，尤其需要關注新業務、投資業務方面的決策風險。

在集團管控要求方面，主要關注各公司在執行集團部門條線管理及國際部統籌協調中是否存在未落實管控要求或者存在未取得授權的重大決策事項。

二、公司自身運作層面

（一）人才隊伍建設方面

評估各公司人才隊伍建設是否與業務發展相匹配。例如渠道創新、產品創新、業務結構調整與轉型等戰略是否有相應的專業人才及風控團隊做支撐；人才管理和激勵機制建設方面是否採取有力措施調動人才隊伍的積極性和創造性；關注外派高管人員的廉潔從業情況，重點關注領導人員職務消費情況，包括公務用車、辦公用房、培訓費、業務招待費、國內差旅和因公臨時出國（境）費、通信費等專項費用支出是否違規；關注境外企業領導人員有無以權謀私和違反廉潔從業規定的問題；檢查境外公司黨建情況是否符合要求，紀檢監察職責是否到位。

（二）系統建設方面

各公司是否結合業務發展、集團要求及技術發展等制定公司的系統建設規劃，系統建設能否滿足業務管理、財務管控以及外部監管的需求。結合當地法律、監管要求和公司信息化發展現狀和需求，設計合適的風險點檢查模型，分步對境外公司開展信息系統稽核；逐步形成持續的非現場 IT 風險評估監測體系。條件成熟的公司，按集團要求進行專項審計。

（三）財務與投資管理方面

重點關注境外各公司是否具備合理有效的財務管控職能，資產、負債、所有者權益和損益的真實性、完整性和合法性，關注境外公司資金的安全和資產的質量等，重點審查資金運用管理、資產及預算管理、會計核算管理等方面。關注戰略規劃提出的資本配置及保險資金運用方面的要求，重點防範各公司投資管理風險，檢查各公司是否制定合理的資本配置計劃及方案，是否積極探索有效的保險資金運用空間；是否嚴格進行財務管控，是否定期上報真實的業務財務經營信息，是否存在人為調整和虛假信息；是否存在財務狀況和經營成果不實的問題。

（四）業務管理方面

對公司盈虧情況進行分析，重點關注對公司經營有重大影響的業務（包括但不限於長尾業務、槓桿業務、對投資端有重大需求的業務、大金額賠付業務、重大虧損板塊業務、長期虧損業務、引起監管機構或社會關注的熱點業務或高速增長板塊業務等）、新業務的決策控制程序及實施過程是否實施完善的技術評估及分析程序，是否具有合理的審批程序；檢查各子公司是否制定切實可行的績效考核舉措，關注公司績效考核是否合理，是否成為增強公司發展動力的有效手段，是否能夠有效執行並取得相應的效果。

（五）風控合規方面

關注公司是否建立相應的風險管理組織架構並配備相應的人員，是否嚴格落實集團整體風險管理策略，是否有效關注公司所在地保險業務方面的政策紅線及國別風險，是否存在風險累積超限等問題；重點關注公司授權控制、管理程序、業務流程以及內控制度是否適應機構所在地及公司本身管理需要，是否達到內部牽制與防範風險的目的。針對戰略要求的風控合規管控要求，各公司是否建立應有的內控管理制度，執行情況是否到位。

第二節　境外稽核難點和採取的舉措

境外公司信息及數據的獲取受不同地域的政策限制。由於太平稽核境外機構的審計部門設在中國境內，跨境的信息及數據傳送受境外機構所在國的政策管控，存在信息及數據獲取不及時或者不完整的情況，影響內部

審計評估檢查的時效性及效果。

境外各公司的監管環境不同導致內部審計適用的監管規則差異很大。因為各境外公司所處的市場環境差別很大，不同業務類別的機構受到當地的監管政策也不相同，內部審計評估檢查所需要遵循的監管規則需要根據不同地域及不同監管政策而調整，對境外機構內部審計評估檢查的能力提出較高的要求。

一、構建並不斷完善稽核信息收集體系

境外保險業務稽核部作為稽核條線與境外機構的接口單位，構建並不斷完善稽核信息收集體系，借助集團「四位一體」的監督力量，發揮稽核優勢，提高信息的利用價值。

積極構建並不斷完善日常信息收集體系，利用互聯網，瞭解境外機構所面臨的監管政策、行業動態等；通過與境外機構的日常對口聯繫，積極獲取各機構財務、業務及管理類信息；利用中國香港的地域優勢，積極參與中國香港公司的季度、年度相關分析會議；在符合機構當地合規要求的前提下，不斷推進境外機構業務數據獲取的能力，定期進行分析與跟進，在此基礎上，構建出一套包括信息收集頻率、收集形式、收集信息種類等在內的完整的信息收集體系。

積極參與到集團與公司信息共享機制的建設中，明確稽核所需的日常信息，並完善信息的維度，暢通信息溝通渠道；針對境外機構所在地的法律及監管要求（包括但不限於數據及隱私保護政策等），聯合當地機構定期做好解讀並共享相應的信息。經過稽核作業或分析所掌握的信息，在一定範圍與要求內進行信息共享，促進稽核的價值提升。

二、建立境外公司稽核數據庫，豐富審計方式方法，利用技術手段提高稽核能力

由於受境外監管、業務、機構發展、網絡安全等因素影響，前期境外機構基礎信息系統建設相對滯後。作為第三道防線的稽核條線，借助境內較為成熟的應用工具及監測模型，在當地法律政策允許的條件下，梳理境外公司的業務規則，建立境外公司獨特的稽核數據庫，將信息化審計運用到稽核作業中，由單純的事後檢查轉變為事中的風險監測預警，豐富審計方式方法，減少現場工作時間，降低差旅成本，提高稽核能力及價值。同時，根據不同公司的業務特點，建立日常風險監測模型，提高稽核作業的

時效性，增強審計效果。

三、建立一支專業水準較高的稽核人才隊伍

境外業務稽核的特殊性，對稽核隊伍能力提出了特殊的要求，包括人員數量、專業能力、語言能力等，才能更好地提供稽核服務做好保障。

建立清晰的勝任素質模型，鑒於稽核對象的特殊性，建立了一支具備紮實的審計專業知識，靈活運用審計方法；外語能力強、熟悉並瞭解集團國際化發展戰略政策，並能運用當地法律法規和監管政策，瞭解當地市場及文化背景；以便能夠快速應對不同機構不同環境下的稽核作業。

豐富人員隊伍結構，建立境外稽核人才庫。境外機構地域不同，發展階段參差不齊，業務側重點不同，國別差距大，在集團範圍內建立包含壽險業務專業人才、投資專才、IT科技人才、法律專家顧問團隊等在內的國際化稽核人才儲備庫，根據不同的項目需求，抽調具備相應稽核能力的人員開展相應的稽核項目，既解決了人手不足，又能做到術業有專攻，提高稽核專業水準。

第三節　典型案例分析

基於海外子公司稽核項目成本考慮和出境相關管理規定等要求，公司規定對海外公司三年做一次常規稽核檢查，並對現場工作時間和人數有明確限制要求，同時，多個項目一次性複合實施。根據工作安排，太平稽核組織專業力量4人赴新加坡某子公司（A公司）開展為期五天的現場檢查工作，實施該子公司相關高管的任中經濟責任稽核、離任經濟責任稽核、關聯交易稽核、常規稽核以及對近三年該子公司離岸業務開展績效專項稽核。項目組赴現場檢查前，已就被稽核公司相關情況信息和近年經營數據進行了充分搜集和分析，提前在非現場資料分析中對被稽核公司的經營業績情況從自身縱向比較、集團國際化要求和同業市場比較中獲得重要的稽核素材。同時，深入瞭解新加坡《保險法案》，以及新加坡金融監管局（MAS）頒布並最近更新的《反洗錢和恐怖分子金融制裁指引》《保險公司風險及償付能力自評估指引（ORSA）》《保險公司恰當人士任用準則指引》等法律法規，另外，還重點對新加坡金融監管局（MAS）發布的《保險業務風險為基礎的資本框架（RBC一期）》的相關離岸業務章節進行瞭解。

近年來，新加坡政府為著力穩固其國際金融保險中心地位，出抬了一系列諸如稅收優惠等方面的政策，對符合條件的離岸業務享有10%的優惠稅率，離岸特殊險種（農業、能源、恐怖主義、航空航天和政治風險等）適用零稅率，以鼓勵保險主體開展離岸保險業務（OFFSHORE）。這與集團對A公司提出的發展為東南亞區域中心、大力拓展國際業務的戰略要求是一致的。

（一）離岸業務保費收入

三年以來，A公司離岸業務保持較積極地增長，在公司本身的業務占比逐年增大，但與當地同業相比未呈現超越優勢。

A公司近年由班子領導帶領拜訪離岸業務客戶，包括與馬來西亞、印度尼西亞、菲律賓、泰國、老撾、印度、緬甸、越南等周邊東南亞國家的客戶洽談，尤其是針對性地對「一帶一路」項目實施重點攻關，較此前取得了顯著的業務增長，同時，由於渠道開拓處初始階段，業務穩定性和業務質量均有待提升，在當地市場地位沒有取得明顯效果。公司開展的離岸業務規模情況見表17-1：（單位：1,000新幣）

表17-1　　　　　　　　　離岸業務情況

年份	保費收入	當地市場份額	當地市場排名	占我司業務比重
2016	＊＊＊＊	0.51%	17	10.46%
2017	＊＊＊＊	0.71%	16	18.45%
2018上半年	＊＊＊＊	1.07%	16	24.00%

（二）離岸業務中的再保險分入業務

A公司再保險分入業務占離岸業務比例大增，近三年均保持在95%～99%，並參與再保合約轉分入業務。

雖然新加坡鼓勵離岸再保險業務發展，優質的分入業務亦是適度提升保險公司利潤貢獻的途徑。但作為直保公司，過多的參與再保險業務，會擴大直保公司對標的風險認知和評估的盲區，尤其是再保合約轉分入（再保險的再保險）業務，公司缺乏此類業務的數據和經驗累積，對公司乃至集團的巨災風險管理帶來更多不確定性。如果參與的業務未了責任期限過長，業務品質不佳，則對公司的影響是負面和不可持續的，對公司資源利用和經營更是不經濟的。按照集團《再保險管理辦法》相關規定，各直保公司應充分利用自身資源大力發展直接業務，本著「直接業務為主，分入業務為輔」的原則，分入業務保費收入不得超過公司總保費的10%。A公司2015年離岸分入業務××××萬新幣，占當年總保費規模的3.89%；2016

年離岸分入業務增至××××萬新幣，占當年總保費規模的13%，其中合約分入業務占總保費規模的5.74%；由於2016年A公司參與了國外某再保公司的轉分保合約分入業務，該業務合約約定賠付率上限為76%，導致2017年公司離岸再保分入保費××××萬新幣，占總保費規模升至18.83%，上述轉分保合約業務當年帳面承保虧損××××萬新幣，綜合成本率104%；2018年僅上半年A公司離岸再保分入保費××××萬新幣，占總保費規模達22.78%，其中上述合約業務分入保費××××萬新幣，是上半年A公司整體保費較快虛增的主要成因之一，該業務當期帳面承保虧損××××萬新幣，綜合成本率111%。

（三）離岸業務承保虧損

對於A公司大力推進的離岸業務版塊，近年在承保利潤貢獻度方面同步承壓，詳見表17-2：（單位：1,000新幣）

表17-2　　　　　　　　　　離岸業務承保利潤

年份	承保利潤	市場排名
2016	＊＊＊＊（正數）	18
2017	＊＊＊＊（負數）	19
2018上半年	＊＊＊＊（負數）	19

（四）離岸業務銷售渠道和承保管理

A公司既沒有制定離岸業務管理規定，也沒有制定離岸業務渠道建設規劃。根據當前A公司離岸業務來源狀況，公司沿用歷史渠道管理辦法，近年，雖嘗試實施專業化渠道建設，重點推進「一帶一路」相關項目工作，但渠道人力和專業水準尚難以支撐集團要求的快速發展目標。

目前，A公司銀保及重大客戶部是開拓離岸業務的主要渠道部門，負責銀保、直接業務及重大客戶的拓展和維護，包括開展離岸業務工作。該部門人員共6人，除部門負責人外，沒有專人對離岸業務主要來源的重要國際經紀人渠道和重大客戶渠道的專業維護、對接和開拓。另外，新加坡較多小規模保險主體採取離岸業務客戶直接由各個承保部門核保人對接聯繫的業務模式。A公司離岸業務在快速發展，並已具備一定業務規模，長期採納上述業務模式，一方面核保人因業務政策和風險管控職責在肩，其拓展新市場的精力和空間有限；另一方面，將業務拓展和風險管控的中前臺職責融合於核保人一身，關鍵崗位職責長期未予分離，反應了其內控環節存在一定隱患。

第十八章　IT 審計及其典型案例分析

太平稽核按照「夯實基礎、健全體系、穩促發展、積極創新」的基本工作思路，積極推進信息化建設和稽核技術創新，保質保量進行綜合信息化作業平臺開發進程，推進信息系統整合優化和太平稽核信息安全建設工作，及時開展好信息科技合規、信息安全、應用控制稽核和信息化建設項目後評價等專項 IT 稽核項目，完善保險行業信息科技風險評價體系，並加強專業化隊伍建設和工具累積，提升 IT 稽核水準和能力。

第一節　業內領先的信息科技風險評估體系，持續預警 IT 風險

隨著信息技術基礎設施和應用系統日趨完善，信息科技有力地支持了業務發展，特別是雲計算、移動互聯、物聯網、大數據等新技術的引入，極大提升了金融業的客戶服務能力、產品創新能力和精細化經營管理能力，互聯網業務的發展更是說明了信息科技從後臺業務支撐逐步走向前端業務融合①。另外，隨著國際及國內金融、政治、市場、競爭等環境的日益變化，集團也提出了降本增效的要求，因此信息化項目的事中及事後監督也變得越來越為重要。

開展信息科技風險評估體系研究，以迅速定位找出 IT 重點風險，綜合評價公司信息化和信息安全等 IT 建設情況，並逐步形成信息科技風險定期監測預警體系，並為集團提供信息化建設方面的決策參考。從 2016 年初開始，為應對新形勢下信息科技風險監管的挑戰，根據監管要求及行業特點，梳理和創新性建立一套完整、合理、開放的保險行業信息科技風險評估體系指標及風險評估方法，如圖 18-1 所示。

---

① 摘自中國內部審計協會編寫的《中國內部審計藍皮書（2015—2016）》。

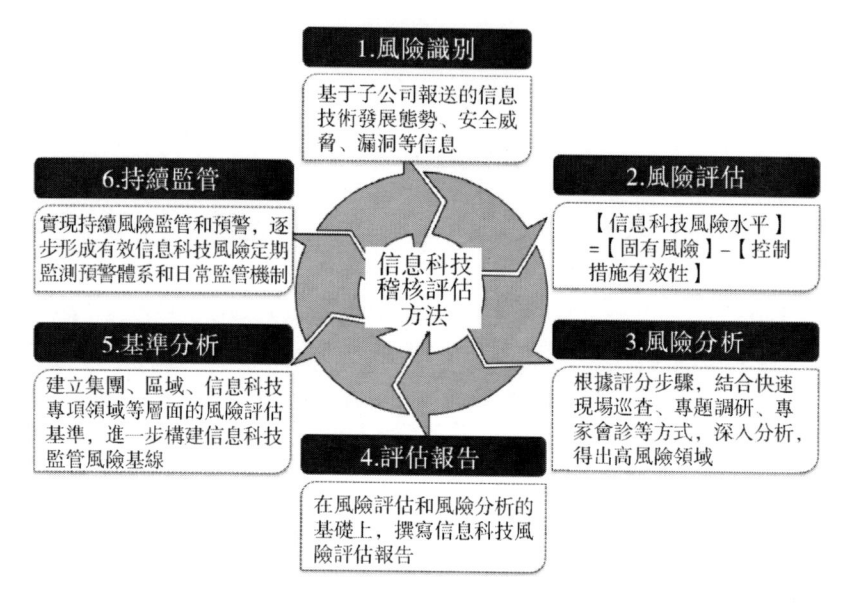

圖 18-1　信息科技稽核評估方法

　　從信息科技風險十大領域評估固有風險[①]、控制有效性水準，並結合審計行業風險評估經驗，通過【固有風險－控制有效性水準＝剩餘風險】的思路評估信息科技綜合風險水準。體系評估框架和評價方法通過 3 級領域評估項和 203 個具體關鍵風險評估指標的定義、參考評估標準、評分步驟及依據的編寫，並開發相應的信息應用系統，如圖 18-2 所示。

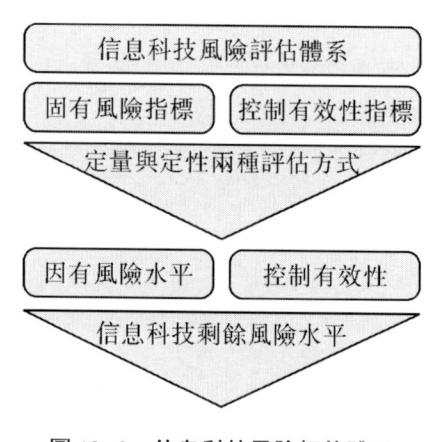

圖 18-2　信息科技風險評估體系

---

① 劉杰. 中國信息系統審計規範研究［M］. 大連：東北財經大學出版社，2016：78-82.

當形成評分評級機制（如圖 18-3 所示）後，信息科技合規類項目可大大減少現場檢查工作量，以風險評估、監測和重點檢查為主，節約現場成本和人力，產生降本增效的具體效果，並可對集團和各子公司信息科技、信息安全建設水準綜合評價與分析，橫向縱向比較，風險分佈和高低熱圖體驗更直觀舒適，給管理層決策提供各公司 IT 建設方面參考依據。

綜合風險水平		控制有效性				
		強	中強	中	中弱	弱
固有風險	高	B	B-	C+	C	D
	中高	B+	B	B-	C+	C
	中	A-	B+	B	B-	C+
	中低	A	A-	B+	B	B-
	低	A+	A	A-	B+	B

圖 18-3　信息科技風險評估評分機制

目前還實現了項目體系的信息化，有助於高效和系統地搜集、匯總集團各子公司（包括各境外機構）的信息科技風險數據，並進行風險水準匯總分析、評估以及對比。目前已對部分子公司開展了評估，通過信息化手段持續驗證本體系及風險點指標、評價方法的適當性及適應性。可根據實際情況推廣至太平保險集團所有子公司甚至其他行業公司的信息科技風險評估、諮詢、IT 診斷等工作場景，如圖 18-4 所示。

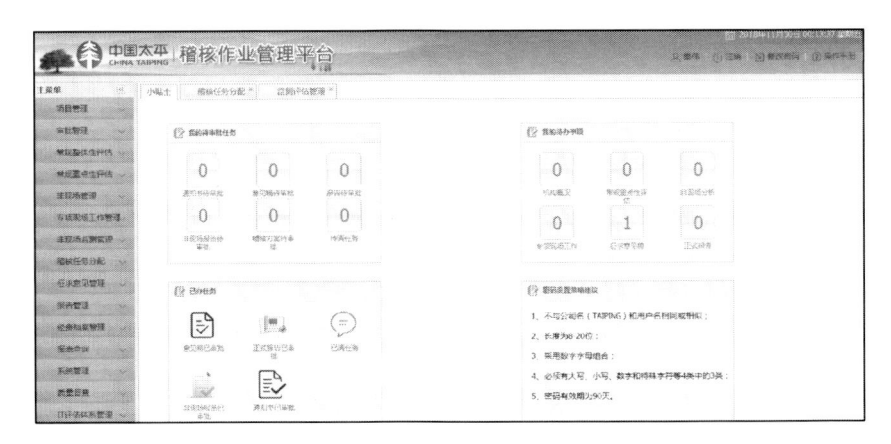

圖 18-4　稽核作業管理平臺

第二節　適合跨國金融集團的 IT 稽核體系

　　針對集團經營區域涉及中國內地、中國香港、中國澳門、北美、歐洲、大洋洲、東亞及東南亞等國家和地區，業務範圍涵蓋壽險、財險、養老保險、再保險、再保險經紀及保險代理、互聯網保險、資產管理、證券經紀、金融租賃、不動產投資、養老產業投資等領域。目前根據國際領先的體系框架、國家標準及金融行業的特點，依據中國內審協會、審計署和中國銀保監會等管理要求，並根據集團實際情況，建立起一套適用於跨國金融集團領先行業的 IT 稽核作業體系，涵蓋境內境外機構的信息科技合規、災備管理、信息科技及信息安全（一般性控制）高風險領域專項、信息系統應用控制專項及重要信息系統項目後評價、互聯網保險等領域，在保險業內居於領先。

　　為了規範 IT 稽核作業流程，提高 IT 稽核作業效率，根據 IT 稽核風險點模型，結合 IT 稽核作業實務，形成 IT 稽核作業指導書和質量管理規範等制度文件，從 IT 稽核定義、職責、稽核過程、報告等方面做出了詳細的規範。同時，已建立了科學、合理的 IT 稽核風險點模型和操作指引。

　　一是根據 COBIT（Control Objectives for Information and related Technology）標準體系框架[①]、COSO 委員會要求及 ISO 27001 等國際標準框架、行業標準、國家審計和銀保監會等國際最新標準體系和最新監管要求，IT 合規類項目風險點稽核模型及操作指引覆蓋信息科技治理、信息安全、項目管理、系統運行、信息資產管理、第三方管理等七大流程領域，42 個流程評估點，覆蓋信息科技風險點 83 個，檢查點 189 個。

　　二是根據《中國太平保險集團有限責任公司信息化項目事中監督及後評估管理規定》，參考國際先進的美國國防部信息化項目後評價方法、電信行業運維管理軟件項目後評價指標體系及運用的邏輯框架法、層次分析法、成功度評價法、有無對比法、因果分析法，通過對信息化建設項目全過程進行系統、客觀的分析，評價項目的立項和規劃是否合理有效、項目的主要效益及指標是否達到預期、項目階段性目標是否實現，並為項目後

---

　　① 張金城，李庭燎，沈靜秋. 信息系統績效評價與審計［M］. 南京：東南大學出版社，2014：107-113.

期營運中出現的問題提供改進意見。目前已形成信息化後評價項目稽核模型，覆蓋信息系統建設的5個基本領域，分別是建設質量目標評價、運行水準目標評價、應用成效目標評價、經濟效益評估、社會效益評估，在一級領域下再細分了24個二級領域。

三是依照信息化項目建設的相關監管要求以及集團、保險業務子公司和太平金科對信息化項目建設和保險業務各作業流程中相關業務規則的管理要求，檢查業務系統各業務流轉過程中相關流程及系統控制是否恰當和有效運行，旨在提升信息系統運行和控制水準，提高信息系統風險防範能力，進一步提升內外部客戶的滿意度與公司的核心競爭力。目前已形成壽險新契約、理賠、車險出單、非車險理賠、養老等核心業務應用控制稽核模型，涵蓋各業務流轉過程中的系統控制範圍。

四是依照原中國保險監督管理委員會發布的《保險業信息系統災難恢復管理指引》（保監發〔2008〕20號）的要求，對太平金科的信息系統災備建設合規情況和相關管理工作進行稽核，進一步提高公司信息系統災難風險防範能力，提升信息系統災難恢復工作水準。目前已圍繞信息系統災難恢復管理流程，形成災難恢復管理專項稽核模型，包含組織機構設立和職責、災難恢復需求分析、災難恢復策略與技術方案、災備中心建設與運行維護、外包服務商評估、災難恢復預案管理與演練、應急回應與恢復七大領域。

五是依照原中國保監會頒布的《保險公司信息化工作管理指引（試行）》（保監發〔2009〕133號）和《保險公司信息系統安全管理指引（試行）》（保監發〔2011〕68號）等監管指引中關於信息安全和數據安全的管控要求和行業最佳實踐，合理評估信息安全控制的有效性，識別安全風險，開展信息安全專項稽核。形成了信息安全專項稽核模型，主要從安全管理、滲透測試、漏洞掃描、安全基線檢查等維度來開展工作。

六是基於客戶信息安全評估方法論，通過快速理解業務流程，識別所梳理的業務流程中客戶信息的全生命週期，包括數據產生、使用、傳輸、轉換、存儲、歸檔和銷毀等階段以及可能洩露的途徑[①]，結合《中華人民共和國網絡安全法》及原中國保險業監督管理委員會頒布的《保險公司信息系統安全管理指引（試行）》（保監發〔2011〕68號）等監管指引中關

---

① 張金城、李庭燎、沈靜秋. 信息系統績效評價與審計 [M]. 南京：東南大學出版社，2014：104-106.

於個人隱私保護、信息安全和數據安全的管控要求和行業最佳實踐，合理評估客戶信息安全控制的有效性，識別安全風險，開展客戶信息安全專項稽核。範圍覆蓋信息分級分類及保護策略、員工意識宣導及行為規範、信息保護組織及責任邊界與評價、訪問權限管理、網絡安全管理、物理與環境安全、事件發現檢查與回應、外包信息安全管理和安全審計與監督9大領域信息安全管理領域，包含59項子控制領域，檢查步驟150多個。

七是為進一步提高集團信息系統運行維護服務實施水準，保障信息系統的安全穩定運行，提升內外部客戶的滿意度與集團公司的核心競爭力，開展信息系統運維管理專項稽核，主要依據保監會2013年12月2日發布的《保險業信息系統運行維護工作規範（JR/T0079-2013）》，ITIL2.0、ITIL3.0等相關管理制度，覆蓋信息系統運維管理活動的4個流程領域，9個流程評估點，設計風險點30個，控制活動50項，檢查步驟73個。ITSM運行維護專項模型。

八是依照信息化建設的相關國家標準、CMMI、集團管理規定以及太平金科流程與管理規範的要求，對太平集團各子公司信息化建設項目的開發流程及相關管理工作進行專項稽核，保障信息系統開發項目能夠在有效的控制下良好地進行，進一步提高信息系統開發項目質量及項目管理水準，提升內外部客戶的滿意度與集團公司的核心競爭力。已形成的開發流程專項稽核模型包含開發週期基本過程、開發週期支持過程、開發週期組織過程三大領域，共12個二級評估點。

第三節　由整體狀態掌控到事中轉化，推進事前的風險評估

目前已累積了一套成熟的IT通用控制（ITGC）稽核框架，依據COBIT控制框架，確定了7個信息科技流程方面的稽核領域，並在流程領域中識別了流程評估點共42個。通過對集團各機構的信息科技合規情況和相關管理工作進行合規稽核，識別並評估各機構是否設定了相應的信息科技控制目標、是否設計並執行了相應的控制措施；並進一步識別和評估了稽核發現對各機構信息科技合規情況和相關管理工作所造成的影響，提出了管理建議。

在掌握IT技術和稽核方法的同時，更加注重提升快速瞭解業務和財務

的能力，敏銳的風險意識；瞭解各種內控框架、法律法規，然後發現相應的系統風險和業務風險，並給出可行的建議的能力。通過開展信息系統應用控制（ITAC）項目，不斷提升 ITAC 項目的稽核成效，有效地減少系統應用控制、流程缺陷及信息安全管理不足引起的系統性風險及問題，產壽養子公司開展的此類項目中均發現了一批有較高風險的問題，進一步提升了被檢查信息系統運行和控制水準，提高其風險防範能力。形成 GC 和 AC 並重的 IT 稽核項目格局。

在項目開展中，進一步加強項目風險評估，通過開展信息科技風險評估體系研究，加強非現場階段的分析力度，綜合評價公司信息化和信息安全等 IT 建設情況；以迅速定位找出 IT 重點風險和線索，在項目現場階段即可對重點風險領域進行重點關注。

第四節　多維後評價體系促進戰略規劃、管理提升，優化 IT 效能

為應對新形勢信息化項目建設後評價的新挑戰，根據監管要求及行業特點，參考國際及國內的先進方法，梳理和創新性建立一套完整、合理、開放的信息化項目多維後評價體系指標及評價方法。以對已完成的信息化項目的目的、執行過程、效益、成果、成本、程序、作用和影響進行系統的、客觀的分析，確定項目預期的目標是否達到，項目的立項或規劃是否合理有效，項目的主要效益指標是否實現，為項目實施營運中出現的問題提供改進意見，從而達到提高信息化項目投資效益的目的。

本評價體系是自主創新，所參考的美國國防部信息化項目後評價方法、電信行業運維管理軟件項目後評價指標體系及運用的邏輯框架法（美國國際開發署在 1970 年開展並使用的一種設計、計劃和評價的工具）、層次分析法（美國運籌學家 T. L Saaty 於 20 世紀 70 年代末提出的一種定性分析與定量分析相結合的系統分析方法，具有高度邏輯性、靈活性和簡潔性的特點）[①] 成功度評價法（依靠評估專家或專家組的經驗，綜合後評價各項指標的評估結果，對項目的成功程度做出定性的結論）、有無對比法

---

① 張金城，李庭燎，沈靜秋. 信息系統績效評價與審計 [M]. 南京：東南大學出版社，2014：139-145.

（將項目實際發生的情況與若無項目可能發生的情況進行對比，以度量項目的真實效益、影響和作用）、因果分析法（通過對造成變化原因逐一進行剖析，分清主次及輕重關係，以便總結經驗教訓，提出改進或完善的措施和建議）等均為國內外領先的體系及方法，在保險業內具有領先優勢。

通過建設質量、運行水準、應用成效及發展能力等方面評價項目目標是否實現，通過經濟效益及社會效益方面評價項目效益是否達到預期，從多維度多層級評價信息化項目的投資效益，並通過定量分析形成信息化項目後評價評分體系（如圖18-5所示）。

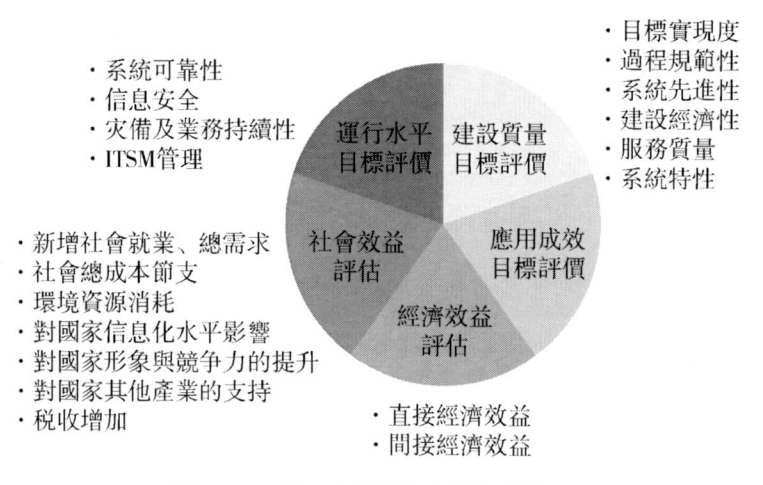

・系統可靠性
・信息安全
・災備及業務持續性
・ITSM管理

運行水平目標評價　建設質量目標評價

・目標實現度
・過程規範性
・系統先進性
・建設經濟性
・服務質量
・系統特性

・新增社會就業、總需求
・社會總成本節支
・環境資源消耗
・對國家信息化水平影響
・對國家形象與競爭力的提升
・對國家其他產業的支持
・稅收增加

社會效益評估　　應用成效目標評價

經濟效益評估

・直接經濟效益
・間接經濟效益

圖18-5　信息化項目後評價評分體系

在保險業內率先創新建立起完整、合理、開放的信息化項目多維後評價體系（可擴展到金融行業及其他行業），通過定量及定性的評價指標及方法，對信息化項目進行全面、系統、客觀地評價。

一是為決策者提供投資參考。目前信息化建設項目在投資決策和管理方面實施的是一種「靜態計劃管理模式」，即通過「項目建議書→可行性研究→立項審批→項目計劃編製→開發實施→驗收上線→系統運維」的流程，來實現資本的投入產出活動。在實踐中，由於整個運行過程沒有形成有效閉環，往往造成項目決策者在完成投資計劃編製工作後，對項目從建設到營運的後期過程缺乏瞭解，從而對項目投資的實際效果難以做到心中有數。而信息化多維後評價體系的建立可以及時將投資項目的效果反饋決策部門，作為今後投資決策的重要參考。

二是有效遏制盲目的投資行為。由於缺乏對項目實施效果的評價和反饋機制，各單位在申報項目和進行項目前期可行性研究分析時缺乏約束，

往往為了爭取項目上馬，高估項目的投資效益和意義，結果使大量投資項目的前評估流於形式。後評價可以與公司績效考核體系相結合，有效約束各項目單位盲目增加投資的行為，增強項目前評估的準確性和可信性。儘管後評價也需要一定成本，但與通過有效的計劃、調度和項目管理所節省下來的客觀費用相比，後評價則是非常經濟的。

三是提升公司整體項目管理水準。通過建立信息化項目多維後評價體系，可通過在項目結束後對項目進行全面、客觀的評價，系統地總結項目成敗的原因，避免犯同樣的錯誤，對提升公司整體項目管理水準有很大實際意義。

第五節　境外 IT 稽核

集團目前在美國、日本、中國香港、中國澳門、英國、新加坡、印尼等多地均開設有機構，業務範圍也涉及保險和投資等多個領域，早期境外各機構的內部審計項目主要由境外保險稽核部負責組織和實施，所涉及的稽核範圍主要包括業務、財務及工程建設等方面，對公司信息化建設和信息安全等方面的信息系統類稽核項目暫未涉及。針對此情況，先期通過派人支援參與境外稽核項目，打開境外機構 IT 稽核突破口，並按三步走模式來滿足對境外機構 IT 稽核項目的開展。

第一階段，結合各地法律、監管要求和公司信息化發展現狀和需求，設計合適的 IT 稽核風險點檢查模型，充分考慮當地監管規定的不同以及機構的 IT 成本管理等方面因素，瞭解境外機構的檢查要求與異同，設計好符合當地情況的風險點檢查模型。以個別人員支援參加境外業務稽核部項目的方式，對相關機構開展 IT 稽核方面檢查工作。

第二階段，對中國香港、澳門地區業務和 IT 規模大的公司，分批次開展信息科技合規及專項 IT 稽核項目，根據集團和太平稽核要求，結合被檢查單位具體需求，將合規和專項檢查結合起來開展。

第三階段，根據集團和境外公司要求和需求，對境外公司開展 IT 類稽核及諮詢服務。結合境外業務稽核部計劃，以聯合項目開展的方式和境外業務稽核檢查時同時進場開展。根據對各家境外公司的信息系統稽核檢查初步情況梳理，結合設計上線的信息風險稽核評估體系使用，形成境外公司 IT 風險稽核評估風險庫，以逐步形成持續的非現場 IT 風險評估監測體

系，以非現場監測和檢查為主，個別高風險公司現場檢查補充輔助的境外公司信息系統稽核體系。

通過開展好境外公司信息系統稽核項目，將達到以下工作目標：按照當地法律、行業監管、信息科技監管要求和集團、境外公司管理要求和需求，識別並評估境外機構是否設定和執行了合適的信息科技控制目標和相應的管理控制措施，機構的信息安全保障體系建設和運行情況，信息系統控制是否恰當和有效運行，保證符合法律及各級監管規定，嚴防系統性、區域性風險，並進一步提升信息系統運行和控制水準，提高信息系統風險防範能力，最終提升內外部客戶的滿意度與公司的核心競爭力，為集團精品戰略及海外發展戰略的順利達成保駕護航。

第六節　典型案例分析

一、為提升項目及審計報告質量，採取的可借鑑的、創新的方法和措施

（一）構建立體、完整、合理、開放的信息科技風險評估體系

以風險評估、監測和重點檢查為主，節約現場成本和人力，產生降本增效的具體效果，並持續預警 IT 風險。

（二）積極引入 IT 審計的輔助工具及技術，進一步提升深入分析能力與工作效率，結合系統和業務數據查深查透

1. 借助日志分析工具，提升日志分析工具的應用能力，加強對於系統應用日志的統計分析

日志分析工具能大大加快對數據採集、數據處理與計算、檢測分析與處理、集成威脅情報、關聯分析、用戶異常行為分析、權限管理等方面計算與分析效率，使 IT 稽核項目中能進一步結合後臺和業務數據對重點風險開展檢查分析，進一步查深查透揭示問題和風險。

從組織策略、處理流程和技術體系等多方面進行統籌考量，借助日志審計平臺來為 IT 審計工作提供技術支撐，實現對散的海量日志的收集，對這些日志格式進行規範化統一描述，實現對日志的集中化存儲、分析、審計和展示，並符合相關法規標準的符合性要求。

隨著企業內部的業務調整，各業務系統的規則也隨之發生變化，因此而帶來的業務風險漏洞也會加大，稽核部門傳統的人工抽樣查錯糾弊和事

後審查方式對將要發生或正在發生的風險防禦難免會顯得滯後；採集被審計機構的各種業務系統數據、建立長週期的數據監測與統計機制，避免抽樣式審查過程中由於數據的完整度不夠而導致的審計結果不精確的問題。

通過基於大數據技術架構的平臺，利用機器學習等職能的分析手段，結合豐富的威脅情報，對企業全面的安全信息進行多維分析，利用「雲」+「端」和人機結合的模式，為企業建設立體的威脅檢測、分析和處置能力，使得企業的信息安全可知、可見、可控。

一是提高審計效率。稽核審計自動化，將部分稽核場景通過審計平臺進行識別，人工可將精力集中在複雜場景中，進行稽核。

二是增加審計手段。引入機器學習及算法等技術手段，可以針對未知的異常行為進行發現，並可通過持續分析，形成稽核場景。

三是加強審計時效。通過即時接入各類系統日志，即時針對違規行為進行告警發現，逐步將事後審計轉換成事中發現，有利於及時處置重大違規事件，同時可為定期的人工稽核提供參考，無須等到稽核時間再做分析。

本次項目將日志分析工具應用於應用系統層面、數據庫層面、操作系統層面的日志分析及系統帳號權限的使用情況等檢查方面。具體如系統閒置帳號在員工離職後未被及時刪除，仍在系統中有登錄情況，通過該日志分析工具可及時發現這些帳號在人員離職後被繼續使用所進行的所有業務操作。

2. 強化 SAS 專業工具應用，提升 SAS 分析促進稽核發現問題的成果應用

SAS 專業工具的使用也可促進 IT 稽核核心工具和技術的逐步累積。如在系統帳號及權限稽核方面已有「同一人同時擁有不相容崗位系統權限」「離職人員在系統中的帳號閒置」「一人多號」「因業務交叉導致公司內含其他公司員工或者集團員工帳號的情況」等模型，可供後期各項目在此方面的稽核檢查使用。

二、項目及報告的質量特色和亮點

《A 保險公司及 B 數據中心信息科技合規稽核報告》內容豐富，主要依據保監會 2009 年 133 號文與保監會 2011 年 68 號文等管理指引，並參考 GB/T22239-2008、GB/T 20988-2007、GB50174-2008 和 GB/T 2887-2011 等國家標準，覆蓋信息科技合規的 7 個流程領域，42 個流程評估點，共計

覆蓋信息科技風險點 83 個，檢查點 189 個。

（一）該稽核報告對中心過往檢查的整改情況予以體現，對列示的問題列明制度依據，同時對被稽核人需承擔的責任予以界定

該稽核報告指出，A 保險公司和 B 數據中心的信息科技管理情況總體良好，同時在部分具體的內部控制活動上，與國家標準和保監會監管指引要求存在差距。其中，在信息系統資產管理、業務持續性計劃及第三方服務外包管理等領域的工作控制和執行做得較好，在信息系統安全管理和信息系統項目管理等領域的工作控制和執行等方面還有待進一步改善加強。稽核報告風險揭示全面、稽核建議具有針對性和可操作性，能促進被審計單位完善管理。

（二）該稽核報告緊扣重要問題，在重點領域和關鍵環節查深查透，開拓審計思路、拓寬審計視野，對後期的 IT 合規稽核項目具有很好的啓發、示範效果

共發現問題 27 個，其中，信息科技治理 5 個、信息系統安全管理 6 個、信息系統運行管理 6 個、信息系統項目管理 9 個、信息系統資產管理 1 個。這些稽核發現具有較高的稽核價值，問題形成原因分析透澈、切實找出問題的根源所在，分析問題的深層次原因，確定問題背後的因素。其中，有 4 個重要稽核發現成果，涉及 A 保險公司 IT 管理制度建設、IT 條線考核評價體系有待更新，缺少信息安全專崗，分公司 IT 人員配置不足且流動率高，未建立信息化資產分類、分級安全管理規定和實施細則，集中營運任務管理系統部分管理人員地區權限配置不當，總公司職場部分終端存在安全軟件衝突問題，在終端網絡准入、USB 管控與桌面管理等方面缺乏相應的管控措施，電銷系統開發人員在高密級的生產數據庫中擁有高權限，部分應用系統開發人員仍承擔部分重要運維工作職責，開發運維職責未分離等方面。

三、審計報告利用情況及產生的成效

報告被評為 2017 年優秀稽核報告，在稽核成果評選中，評定為 4 條重要稽核發現。報告在發送至被稽核單位後得到了集團運管部的關注並引起了 A 保險公司運管部的重視，A 保險公司採納了報告列示的所有稽核發現，並指出這些稽核發現有助於 A 保險公司提升 IT 管理水準、工作效率、改進風險管理水準、增加價值。特別是在組織架構、崗位的完善及集團信息安全諮詢項目的推廣實施方面起到了重要推動作用。

第十九章　非現場稽核（計算機輔助審計）及其典型案例分析

太平稽核將以計算機輔助審計技術為核心的非現場稽核作為戰略發展方向，從成立伊始，即成立非現場稽核部，探索計算機輔助審計（CAAT）技術運用，利用計算機輔助審計技術，提升審計效率和審計深度。

第一節　計算機輔助審計概念及運用

審計人員大部分工作是翻閱和檢查被審計單位各類經濟活動生成的書面文檔，從中收集審計證據，以支持其結論。隨著各業務單位信息化水準的提升，越來越多的經濟活動以電子數據方式進行處理和記錄，審計人員開始通過分析被審計單位經濟活動的電子數據，從中查找證據或線索，計算機輔助審計（CAAT）技術越來越受到審計部門的重視，成為提升審計深度與效率，降低審計風險的重要手段。

一、計算機輔助審計概念

參照《布林克現代內部審計學》的定義，計算機輔助審計（CAAT）是一個受內部審計人員控制的專用計算機程序，可用於測試或分析計算機文檔中的數據，分析並匯總這些數據，同時開展其他的審計測試。在計算機輔導審計技術基礎上，內部審計部門將事後審計中使用的審計計算機程序嵌入到業務處理中，實現了嵌入式審計或持續性審計，實現審計事中控制。

計算機輔助審計技術運用是內部審計技術的重大進步，是對傳統的以風險為導向的內部審計理念的重要補充，對內部審計風險提升審計效率和質量，防範審計風險產生了重大的推動使用。①審計實現全量審計，不再

是抽樣審計。以風險為導向的審計理論基礎之一認為，審計受資源限制等，不可能對所有經濟活動進行審計檢查，因此需要在風險評估基礎上，對重要風險領域投入更好的審計資源，揭示經濟活動存在的重大風險。計算機輔助審計技術使審計人員借助計算機手段，將過去需要人逐一檢查的業務，由計算機程序按照審計人員的控制，對業務進行逐一檢查，發現異常或違規的交易。②極大提升審計效率和質量。由於計算機程序對業務數據進行檢查，效率高，也不會像人工檢查出現因審計人員個人經驗、疲勞、疏忽等出現的錯漏，審計質量和效率極大提升，特別是對於舞弊、詐欺事件等極低發生概率的風險事件檢查，計算機輔導審計發揮著越來越重要的作用。

二、計算機輔助審計常用的方法

計算機輔助審計的方法分為兩類：一是基於規則的方法（或基於審計經驗的方法），二是基於統計或數理分析的方法。

基於規則的方法（或基於審計經驗的方法），是審計人員通過對內部控制或流程的分析，或通過審計經驗總結，利用計算機輔助審計程序針對性提取某類型交易，進行審計程序。如，根據公司內部控制制度，張某支付審批權限為1,000元以下交易，審計人員可以通過 SQL 程序，從數據庫支付數據中，提取僅張某審批且金額超過1,000元的交易，或張某審批，對某一交易對手連續支付累計金額超過1,000元的交易，發現存在上述類型交易，審計人員可以針對交易進行調查是否存在控制失效或舞弊行為。又如，根據審計案例分析，發生挪用客戶退保保費的行為，作案人員經常會在支付客戶退保保費前，變更客戶支付帳戶、聯繫方式等，實現侵占客戶退保保費的目標，審計人員可以通過 SQL 程序，從數據庫中提出在退保前辦理了客戶帳戶、聯繫方式變更的交易，進行深入調查。

基於統計或數理分析的方法，是審計人員通過對數據的統計分析，發現異常領域，進行深入分析。

常用的方法有兩種：一是分析性復核方法。分析性復核，是指審計人員分析被審計單位重要的比率或趨勢，包括調查這些比率或趨勢的異常變動及其與預期數額和相關信息的差異，如同比分析、環比分析、趨勢分析等。分析性復核是審計中常用的審計程序，在審計計劃風險評估、審計實施階段、審計報告階段都發揮著重要作用。二是統計學中的離群值分析方法。離群值（outlier），也稱逸出值，是指在數據中有一個或幾個數值與其

他數值相比差異較大。在統計分析中，一般需要對離群值進行處理，避免對總體的分析結論造成干擾。審計往往會關注偏離內部控制或正常業務狀態的經濟事項（如舞弊、詐欺）等，因此產生離群值的業務是審計需要重要關注和檢查的內容。常見的離群值分析方法有均值-標準差分析、分位數分析、迴歸分析方法等。

第二節　太平稽核計算機輔助審計（非現場稽核）發展之路

　　太平稽核一直以來重視科技信息技術在內部稽核工作中的運用，積極利用科技信息等創新技術提升內部稽核效率與質量。太平稽核成立初期，即依託於太平保險集團營運和數據集中的優勢，開展非現場稽核工作。近年來，太平稽核學習和貫徹中央科技強審精神和審計署數字化稽核方法，探索大數據和金融科技技術在稽核中的運用，利用數字化的稽核方式和智能化的稽核工具，提升稽核檢查能力和效率，及時揭示風險，打造一支掌握現代金融科技技術的複合型稽核人才隊伍。

一、以「全面提升非現場稽核水準」為重點，提升內部稽核檢查能力

（一）非現場稽核覆蓋面不斷提升，實現高效、精準稽核

1. 非現場稽核風險點占比大幅提升，提升現場稽核檢查針對性

　　境內保險業子公司分支機構稽核檢查項目中，在現場檢查前，均實施非現場風險評估和非現場稽核，不斷提升通過非現場稽核實施檢查的風險點比重，實施非現場風險評估和稽核檢查的風險點數量占比，從 2016 年的 28.45% 提升到 2018 年 8 月底的 53.01%，提升了現場稽核檢查的針對性和效率。

2. 實施非現場稽核機構持續增長，降低稽核成本

　　根據風險評估和非現場稽核結果，對風險較小分支機構實施非現場稽核，降低稽核成本。境內保險業子公司實施非現場稽核檢查的機構數量占比，從 2016 年 25.05% 提升到 2018 年 8 月底的 35.4%。

（二）創新大數據監測手段，發揮非現場監測的靈活性和及時性，及時揭示重大風險

　　利用子公司全量數據，結合外部大數據資源，發揮數據分析手段靈活

性和及時性優勢，開展非現場監測，提升揭示風險的及時性。

1. 針對重大風險和監管重點關注問題，通過數據分析進行監測，及時揭示重大風險

在 2016 年和 2017 年，分別對某公司分紅險、萬能險保險營運和資產投資進行非現場監測，及時揭示了在分紅險分紅計算、萬能險帳戶價值計算準確性方面存在的系統錯誤。2018 年，針對某公司承保的中小企業貸款保證保險，結合外部大數據進行風險排查，發現存在部分已經發生違約行為的中小企業投保保證保險。上述稽核發現得到集團公司和相關子公司高度重視和充分肯定，推動相關公司進一步完善了風險管理框架和內部控制體系，避免了公司未來可能產生的重大損失。

2. 加強與子公司、區域中心現場檢查配合，對移交問題線索進行全系統數據風險排查

如 2018 年，根據某公司委託，對全系統管理人員及關鍵崗位人員投資辦企業行業進行排查，發現存在管理人員外辦企業或任職其他企業董事、監事和高級管理人員的情況，將相關排查結果納入公司巡察工作，進行深入檢查。

二、以建立數據分析與挖掘能力為核心，創新稽核技術

太平稽核對標審計署對稽核隊伍數據分析能力要求，不斷提升自身數據分析能力，創新稽核技術。非現場稽核工作從起步階段主要依賴子公司已有報表數據和太平金融科技服務（上海）有限公司的技術人員提取數據，到目前實現建立自身的數據分析、挖掘能力，能適時根據稽核檢查需求，分析和挖掘風險數據。同時，緊跟金融科技的時代腳步，積極探索利用外部公開數據和人工智能技術，開展基於大數據的人工智能稽核。

（一）整合子公司財務、業務數據，建成稽核數據集市

太平稽核從 2016 年起，開始建設稽核數據集市，整合子公司財務、業務數據。目前已實現數據 T+1 自動同步到稽核數據集市。同時，通過遠程訪問方式，連接太平資產管理有限公司的投資數據庫，實現對投資數據的遠程分析和監測。

（二）熟悉 SQL 數據抓取與解析，實現內部風險數據腳本程序自主開發，提取風險數據更準確，稽核檢查深入代碼層

目前，稽核檢查所需的風險數據腳本程序均自行開發。通過對子公司數據結構和數據腳本程序的掌握，能深入系統代碼層面進行檢查。

（三）建立風險指標動態監測體系

學習審計署數字化稽核思路，自主開發了產壽養三家子公司的主要風險指標監測系統，實現風險指標可視化展示，及時發現風險異動，開展針對性檢查。

三、以數據分析與挖掘能力培養基礎，打造大數據時代的複合型稽核人才隊伍

太平稽核將數據分析能力建設作為稽核隊伍能力建設的重要組成部分，積極培養複合型稽核人才隊伍。目前非現場稽核部員工均掌握檢查領域的子公司業務、財務系統數據結構，具備從相關係統提取分析和挖掘數據的能力，16人獲得SAS數據挖掘認證資格，掌握數據挖掘算法。太平稽核建立了掌握金融科技技術的數據工程師隊伍，並通過外部招聘和內部培養，初步建立了一支掌握開展大數據稽核所需機器學習、網絡爬蟲技術的數據工程師隊伍。

第三節　計算機輔助審計技術面臨的挑戰

計算機輔助審計技術在提升審計質量和效率方面發揮著越來越重要的作用，太平稽核從成立伊始即重視計算機輔助審計技術的研發，成立了專門的非現場稽核部門，積極研發計算機輔助審計模型。經過近十年的探索，我們也意識到，基於金融保險機構內部業務、財務數據的計算機輔助審計面臨難以突破的瓶頸。

一、計算機輔助審計效果受制於金融保險機構數據治理水準

一般而言，金融保險行業信息化水準在各行業屬於較高水準。近年來，公司信息化水準提升迅速，但數據治理往往落後於系統建設，如內部數據字典、數據規範等建設滯後，為審計人員準確、完整掌握內部數據帶來極大挑戰，數據分析常講「Garbage in，Garbage out」（垃圾進，垃圾出），即分析數據錯誤或不準確，審計結論就會失之千里甚至造成審計風險事件。

二、內部數據難以反應經濟業務的全貌，導致計算機輔助審計覆蓋面有限

金融保險機構只能記錄在經濟業務在公司內部的處理過程，經濟事項一旦離開公司內部，往往難以完整記錄，如公司將一筆款項支付到第三方，第三方的背景及後續的資金流，內部審計部門難以進一步追蹤（這也是國家審計相對內部審計具有優勢），因此計算機輔助審計可以協助審計人員找到異常或風險交易，還需要現場審計進行進一步調查取證。

三、計算機輔助審計效果受制於審計人員經驗水準

計算機輔助審計實質是將審計人員的審計思路或方法，通過計算機語言編程的方式實現。因此審計人員經驗和水準是計算機輔助審計效果的重要制約。不可否認，審計人員專業能力提升是內部審計部門持續面臨的挑戰，同時，審計人員和被審計對象處於信息不對稱的地位，也經常出現「道高一尺，魔高一丈」的情景。

面對挑戰，太平稽核以「求實、專業、進取」稽核文化引領，根據中央「科技強審」要求，在學習和瞭解大數據、人工智能等金融科技發展趨勢的基礎上，提出了基於人工智能技術的大數據內部審計發展戰略，開啓內部審計發展新篇章。

第四節　典型案例分析

一、案例背景

分紅保險是某集團下壽險子公司主流產品，產品份額位居公司首位，該產品運作複雜，尤其是原保監會 2015 年 9 月完成人身險費率市場化改革後，將分紅保險產品定價權交還保險公司，產品預定利率（或最低保證利率）由保險公司根據市場供求關係自主確定，更增加分紅保險運作管理的複雜程度。因此，對分紅保險實施審計可深入評價保險公司產品定價、精算評估、財務核算、營運管理、投資運作等諸多領域，以及業務系統、財務系統相關功能模塊運行情況，對於評價公司業務經營管理具有重要意義。

二、審計目標

評價壽險公司分紅保險控制和管理情況，包括分紅保險運作和管理是否符合監管規定，分紅險準備金和紅利計算數據是否準確、合理，分紅險資金調撥是否正確，紅利分配處理是否正確，分紅險投資運作是否符合監管和公司規定等。

三、審計過程

（一）項目準備階段

1. 充分利用各類審計項目資源

日常做好內外部制度和流程的收集和整理，尤其是一些涉及保險公司整體經營管理的制度和流程應按照時間和類別進行重點整理。這樣，可保證在審計項目開始前通過查找相關制度和流程等迅速掌握相關業務基本概況和運作方式，可迅速定位涉及的部門和需獲取的資源，以有的放矢地開展相關工作，提高審計效率。

2. 做好事前的知識儲備和深入調研

包括結合項目組成員的知識結構和能力，在審計項目開始前對分紅保險的運作進行深入的學習和討論。項目組結合項目組成員自身能力情況開展了針對行業的內部培訓，聘請精算專家為項目組成員補課，並通過「頭腦風暴」等討論形式，模擬產品管理和運作流程，深入地瞭解分紅保險產品運作。

3. 在對理論深入討論和學習基礎上，通過現場調研深入瞭解分紅保險實際運作過程

具體瞭解分紅保險總體情況，分紅的決策流程，紅利確定過程、派發流程，分紅險準備金計提流程、方法，分紅保險的資金劃撥和投資策略等。摸清分紅保險運作的實際流程以及各部門的職責分工。

（二）非現場檢查階段

通過各類制度、流程以及調研情況，製作分紅保險運作流程圖，梳理並分析分紅保險運作管理中的關鍵控制點，確定具體測試流程。

利用 SQL 從業務、財務系統數據提取相關所需各類基礎數據，包括分紅保險產品基本數據和基本信息、紅利分配數據、資金調撥數據和分紅險投資基本清單等。向相關業務單位等獲取分紅險各類手工臺帳、記錄和業務處理表單，以及部分系統控制模塊代碼和系統說明等。

在進行具體業務檢查時，一是結合內外部相關制度，比對分紅保險各

環節具體運作、處理是否符合相關要求，評價分紅保險運作的合規性；二是結合分紅保險流程設計要求，評價各環節制度、流程的合理性，檢查各環節作業是否按照既定的要求運作，評價分紅保險運作過程中內部控制情況；三是通過業務和財務系統數據，通過各類數據比對、分析和處理方法，核對數據的真實性和一致性。

四、審計結果及成效

通過檢查，主要發現的問題有：

（1）部分分紅險投資資金用於非分紅帳戶資金支出，且未及時撥付分紅投資帳戶，涉及資金××筆，總額累計約××億元，主要用途包括日常營運和傳統險業務退保等。

（2）分紅險資金撥付數據計算程序存在錯誤，導致資金撥付不準確，累計資金劃撥數據少計約××億。包括，程序未能考慮數據維護、保全追溯等因素，導致提取的資金劃撥數據少計××億元。撥付程序提取數據不完整，遺漏了團險退休金分紅等產品產生的業務收支××億元。

（3）分紅險「營業費用」的分攤歸集方式不合理，主要有在整體變動費用中扣除可核算至產品（分紅、萬能、投連、傳統）的費用後的所有剩餘變動費用，未按照精算報告的分攤方法進行歸集，虛增了分紅險的費用總額，影響資金調撥及分紅報表的準確性；以及部分新渠道業務，「借用」老銷售渠道代碼進行核算，導致財務核算的費用內容與精算提供的費用分攤率的口徑不一致，涉及營業費用累計××億元。

本項目在完善子公司資金和流動性管理，IT系統建設和改造，財務和業務數據一致性管理等方面發揮了非常重要的作用。

稽核報告得到集團公司和子公司高度重視，相關公司積極組織進行問題整改，包括修訂完善了相關制度，改變了工作流程，加強系統控制等。

五、思考及啟示

隨著信息技術的快速發展以及公司信息化程度的逐步提高，公司在資源和人員受限的情況下，非現場稽核可發揮越來越大的作用，既可節省成本，還能有效地拓展稽核範圍。通過對海量數據的快速處理、分析，能很好地揭示相關業務發展的特點和規律，進而發現系統性的問題和線索。並且通過非現場稽核，可突破現場審計人員、時間和資源的限制，擴大了稽核覆蓋面，有效防控公司風險。

第二十章　全面質量管理體系

　　隨著審計工作的不斷深化和審計影響的不斷擴大，審計質量越來越成為影響審計事業生存與發展的重大問題。加強內部審計質量，進一步提高內部審計監督與服務水準，是新形勢下對內部審計工作的新要求。內部審計質量是內審工作的生命，它直接影響到審計監督作用的發揮水準，成為衡量全部審計工作優劣的標準，也是內審機構提高知名度和權威性的關鍵。內部審計工作要實現其職能，就必須要有較高的內部審計質量，只有不斷提高內部審計工作質量，才能真正實現內部審計的目標。它主要體現在：審計依據資料的真實性，審計評價的準確性，審計意見和審計決定的合法性、嚴肅性、權威性以及審計結果的效益性。新的形勢對內部審計工作提出了新的要求，要求審計監督更到位，評價更準確合理，也就是要求審計工要保證更高的質量。

　　高質量的內部審計對本單位各部門的工作情況能夠做出客觀、公正準確的結論，及時提出合理、有效地改進意見和建議，為本單位領導進行科學合理決策提供條件，又為實現本單位工作目標提供了參謀服務。較高的審計質量可以有效的降低審計風險，同時可以較好地解決會計信息失靈的問題，有助於防範和化解本單位的財務風險，強化單位內部控制系統，增強科學管理意識。只有切實提高審計質量，才能強化審計效能、防範審計風險，才能適應形勢變化需要，才能帶來科學的審計成果和良好的審計效益。

　　多年來，太平稽核一直致力於建立全面質量管理模式，持續推動專業化運作。經過多年不懈努力，初步建立了較為完整的審計質量管理體系，形成了以審計整體質量管理和審計業務質量管理為核心的內部質量管理架構，構建標準化內部審計管理流程。

第一節　引入 ISO9001 質量管理體系

太平稽核自從成立以來，根據內部審計準則建立了質量管理體系，公司大部分文件尤其是記錄已逐步建立起來，公司領導以身作則，工作嚴謹，形成了獨特的企業文化，員工凝聚力較強，管理人員素質較高，業務運作順暢，業務質量較高。但是由於未建立符合國際標準的質量管理體系，未編製標準化的《質量手冊》，質量方針和質量目標不明確；客戶滿意度管理職能不清晰，業務質量不合格管理、糾正措施和預防措施尚未形成文件。公司雖然建立了大部分管理制度，但不夠系統和完善，制度「補丁」或「碎片」「補丁」中的「補丁」較多，一項工作的要求散落在時間間隔較長的多個文件中，員工尤其是新員工難以瞭解一個制度的全貌。

2013年，太平稽核率先引入 ISO9001 質量管理體系，規範內部審計作業流程和質量控制要求，全面提升質量管理水準，將質量管理上升到戰略高度，這在中國內審行業中還是首例。該標準以領導作用、全員參與、管理的系統方法、持續改進等作為質量管理基本原則，以過程管理作為質量管理體系的基礎模式，通過質量管理體系的有效運用使組織具有持續提供滿足顧客要求和適用的法規要求的產品或服務的能力，以達到顧客滿意。

一、嚴格按照 ISO9001 標準要素實施（見表 20-1）

強調以顧客為中心的理念，明確公司通過各種手段去獲取和理解顧客的要求，確定顧客要求，通過體系中各個過程的運作滿足顧客要求甚至超越顧客要求，並通過顧客滿意的測量來獲取顧客滿意程序的感受，以不斷提高公司在顧客心中的地位，增強顧客的信心；明確要求公司最高管理層直接參與質量管理體系活動，從公司層面制定質量方針和各層次質量目標，最高管理層通過及時獲取質量目標的達成情況以判斷質量管理體系運行的績效，直接參與定期的管理評審掌握整個質量體系的整體狀況，並及時對於體系不足之處採取措施，從公司層面保證資源的充分性；明確各職能和層次人員的職責權限以及相互關係，並從教育、培訓、技能和經驗等方面明確各類人員的能力要求，以確保他們是勝任的，通過全員參與到整個質量體系的建立、運行和維持活動中，以保證公司各環節的順利運作；明確控制可能產生不合格產品的各個環節，對於產生的不合格產品進行隔

離、處置，並通過制度化的數據分析，尋找產生不合格產品的根本原因，通過糾正或預防措施防止不合格發生或再次發生，從而不斷降低公司發生的不良質量成本，並通過其他持續改進的活動來不斷提高質量管理體系的有效性和效率，從而實現公司成本的不斷降低和利潤的不斷增長；通過第三方專業的審核可以更深層次地發現公司存在的問題，通過定期的監督審核來督促公司的人員按照公司確定的質量管理體系規範來開展工作。

表 20-1　　　　　　　　ISO9001 **標準要素**

質量管理體系	4.1 總要求
	4.2 文件要求
	4.2.1 總則
	4.2.2 質量手冊
	4.2.3 文件控制
	4.2.4 記錄控制
管理職責	5.1 管理承諾
	5.2 以顧客為關注焦點
	5.3 質量方針
	5.4 策劃
	5.4.1 質量目標
	5.4.2 質量管理體系策劃
	5.5 職責、權限與溝通
	5.5.1 職責和權限
	5.5.2 管理者代表
	5.5.3 內部溝通
	5.6 管理評審
	5.6.1 總則
	5.6.2 管理評審輸入
	5.6.3 管理評審輸出

表20-1(續)

資源管理	6.1 資源的提供
	6.2 人力資源
	6.2.1 總則
	6.2.2 能力、培訓和意識
	6.3 基礎設施
	6.4 工作環境
服務實現	7.1 產品實現的策劃
	7.2 與顧客有關的過程
	7.2.1 與產品有關要求的確定
	7.2.2 與產品有關要求的評審
	7.2.3 顧客溝通
	7.3 設計和開發
	7.4 採購
	7.5 生產和服務的提供
	7.5.1 生產和服務提供的控制
	7.5.2 生產和服務提供的確認
	7.5.3 標示和可追溯性
	7.5.4 顧客財產
	7.5.5 產品防護
	7.6 監視和測量設備的控制
測量分析和改進	8.1 總則
	8.2 監視和測量
	8.2.1 顧客滿意
	8.2.2 內部審核
	8.2.3 過程的監視和測量
	8.2.4 產品的監視和測量
	8.3 不合格控制
	8.4 數據分析
	8.5 改進
	8.5.1 持續改進
	8.5.2 糾正措施
	8.5.3 預防措施

建立文件化的體系。根據ISO9001：2008標準的要求，結合太平金融

稽核服務（深圳）有限公司業務的實際，建立公司質量管理體系文件體系。由於文件的作用是溝通信息，統一行動。對於公司來講，需要通過文件來溝通的信息很多，因此，必須考慮文件的層次和文件之間的協調。質量管理體系文件構成如圖20-1所示。

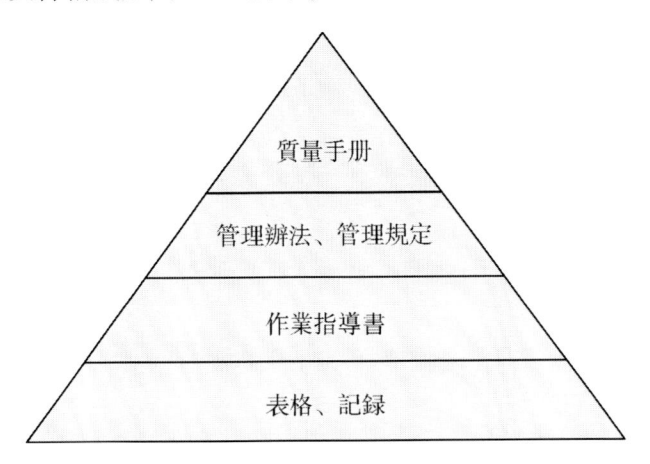

圖20-1　**質量管理體系文件**

　　質量管理體系文件結構的基本指導思想：層次分明、分類合理、力求統一。層次分明是指文件系統將按照質量手冊、管理辦法/規定、作業指導書、記錄的層次來建立，下一級是上一級的細化，支持上一級。分類合理是指按照管理/業務過程，將有關的管理辦法/規定和作業指導書等形成相應的管理/業務工作模塊，以便於使用。減少重複。與各部門的相關聯的文件整合，強調文件之間的協調性，盡可能採用引用關係，減少不必要的重複，便於後期的文件維護和減少文件內容之間的矛盾。力求統一是指對於可以統一規範的業務，力求統一，以便於實際操作和檢查。

　　《質量手冊》明確公司質量管理體系的框架，規定公司的質量方針，描述公司組織結構，文件化的管理體系構成。管理辦法、管理規定，規定公司或部門各類管理活動的目的、適用範圍、說明這些活動如何實施、控制和記錄，依據標準建立的程序，此類文件涉及公司整體運作或跨部門/崗位的運作。作業指導書，明確指導各類業務、管理的具體作業方法和要求的文件。表格和記錄，記錄工作結果的見證類文件，記錄可以分為表格化和非表格化兩種。

　　2013年9月，太平金融稽核服務（深圳）有限公司獲得英標管理體系認證（北京）有限公司頒發的《ISO9001：2008國際質量管理體系認證》證書，2017年8月，再次獲得英標管理體系認證（北京）有限公司頒發的《ISO9001：2015國際質量管理體系認證》證書，成為國內內部審計領域首

家通過 ISO 質量體系認證的機構。ISO9001 獲得質量體系認證是取得進入國際市場的敲門磚，也是企業開展供應鏈管理很重要的依據。

引入 ISO9001 質量管理體系，使太平金融稽核服務（深圳）有限公司質量管理水準上升到一個新的高度。

第二節　採取多項舉措，實施嚴格的内部質量管理

建立科學的内部稽核質量評價體系並引入內部審計質量外部評估，堅持每年審計質量內部評估。建立內審作業質量評分體系，設定流程評審「一票否決」分數底線，不斷豐富審計内容、引用制度、審計證據、風險原因分析、審計建議審計報告等指標體系內涵，優化項目質量評價體系。

一、嚴格的稽核項目質量過程管控

（一）強化過程管理，依據《中國內部審計準則》，重點對稽核項目的非現場準備、現場工作、工作底稿、稽核報告、稽核整改等五個方面進行質量過程管控，同時實行時效管理

1. 稽核方案

是否編製稽核方案；人員安排是否符合客觀性，相關人員是否具有勝任能力，資源和時間安排是否充足、合理；審計範圍及重點内容是否合理；重要性水準的確定和審計風險的評估，是否結合相關數據和資料對主要風險事項如稽核合規紅線、各業務條線稽核重點、異常扣分內容以及被稽核單位經營情況和特點進行評估並形成檢查方案；對審計目標有重要影響的審計事項的審計步驟和方法是否恰當，是否得到相關人員審批；是否對重要風險領域的異常數據進行分析，分析結論情況；稽核方案調整是否經過審批。

2. 現場工作

現場工作是否符合職業道德規範和工作紀律要求；是否遵守現場工作紀律，是否具備團隊合作精神；稽核人員是否與被稽核單位及相關機構和人員進行了必要的溝通，保持良好的人際管理；現場對於審計範圍受限或舞弊等重大風險跡象是否進行了及時向適當的人員進行了匯報；重要風險領域的抽樣依據和抽樣範圍是否遵循相關性和充分性，是否能反應檢查的總體；是否按照既定的檢查方案對重要風險領域進行檢查並記錄檢查結果。

3. 工作底稿

稽核證據是否充分，在數量上是否足以支持稽核結論、意見和建議；稽核證據與稽核事項及其具體稽核目標之間是否具有實質性聯繫，即相關性；稽核證據是否可靠，是否能夠反應稽核事項的客觀事實；稽核證據是否得到相關人員的有效復核；工作底稿編製是否符合時效要求；工作底稿內容記錄是否完整、清晰，結論是否明確，評價（或評分）是否客觀、準確；工作底稿是否記錄了與稽核證據之間的關聯；工作底稿是否進行了復核。

4. 稽核報告

稽核報告的編製是否實事求是、不偏不倚地反應稽核事項；稽核報告描述是否清晰、完整；稽核報告定性是否準確，引用制度是否合理、恰當；稽核發現問題原因分析是否深入；稽核建議是否切實可行；對被稽核單位反饋意見處理是否符合規定；稽核報告時效是否符合要求。

5. 稽核整改

整改確認時措施及整改證據是否真實有效，是否對上次整改情況進行核實。

6. 時效管理

稽核報告及系統操作時效是否符合要求。

(二) 稽核項目主審、各級複核人、報告最終審批人各負其責，分別對上述評價事項進行評價（見表 20-2 稽核項目質量職責明細表）

表 20-2　稽核項目質量職責明細表

項目階段	工作內容	相應職責			
		組員	主審	項目所在單位管理層（分為區域和總部）	總部業務條線管理層	中心總經理室
非現場準備	稽核通知書格式、發送對象、時效等是否符合要求	起草人按照公司格式和內容要求編製並及時發送稽核通知書	負責仔細核對通知書內容、並跟蹤、督促稽核通知書發送情況	負責審批稽核單位管理層（分為區域和總部）		
	項目非現場資料收集是否齊全、完整	根據通知書所列資料按照工作情況進行非現場查檢並將不完整情況反饋至項目組長	負責匯總資料缺失情況並進行記錄，同時督促被稽核單位報送並記錄最終報送結果	負責審批稽核通知書內容、確認項目人員、時間安排與區域（部門）工作安排相符		
	是否編製項目稽核工作方案，是否組織召開並參與風險評估會議	形成項目稽核方案，參與風險評估會議	負責編製項目稽核方案，牽頭組織召開風險評估會議	負責審批稽核工作方案		
	稽核工作方案中稽核項目目標和範圍確定是否合理	結合稽核目標、稽核範圍、重要性水準進行分析結論，相關業務條線加稽核紅線，異常情況和特點進行分析並形成分工方案，對的審計項目做影響是否恰當，是否得到重要風險領域異常數據進行分析，分析結論符合方法	結合年度稽核計劃的內容負責編製具體稽核範圍	負責審批稽核項目的工作目標和範圍是否符合要求		
	重要性水準的確定和審計風險的評估是否結合相關數據和資料對主要風險點稽核紅線、各業務條線稽核紅線、異常情況和特點進行分析，對所形成的審計項目做影響是否恰當，是否得到重要風險領域異常數據進行分析，分析結論符合方法	審查分析結論、稽核程序和方法是否合理，匯集組員相關內容，協調不同人稽核方案，形成分工的檢查分工	負責分析結論、稽核程序和方法		負責審批相關分析結論、稽核程序和方法。	

第二十章　全面質量管理體系　171

表20-2（續）

項目階段	工作內容	相應職責			
		組員	主審	項目所在單位管理層（分為區域和總部）	總部業務條線管理層	中心總經理室

項目階段	工作內容	組員	主審	項目所在單位管理層（分為區域和總部）	總部業務條線管理層	中心總經理室
非現場準備	重要風險領域的抽樣範圍是否遵循相關性、是否能反應經濟性、是否能反應檢查的總體。	應當根據稽核目標和稽核對象的特徵，選擇確定抽樣方法，對重要風險領域應按相應規定抽樣，使抽樣依據和範圍遵循相關性，充分性和經濟性，合理反應檢查總體。	負責復核相關人員抽樣程序、方法是否合理，抽樣是否達到既定要求，對不合理的情況要求相關人員改正。			
	人員安排是否保障內部稽核的客觀性，相關人員是否具有勝任能力，資源和時間安排是否充足，合理。			負責安排項目組人員，規劃審計時間等資源，保障內部稽核項目的客觀性、項目成員是否具有勝任能力，資源和時間安排是否充足，合理。		
	工作方案調整是否經過審批。		項目開展中遇到特殊情況需調整審計方案時需進行上報。	負責審核並批准調整後的審計方案。		
現場工作	現場工作是否符合職業道德規範和工作紀律要求。	工作中應按照要求遵守職業道德規範和工作紀律。	負責監督和評價項目組員職業道德遵守情況和工作紀律遵守情況，對違反的情況進行報告。	對發現的違反職業道德遵守情況和工作紀律進行處理。		
	現場對於審計範圍受限或重大風險跡象等及時進行了匯報及處理。	對於出現審計範圍受限或無嚴重大風險跡象時應反時向適當的人員報告並主審。	應結合組員報告內容，給出初步處理意見並及時匯報項目復核人。	負責審核項目組長的處理意見並給予指導意見，特殊事項上報業務條線或中心總經理室（總部項目）審批。	負責特別事項的審核，重大事項報告總經理室	對業務條線上報的重大特殊事項進行審批

表20-2（續）

項目階段	工作內容	組員	主審	相應職責 項目所在單位管理層（分為區域和總部）	總部業務條線管理層	中心總經理室
現場工作	是否按照既定的檢查方案對重要風險領域進行檢查並記錄檢查結果。	按照既定的檢查方案進行相關檢查。	現場復核稽核人員是否按照相關方案實施檢查，對不符合的情況要求稽核人員進行改正。	結合工作底稿抽查重要風險領域的稽核情況，評價相關工作。		
	是否就稽核發現與被稽核單位進行充分溝通，對於核實有異議並進行反饋。	應撰寫離場溝通稿，現場應就稽核發現與被稽核單位進行充分溝通，對稽核結果有異議並反饋。	匯總和復核離場溝通稿，對不適當內容或審計程序不充分補充審計程序。組織召開離場溝通會，對被稽核單位反饋的內容要求稽核人員復核並對反饋意見是否充分、審計結論是否恰當。			
			審批稽核項目組對被核單位反饋意見的處理是否得當。			
	是否與組織內外相關機構和人員進行必要的溝通，妥善地化解人際衝突，保持良好的人際關係。	稽核人員應當主動、及時地進行內外部的溝通，以保證信息的快捷傳遞和充分交流及時、妥善地化解人際衝突，保持內外部良好的人際關係。	協調稽核項目組的人際關係處理，評價項目組成員人際關係處理是否不當。人際關係處理不當報告人際關係負責與被稽核單位負責人溝通。	根據項目組長報告情況採取措施改進人際關係。		

第二十章　全面質量管理體系 | 173

表20-2（續）

項目階段	工作內容	相應職責			
		組員	主審	項目所在單位管理層（分為區域和總部）	總部業務條線管理層	中心總經理室
工作底稿	工作底稿編製是否符合時效要求；	應按照項目主審要求及時完成工作底稿。	復核確認稽核人員是否按照要求完成工作底稿			
	工作底稿內容記錄是否完整、清晰，結論是否明確，評價（或評分）是否客觀、準確。	工作底稿記錄應清晰、完整，結論明確，對於工作底稿不完善的內容應按照復核人要求修改，但對於結論與復核人意見不一致的情況可在底稿中記錄。	負責詳細復核工作底稿的清晰、完整，結論是否明確，並將復核意見在底稿中記錄。	對重要風險點（或重要測試內容）的工作底稿的進行復核	對重要風險點（或重要測試內容）的工作底稿的進行復核	
	工作底稿是否記錄了與稽核證據之間的關聯；	工作底稿與稽核證據建立關聯，便於檢索、查看、對照。	應負責復核工作底稿與稽核證據是否建立了關聯			
	稽核證據和工作底稿是否進行了復核；	根據復核人意見及時完善底稿，對於不同意復核人意見的，可以將復核人意見在底稿中記錄。	對發現審計工作底稿和稽核證據存在復核問題和稽核證據應當在復核意見中加以說明，應人員補充或者修改相關工作底稿及稽核證據	對重要測試內容）的工作底稿的問題和稽核證據在復核意見中加以說明，應人員補充或要求修改相關工作底稿及稽核證據		
	稽核檔案的歸檔和保管	稽核項目完成後，應及時對稽核工作底稿等進行分類整理，轉交項目組長。	檢查項目組稽核檔案歸檔情況，同時及時整理，匯總項目組成員相關檔案，並轉交檔案管理人員。	對歸檔情況進行释例和檢查		

表20-2（續）

項目階段	工作內容	相應職責				
^	^	組員	主審	項目所在單位管理層（分為區域和總部）	總部業務條線管理層	中心總經理室
稽核報告	稽核報告的編製是否審事項，不偏不倚地反應稽核事項；	編寫其負責部分的稽核報告，報告描述應簡要、不偏不倚，對於不符合要求的情況應按照復核稽核人員要求修改。	應結合工作底稿等詳細復核稽核報告編製是否要求、不偏不倚，不符合要求的情況（含異常、扣分類）應進行上報。	復核進入稽核報告的稽核發現描述是否事實求是，不偏不倚，在主審報告的內容的基礎上進行復審，對於稽核報告未進行重要事項、對於不符合要求的情況通知項目主審進行修改。	負責審核未進報告、異常扣分處理等重要事項，對區域分公司編製的稽核報告結合工作底稿進行復核、對於不符合要求的情況通知項目主審進行修改。	負責對報告中重大事項編製內容的最終審核
^	稽核報告描述是否清晰、完整，是否進行了原因分析；	編寫其負責部分的稽核報告，報告描述應清晰、完整，進行了原因分析，對於不符合的情況按照復核稽核人員要求修改。	結合工作底稿復核稽核報告描述是否清晰、完整，是否描述不完整要求稽核人員修改。	在主審復核基礎上對稽核報告中描述再次復核其情況、完整性及原因分析情況，對於不符合要求的情況通知項目主審進行修改。	對稽核復核基於公司項目類報告結合區域分公司工作底稿編製是否清晰完整，對於不符合要求的情況通知項目主審進行修改。	
^	稽核報告定性是否準確，引用制度是否合理、恰當；	編寫其負責部分的稽核報告，報告定性應準確，對於不符合要求的情況按照復核稽核人員要求修改。	結合工作底稿等詳細復核稽核報告定性等稽核標準情況，要求稽核人員修改。	在主審復核基礎上對稽核報告定性問題定性，對於不符合要求的情況通知項目主審進行修改。	對稽核復核結合公司工作報告結合區域分公司復核報告是否定性，對於不符合要求的情況通知項目主審進行修改。	負責對報告中重大事項定性的最終審核
^	稽核證據是否充分、相關、可靠。	稽核人員應在其能力範圍內或按照復核稽核人員要求收集充分、相關和可靠的稽核證據。	負責詳細復核稽核人員收集的稽核證據充分、相關和可靠性，對不符合要求的情況要求稽核人員補充稽核證據。	對寫入稽核報告中的稽核發現需要復核稽核證據充分、相關、可靠性。	復核重要稽核發現相關證據是否相關、可靠和充分。	

第二十章　全面質量管理體系　175

表20-2（續）

項目階段	工作內容	相應職責			
		組員	主審	項目所在單位管理層（分為區域和總部）	總部業務條線管理層	中心總經理室
稽核報告	稽核建議是否具有針對性、是否切實可行；	編寫具負責部分的稽核報告，建議應具切實、可行性，對於不符合的情況應按照復核人員要求修改。	結合報告內容詳細復核稽核建議是否具有針對性、是否切實可行，對應著的內容要求修改。	在主審復核基礎上對稽核建議再次進行復核，對於不符合要求的情況通知項目現場主審修改。	對於區域分公司項目類報告結合工作底稿二次復核稽核建議，對於不符合要求的情況通知項目修改。	負責報告對重大事項中重大修改內容整改的定性最終審核
	反時追蹤被稽核單位反饋、核實反饋資料的真實性、核實審稽核發現	應按項目主審要求及時追蹤被稽核單位反饋，核實被稽核資料的真實性，並根據反饋情況進一步核實稽核結果。	督促項目組員追蹤被稽核單位反饋、復核資料的真實性、追蹤項目組員的核實結果。			
	對被稽核單位反饋意見處理是否得當；	結合相關資料和核實的情況，撰寫稽核報告反饋意見，報項目主審審核。	結合相關資料審核稽核人員匯總並報告稽核人員反饋處理內容。	復核對反饋內容的處理意見。	復核報告重要內容反饋的處理意見。	負責重要報告反饋意見
	稽核報告的格式、內容編製是否符合要求		應按照公司格式要求編製稽核報告。	復核稽核報告格式、內容等是否不符合公司要求，對於不符合公司要求內容要求修改。		
	稽核報告時效是否符合要求；		在要求時效範圍內發送稽核報告，進行定期發送稽核報告的申請。	負責追蹤時效，特殊延期時效的審批。	負責報告延期的審批。	
稽核整改	整改確認時措施及整改證據是否真實、有效、合理、及時	負責審核整改措施對被稽核單位整改情況進行檢查、落實整改狀態、整改時效。	追蹤稽核整改過程，對項目組成員確認的整改情況進行復核。			

特別說明：

（1）稽核項目質量職責以中心稽核項目運作流程為基礎，通過參照《中國內部審計準則》和太平稽核發布的《稽核質量管理辦法》中的關鍵質量控制要素，制定了稽核項目質量控制的內容及控制標準，覆蓋了稽核項目作業全流程，突出不同項目管理階段中的重點內容，使項目管理做到有的放矢。

（2）根據稽核項目作業流程，在質量職責中將稽核項目的質量管理劃分為 5 個階段，即非現場準備、現場工作、工作底稿、稽核報告和稽核整改，與稽核項目質量評價表和稽核質量督查評價表設置保持一致，以便於相互對照。

（3）稽核項目質量職責共涉及 5 類角色，即項目組員、項目主審、項目所在單位管理層（按照中心項目開展情況分為區域項目管理層和總部項目管理層）、總部業務條線管理層、太平稽核總經理室，在不同的項目階段履行不同的職責。

其中項目所在單位管理層按照項目開展機構劃分為區域項目管理層和總部項目管理層，同時考慮各稽核項目在不同區域的復核、審批流程存在差異，在此不再具體區分內部職責（如區域部門負責人、區域負責人，以及區域部門正、副職職責，區域中心正、副職職責），由區域或總部結合自身情況確定內部授權，但應保證稽核項目的客觀、獨立性。

稽核項目主審圍繞上述全部評價事項完成情況，對項目組全體組員進行全面評價；各級復核人、稽核報告最終審批人根據《稽核項目質量評價表》相關評價事項，對稽核項目進行整體性評價（見表 20-3，表 20-4，表 20-5，表 20-6）。

表 20-3　　　　稽核項目組成員評價表（區域項目）

稽核項目名稱：		項目主審：	
現場時間（工作日）：		項目組成員：	
總分評價標準		單項評分規則	
優秀 [90，100]	項目各階段工作能嚴格遵守稽核業務相關規定，嚴格遵守稽核職業道德規範，工作表現出色；	優秀 [90，100]	某項工作完成出色，未發現任何重大稽核質量缺陷和一般稽核質量缺陷；
良好 [75，90]	項目各階段工作能較好地遵守稽核業務相關規定，嚴格遵守稽核職業道德規範，工作表現較好；	良好 [75，89]	某項工作完成較好，未發現任何重大稽核質量缺陷，但存在個別一般稽核質量缺陷；
合格 [60，75]	項目各階段工作基本遵守稽核業務相關規定，嚴格遵守稽核職業道德規範，工作表現基本滿意；	合格 [60，74]	某項工作完成基本滿意，發現1個重大質量缺陷或普遍存在一般質量缺陷；
不合格 [0，60]	項目各階段工作未能遵守稽核業務相關規定，或未能嚴格遵守稽核職業道德規範，工作表現較差。	不合格 [0，59]	某項工作完成較差，發現2個或以上重大稽核質量缺陷。
重大扣分事項	存在下列情況的「稽核項目得分」不得超過50分，直接責任人「個人評分」項下各評價事項直接評為・分：1. 嚴重違反現場工作紀律並引起被稽核單位投訴的；2. 屬於異常扣分、集團合規紅線或問責事項以及其他重要問題、風險未在稽核報告中予以揭示的。			

	組員姓名 評價事項	組員1	組員2			評價人 評價事項	區域部門負責人（或第三方復核人）（60%）	區域中心負責人（40%）
項目主審對項目組成員的個人評分	稽核方案（15%）			組員平均分	區域部門負責人、區域負責人對稽核項目的評分	稽核方案與現場工作（20%）		
	現場工作（10%）					工作底稿（30%）		
	工作底稿（20%）					稽核報告（50%）		
	稽核報告（30%）					小計	0.00	
	稽核整改（10%）					稽核項目得分	0.00	
	時效管理（15%）							
	個人評價得分					項目主審得分	0.00	
	個人最終得分（＝個人評價得分＊40%＋項目整體評價得分＊60%）							

表 20-4　　　　　　　　稽核項目整體評價表（分公司）

稽核項目名稱：			項目主審：	
現場時間（工作日）：			項目組成員：	
總分評價標準		單項評分規則		
優秀 [90, 100]	項目各階段工作能嚴格遵守稽核業務相關規定，嚴格遵守稽核職業道德規範，工作表現出色；	優秀 [90, 100]	某項工作完成出色，未發現任何重大稽核質量缺陷和一般稽核質量缺陷；	
良好 [75, 90]	項目各階段工作能較好地遵守稽核業務相關規定，嚴格遵守稽核職業道德規範，工作表現較好；	良好 [75, 89]	某項工作完成較好，未發現任何重大稽核質量缺陷，但存在個別一般稽核質量缺陷；	
合格 [60, 75]	項目各階段工作基本遵守稽核業務相關規定，嚴格遵守稽核職業道德規範，工作表現基本滿意；	合格 [60, 74]	某項工作完成基本滿意，發現1個重大質量缺陷或普遍存在一般質量缺陷；	
不合格 [0, 60]	項目各階段工作未能遵守稽核業務相關規定，或未能嚴格遵守稽核職業道德規範，工作表現較差。	不合格 [0, 59]	某項工作完成較差，發現2個或以上重大稽核質量缺陷。	
重大 扣分事項	屬於異常扣分、集團合規紅線或問責事項以及其他重要問題、風險未在稽核報告中予以揭示的，「整體評價得分」不得超過50分。			
對稽核項目的整體評價	評分人＼評價事項	總部部門負責人（60%）		總經理室分管領導（40%）
	稽核報告（100%）			
	小計	0.00		
	整體評價得分			0.00

表 20-5　　　　　　　　稽核項目組成員評價表（總部項目）

稽核項目名稱：		項目主審：	
現場時間（工作日）：		項目組成員：	
總分評價標準		單項評分規則	
優秀 [90, 100]	項目各階段工作能嚴格遵守稽核業務相關規定，嚴格遵守稽核職業道德規範，工作表現出色；	優秀 [90, 100]	某項工作完成出色，未發現任何重大稽核質量缺陷和一般稽核質量缺陷；
良好 [75, 90]	項目各階段工作能較好地遵守稽核業務相關規定，嚴格遵守稽核職業道德規範，工作表現較好；	良好 [75, 89]	某項工作完成較好，未發現任何重大稽核質量缺陷，但存在個別一般稽核質量缺陷；
合格 [60, 75]	項目各階段工作基本遵守稽核業務相關規定，嚴格遵守稽核職業道德規範，工作表現基本滿意；	合格 [60, 74]	某項工作完成基本滿意，發現1個重大質量缺陷或普遍存在一般質量缺陷；
不合格 [0, 60]	項目各階段工作未能遵守稽核業務相關規定，或未能嚴格遵守稽核職業道德規範，工作表現較差。	不合格 [0, 59]	某項工作完成較差，發現2個或以上重大稽核質量缺陷。
重大 扣分事項	存在下列情況的「稽核項目得分」不得超過50分，直接責任人「個人評分」項下各評價事項直接評為●　分：1、嚴重違反現場工作紀律並引起被稽核單位投訴的；2、屬於異常扣分、集團合規紅線或問責事項以及其他重要問題、風險未在稽核報告中予以揭示的。		

表20-5(續)

項目主審對項目組成員的個人評分	組員姓名 / 評價事項	組員1	組員2	組員平均分	總部部門負責人對稽核項目的評分	評分人 / 評價事項	總部部門負責人
	稽核方案（15%）					稽核方案與現場工作（40%）	
	現場工作（10%）						
	工作底稿（20%）					稽核報告（60%）	
	稽核報告（30%）						
	稽核整改（10%）					稽核項目得分	0.00
	時效管理（15%）						
	個人評價得分						
	個人最終得分（=個人評價得分*40%+項目整體評價得分*60%）					項目主審得分	0.00

表 20-6　稽核項目整體評價表（總部項目）

稽核項目名稱：		項目主審：	
現場時間（工作日）：		項目組成員：	
總分評價標準		單項評分規則	
優秀 [90, 100]	項目各階段工作能嚴格遵守稽核業務相關規定，嚴格遵守稽核職業道德規範，工作表現出色；	優秀 [90, 100]	某項工作完成出色，未發現任何重大稽核質量缺陷和一般稽核質量缺陷；
良好 [75, 90]	項目各階段工作能較好地遵守稽核業務相關規定，嚴格遵守稽核職業道德規範，工作表現較好；	良好 [75, 89]	某項工作完成較好，未發現任何重大稽核質量缺陷，但存在個別一般稽核質量缺陷；
合格 [60, 75]	項目各階段工作基本遵守稽核業務相關規定，嚴格遵守稽核職業道德規範，工作表現基本滿意；	合格 [60, 74]	某項工作完成基本滿意，發現1個重大質量缺陷或普遍存在一般質量缺陷；
不合格 [0, 60]	項目各階段工作未能遵守稽核業務相關規定，或未能嚴格遵守稽核職業道德規範，工作表現較差。	不合格 [0, 59]	某項工作完成較差，發現2個或以上重大稽核質量缺陷。
重大扣分事項	屬於異常扣分、集團合規紅線或問責事項以及其他重要問題、風險未在稽核報告中予以揭示的，「整體評價得分」不得超過50分。		
對稽核項目的整體評價	評價事項	評分人	總經理室分管領導
	整體評價得分		

註：存在以下情況之一，認定為重大稽核質量缺陷：
①違反太平稽核規章制度，導致太平稽核中心被集團問責；
②稽核作業過程中，存在嚴重違反稽核職業道德規範的行為；
③稽核作業過程中，違反太平稽核規章制度，未揭示可能導致問責事項的重大問題；
④異常扣分事項未按照相關規定進行處理；
⑤其他認定的重大稽核質量缺陷。

二、加強稽核項目質量督查評價

稽核業務質量督查是指稽核報告出具後，由質量管理部門每月對太平稽核全部稽核項目總數的 20%進行質量督查，每季度出具一份質量督查評價報告，每年度出具稽核業務質量整體評價報告，以提高稽核業務質量與效率，降低稽核風險。督查結果作為對業務單位及其負責人、稽核人員進行考核的基礎數據。

（一）稽核業務質量督查的依據為國家頒布的內部審計法律、法規，內部審計準則、太平稽核制定的稽核業務制度、稽核質量管理辦法、稽核作業規範等

稽核業務質量督查的範圍包括太平稽核及各區域中心開展的全部稽核項目；對子公司總、分、支三級機構所實施的常規、經濟責任、專項、非現場監測、非現場稽核、突擊檢查及 IT 稽核等；涵蓋稽核項目全流程，即項目安排、非現場、現場、報告、整改等環節。

（二）質量管理部門每個季度完成上一季度出具報告的稽核項目質量督查工作，並提交稽核督查報告

每年度結束後，質量管理部門應對上年度全部稽核業務質量督查情況進行總結分析，並提交太平稽核專題辦公會審議。質量管理部門年初擬定的抽查比例（或抽查數量）須經總經理審批確定，並納入質量管理部門的 KPI 考核指標體系。抽取項目時應遵循的原則：公平、公正原則；所有稽核項目類型全覆蓋原則；所有部門、區域中心全覆蓋原則；重要性原則。質量管理部門提取 OA 中督查期間所有下發正式報告的稽核項目清單，提交太平稽核領導隨機抽取稽核項目，督查人員對確定抽取的稽核項目開展質量督查工作。若被稽核單位在稽核期間內發生重大案件、嚴重違規事項及受到監管處罰的相關稽核項目，直接納入質量督查範圍，超出督查期間的，可進行追溯。

（三）對稽核業務質量督查，主要關注稽核項目實施是否遵循國家頒布的各項審計準則；各級稽核業務質量管理是否遵循太平稽核的稽核質量管理制度；根據督查結論提出完善太平稽核的稽核業務制度和流程，提升稽核質量建議

對稽核業務質量督查工作採取報送項目資料非現場檢查或現場檢查的方式。稽核業務質量督查工作應編製相應的工作底稿（見表 20-7），工作底稿應至少記載以下內容：稽核項目的名稱，稽核項目組人員，稽核項目

質量復核及審核人，正式報告下發的時間；稽核業務質量督查實施的時間，執行人；稽核業務質量督查工作實施的程序，所檢查的內容，檢查的結果，以及涉及的相關證據；稽核業務質量督查結論以及所發現的問題。稽核業務質量督查工作過程中形成的工作底稿應進行交叉復核，對督查發現的問題，應分別發至稽核項目所屬部門和區域中心進行確認，各部門或區域中心應在3個工作日以內反饋意見。稽核業務質量督查工作結束以後，應根據稽核質量督查工作底稿以及各部門和區域中心反饋的意見，編製稽核業務質量督查報告，報告的內容包括：抽查情況總體描述，包括抽查期間內太平稽核的稽核項目開展情況，本次抽查對象及抽查比例；存在的主要問題、不足以及相關的稽核人員、項目主審以及項目的審核、審批管理人員；對完善稽核業務制度和流程的建議；重大質量問題問責建議。

表 20-7　　　　　　　　稽核項目質量督查評價表

稽核項目名稱：			項目主審：				
現場時間（工作日）：			項目組成員：				
督查人：			督查復核人：				
總分評價標準							
優秀 (90, 100]	項目各階段工作能嚴格遵守稽核業務相關規定、嚴格遵守稽核職業道德規範、工作表現出色；						
良好 [75, 90)	項目各階段工作能較好地遵守稽核業務相關規定、嚴格遵守稽核職業道德規範、工作表現較好；						
合格 [60, 75)	項目各階段工作基本遵守稽核業務相關規定、嚴格遵守稽核職業道德規範、工作表現基本滿意；						
不合格 [0, 60)	項目各階段工作未能遵守稽核業務相關規定、或未能嚴格遵守稽核職業道德規範、工作表現較差。						
重大扣分事項	屬於異常扣分、集團合規紅線或問責事項以及其他重要問題、風險未在稽核報告中予以揭示的，經總經理室討論決定，「質量督查評價得分」不得超過50分。						
整體評價	評價事項	分值	評價內容	分值	扣分內容	稽核人員	扣分值	得分
對稽核項目的整體評價	非現場準備	10	項目主審是否符合《主審管理辦法》規定的任職資格；	2分	不符合主審資格扣2分			10
			是否結合相關數據和資料對重要風險領域如稽核合規紅線、各業務條線稽核重點、異常扣分內容、異常數據以及被稽核單位經營情況和特點進行評估，並確認稽核重點；是否形成稽核方案；	2-8分	每個事項扣2分			

表20-7（續）

對稽核項目的整體評價	工作底稿	35	是否對非現場評估發現的重點內容進行實質檢查並記錄檢查結果；採取的稽核程序和方法是否存在重大缺陷；對底稿記錄的重要事項處理是否得當；	2-10分	每個事項扣2分	35
			工作底稿內容記錄是否完整、清晰、準確，結論是否明確；稽核發現分類等信息是否完整、準確；	1-10分	單人單個事項扣1分（含文字、數字錯誤，語義不清、表述重複、表述不完整，未填寫分類或分類不準確等），單人單個重要事項扣2分（如稽核結論不明確、稽核發現表述不準確等），單人多個事項最多扣3分（如兩處文字錯誤屬兩個問題事項）；多人出現問題，按照前述單人標準分別扣分。		
			工作底稿是否記錄了與稽核證據之間的關聯；稽核證據是否相關、可靠、充分；證據資料存檔是否完整；	1-10分	單人單個事項扣1分（含未明確記錄稽核證據、未明確記錄稽核證據保存路徑、未保存稽核證據，稽核證據相關、可靠、充分性不足等），單人單個重要事項扣2分（涉及稽核發現的相關稽核證據未明確記錄稽核證據、未明確記錄稽核證據保存路徑、未保存稽核證據，稽核證據相關、可靠、充分性不足等），單人多個事項最多扣3分（如兩處證據路徑不明確屬兩個問題事項）；多人出現問題，按照前述單人標準分別扣分。		
			工作底稿評分是否客觀、準確；	1-2分	每個事項扣1分	
			主審是否對工作底稿進行了有效復核	3分	工作底稿部分前4個評分點扣分合計低於10分（不含），該項不扣分；扣分合計高於10分（含），對主審扣3分。	
	稽核報告	40	稽核報告的編製是否實事求是、不偏不倚地反應稽核事項；稽核報告描述是否清晰、完整；	1-8分	單人單個事項扣1分（含文字、數字、標點錯誤，語義不清、表述重複、表述不完整、與實際不符等），單人多個事項最多扣3分（如兩處文字錯誤屬兩個問題事項）；多人出現問題，按照前述單人標準分別扣分。	40
			稽核報告定性是否準確，引用制度是否合理、規範；	2-10分	每個事項扣2分（如根據《關於進一步優化稽核報告的通知》，如有依據，需列出違反哪些規定，應規範引用規章制度及法律法規，具體格式示例：《＊＊＊制度》（發文單位、發文號）第＊＊條第＊款規定：「＊＊＊（具體內容）」，列出問題的性質及影響。）	

表20-7(續)

對稽核項目的整體評價	稽核報告	40	稽核問題原因、存在風險分析是否深入、充分、適當	2-8 分	每個事項扣 2 分（如根據《關於進一步優化稽核報告的通知》，常規及非常規稽核報告需在報告中明確列示問題成因，含：人員因素、內部操作流程因素、信息系統因素和市場環境因素）	
			稽核建議是否具有針對性、是否切實可行；	2-8 分	每個事項扣 2 分（如根據《關於進一步優化稽核報告的通知》，問題的特徵涉及重要違法違規、普遍性存在或者制度體系層面，應更多地考慮給機構的上級管理單位提出建議；相反，則主要針對被稽核單位。）	
			稽核證據是否相關、可靠、充分，是否足以支持稽核結論、原因分析、風險分析和建議；是否數據披露過度；	2-4 分	每個事項扣 2 分（如根據《經濟責任稽核作業指導書》，避免直接列示公司經營成果數據，以免公司重要數據洩露。）	
			對被稽核單位反饋意見處理是否符合規定，是否完整保留相關溝通痕跡；	1-2 分	每個事項扣 1 分（未保留溝通痕跡的扣 2 分）	
	稽核整改	6	是否對上次整改情況進行核實，核實結果是否與實際相符	2-6 分	未對整改情況進行實質性復核（含現場或非現場可復核但未復核等）、確認的整改情況與實際不符（如當年稽核報告再次列示相關問題，或底稿記錄相關問題且無明顯改善），每個事項扣 2 分	6
	時效管理	9	工作底稿編製是否符合時效要求；	1-4 分	單人單底稿超時效扣 1 分，單人多底稿超時效最多扣 2 分；多人出現問題，按照前述單人標準分別扣分。	9
			稽核報告時效是否符合要求；	5 分	稽核報告未經審批超時效、或超時效後補審批扣 5 分。	
	重大違規項		屬於異常扣分、集團合規紅線或問責事項以及其他重要問題，風險未在稽核報告中予以揭示。	-	發生相關事項，經總經理室討論決定，「質量督查評價得分」不得超過 50 分。	0
最終得分						100

項目質量督查得分為 6 項分類得分之和，滿分為 100 分；其中前 5 項分類得分採用單項總分減去相應評價標準扣分項計算，若扣分之和大於單項總分時，該單項得分為 0 分；評價標準扣分時根據不符合項出現的事項和數量在扣分範圍內確定：
1. 標準分值為單一值的，發生扣分內容即全部扣分，如評價項分值為 2 分時，需扣 2 分；
2. 標準分值為區間值的，扣分為標準分低值的整數倍，評價項分值為 1-5 分，可扣 1、2、3、4、5 分；評價項分值為 2-8 分，可扣 2、4、6、8 分；
3. 出現重大違規項時，前 5 項總分扣減違規項分值。

（四）稽核質量督查報告經規劃管理部負責人復核後提交太平稽核專題辦公會審議

稽核質量督查報告發送範圍為太平稽核領導、總部業務部門及有關區域中心。稽核業務質量督查中發現的重要質量問題或對質量督查發現問題未有效整改，導致相關問題重複出現，需追究相關人員責任，由規劃管理

部提交太平稽核專題辦公會審議後問責。對稽核業務質量督查發現的問題，各部門和區域中心應積極進行整改，在收到稽核質量督查報告15天內，確定問題發現原因，並針對性地制定整改措施及完成時限，報質量督查人員確認。如質量督查人員不接受該整改措施，由相關部門重新修正整改措施。如無法就整改措施達成統一或無措施反饋時，由質量督查人員上報規劃管理部負責人處理。

（五）各責任部門負責人監督本部門整改措施的實施，確保在預定時間內完成，並通知質量督查人員

督查人記錄整改結果。規劃管理部定期向太平稽核領導報送質量督查整改情況。稽核業務質量督查中發現的重大質量問題或普遍性質量問題，總部對應業務管理部門應督促、指導整改工作開展。稽核業務質量督查結果與太平稽核績效考核體系掛勾。稽核質量督查結果根據《稽核項目主審管理辦法》及太平稽核評優、考核等相關制度進行運用。

（六）稽核業務質量督查工作不代替稽核項目質量復核、稽核項目質量審核的職責

稽核項目質量復核、稽核項目質量審核對稽核項目質量實行事中控制，稽核質量督查對稽核項目質量實行事後控制。對質量管理部門實施的稽核業務質量督查結論產生爭議，由總經理裁定。各單位對稽核質量督查報告內容存在異議，應在收到報告10個工作日內，將向太平稽核領導提交書面申訴意見。

三、實行成果獎勵和差錯問責

稽核成果包括：優秀稽核發現、優秀稽核報告、管理建議書、風險提示函等。每月組織一次優秀稽核發現及優秀稽核報告評選，每季度進行表彰獎勵。

（一）優秀稽核發現

優秀稽核發現類型：根據事項性質，違規或挽回損失金額，完善制度、流程等情況，將稽核成果分為挽回損失稽核成果、特別重大稽核成果、重大稽核成果、重要稽核成果和首發稽核成果五類。

挽回損失稽核成果：發現已造成公司重大經濟損失的事項，通過稽核項目組的工作直接挽回經濟損失的。

特別重大稽核成果：發現對被稽核單位正常經營產生特別重大影響或造成特別重大損失事項的。

重大稽核成果：發現被稽核單位現行管理制度或流程存在重大缺陷，提出管理建議的；發現被稽核單位經營行為嚴重違反法律法規、監管規定或集團合規經營規定，已造成或可能造成公司重大經濟損失或承擔重大法律責任的；發現被稽核單位及個人存在重大舞弊及保險詐欺行為；發現其他存在重大風險的違規行為或挽回重大損失的。

重要稽核成果：發現被稽核單位現行管理制度或流程存在重要缺陷，提出管理建議的；發現被稽核單位經營行為違反法律法規、監管規定或集團合規經營規定，已造成或可能造成公司較大經濟損失或承擔相應法律責任的；發現被稽核單位及個人存在重要舞弊及保險詐欺行為；發現其他存在重要風險的違規行為或挽回損失的。

首發稽核成果：稽核發現屬稽核範圍，通過該發現補充、完善了稽核風險點模型。

（二）優秀稽核報告

1. 優秀稽核報告總體標準

稽核報告的編製實事求是、不偏不倚地反應稽核事項；描述清晰、完整；定性準確，引用制度合理、恰當；稽核建議切實可行。

2. 優秀常規稽核報告評價標準

重要稽核發現部分，描述緊扣重要問題，揭示稽核重點發現的基本概況，使報告閱讀者快速瞭解報告問題基本情況；被稽核單位總體概述部分無原則性數據錯誤，描述的內容不得出現遺漏且所描述的內容真實、有效；稽核發現有價值、有深度，報告整體包含 3 條以上稽核發現屬於當年度稽核重點內容；稽核報告中一類風險點稽核發現數量占報告整體稽核發現數量在 60% 以上；問題形成原因分析深入具體，對問題特徵分析視角開闊維度多樣，問題分類精準；管理建議充分考慮了宏觀和微觀視角的差異，可行性高。

3. 優秀經濟責任稽核報告評價標準

（1）稽核發現概述部分。

描述緊扣重要問題，揭示稽核重點發現的基本概況，使報告閱讀者快速瞭解報告問題基本情況。

（2）綜合評價部分。

結合履職部分內容歸納體現工作亮點及不足，對被稽核人的特點、專業特長及優點、缺點進行提煉；在「公司整體經營情況」和「個人業績考核指標完成情況」中，選取重點指標進行數據分析，通過數據的搜集列示

和效益效能分析論述，總結公司或分管條線在業績增速、人力發展、經營成本等方面取得的成績和不足。

（3）合規內控部分。

要體現公司整體及分管條線架構管理基本情況；對過往內外部檢查情況以及本次稽核情況分別列示，同時對中心過往檢查的整改情況要予以體現，未整改的要說明原因。對列示的問題有制度依據的要列示制度，同時對被稽核人需承擔的責任予以界定，並對合規內控體系總體情況進行評價。

（4）履職情況部分。

引入「3E」審計的思路和理念，包括任職期間業務發展、機構開設、企業文化、黨建工作、隊伍建設、民主決策等方面的工作內容並對產生的效果或造成的損失進行評價；對被稽核人的廉潔從業及履職待遇及業務支出情況描述及評價；層次分明、內容全面，從公司、個人層面都有經營成果列示及對問題的揭示，問題剖析準確深入；管理建議部分，根據報告中履職部分、合規內控部分存在的問題和不足，或通過分析認為公司可以在某些方面做得更好，有針對性地提出可行的建議。涉及上級公司、分管條線以及本人的建議分層次展開。

4. 優秀專項稽核報告評價標準

稽核報告內稽核發現有價值、有深度，表述詳細、清晰、完整；稽核報告內引用的制度準確、完整、具體，不得出現引用超出效力範圍的制度及引用失效的制度的情況；稽核報告的形成問題原因定性準確；稽核報告的稽核建議針對性強；稽核報告按規定的格式和內容編製。

5. 優秀IT系統核報告評價標準

稽核檢查對照的標準和體系完整清晰，涵蓋國家各級監管和公司的規定要求，或是參照國際先進通用的IT各方面相應標準制定的檢查體系；抽樣的信息系統和具體行為合理充分；完善了被稽核單位的管理流程或規章制度；稽核事實的證據完整清晰。

出具的管理建議書、風險提示函等也納入稽核成果，給予適當的獎勵。

（三）差錯問責

差錯類別：稽核差錯分別一級稽核差錯及二級稽核差錯，對於同時滿足不同級別稽核差錯判斷標準的事項，就高不就低。

1. 一級稽核差錯

漏報、瞞報重大稽核發現，包括：涉及《中國太平保險集團領導幹部問責規定》規定的問責情形的稽核發現；涉及《中國太平保險集團合規經

營紅線制度》規定的合規經營紅線主要內容的稽核發現；根據《異常扣分管理辦法》應進行異常扣分的稽核發現。稽核作業存在質量問題，應發現風險未發現，引發監管處罰的；未按《關於重大風險事項以稽核快報流程報送的通知》規定的時限及時報告下列事項：觸犯《中華人民共和國刑法》，構成貪污、挪用、侵占、詐騙、商業賄賂、非法集資、洗錢、傳銷等犯罪；違反《中華人民共和國保險法》以及各公司所在國家或地區的法律、行政法規、規章等；嚴重違反集團或各公司經營管理規章制度、流程，給集團或各公司造成重大損失的事項或行為；違反《中國太平保險集團合規經營紅線制度》規定的合規經營紅線的行為；社會影響特別惡劣，或造成系統性風險的其他事項或行為。

2. 二級稽核差錯

未及時向上級報告應進行異常扣分的稽核發現；應異常扣分的事項未進行異常扣分，且未經相關管理流程上報審批。

問責：稽核作業過程中，存在違反稽核職業道德規範、《稽核人員稽核工作紀律》引發集團或太平稽核問責的；存在違反稽核職業道德規範、《稽核人員稽核工作紀律》的行為，引發稽核對象書面投訴（經調查屬實）的。

稽核差錯及問責評分標準，如表 20-8 所示。

表 20-8　　　　　　　　稽核差錯及問責評分標準

評價對象	一級稽核差錯	二級稽核差錯	問責
總部部門、區域中心、區域中心部門	10	4	10
稽核項目	100	50	10
主審（直接責任人）	12	5	10
主審（非直接責任人）	5	2	
直接責任人（非主審）	100	4	10

（四）引入內部審計質量外部評估

2014 年，聘請中國內部審計協會對太平金融稽核服務（深圳）有限公司內部審計質量進行外部評估。

1. 評估依據和範圍

評估是依據《內部審計質量評估辦法》和《內部審計質量評估手冊》（以下簡稱《評估手冊》）進行的，其範圍覆蓋了 2013 年 1 月至 2014 年 6 月內部審計的各種業務類型，並現場查閱了中國太平保險集團截至 2014 年

6月的內部審計制度和程序。

2. 評估過程和方法

根據《評估手冊》的要求，評估組在前期準備階段對中國太平保險集團進行了初步調查，收集了相關的背景資料，確定了問卷調查的範圍和方式，商定了現場評估階段訪談的對象和抽查的具體項目，並在此基礎上編製了評估工作方案。

3. 現場評估階段。

評估組查閱了與內部審計環境相關的資料和證據，並根據審計業務類型重點抽查了 39 個項目的檔案，還對中國太平保險集團治理層、高管層、營運層及內部審計人員共 15 人進行了訪談。本次評估對子公司營運層、內部審計人員發放了 174 份調查問卷，其中，封閉式調查問卷 139 份，回收 86 份，回收率 62%；開放式調查問卷 35 份，回收 19 份，回收率 55%。

在上述工作的基礎上，評估組按照《評估手冊》的評估標準，完成了評估工作底稿的編製工作。經過匯總分析、綜合評價，形成初步評估結論，並與中國太平保險集團相關人員初步交換了意見。

4. 評估結論

按照《評估手冊》的評估標準，評估組逐一對內部審計環境和內部審計業務兩大類別、17 個評估要素、39 個評估要點進行了量化評分，在此基礎上，得出公司遵循程度的評估結論為「合格」，評定級別為「AAA」，表明中國太平保險集團的審計組織架構、審計管理、審計技術方法和審計流程能夠完全遵循《準則》的要求，內部審計工作切合本單位實際情況，執行有效，無明顯不足，實現了審計目標，如表 20-9 所示。

表 20-9　　　　　　　　　　評估結果匯總表

評估類別	評估要素點	評估要點
內部審計環境	1. 內部審計的獨立性	獨立性
	2. 與董事會或者最高管理層的關係	接受董事會或者最高管理層的領導
		向董事會或者最高管理層報告
	3. 內部審計人員職業道德規範	誠信正直
		客觀性
		專業勝任能力
		保密
	4. 內部審計機構的管理	部門管理
		年度審計計劃編製及執行情況
		項目管理
內部審計環境	5. 內部審計質量控制	機構質量控制
		項目質量控制
		外部評估
		內部評估
	6. 人際關係	人際關係管理
		處理人際關係的方式方法
	7. 與外部審計的協調	內外部審計協調機制及效果
		評價外部審計工作質量
	8. 利用外部專家服務	外部專家的聘請
		對外部專家服務結果的評價和利用
	9. 後續教育	後續教育的管理
		後續教育的學時要求
環境小計		54.4

表20-9(續)

評估類別	評估要素點	評估要點
內部審計業務	1. 項目審計方案	項目審計方案的編製
		項目審計方案的批准及執行
	2. 審計通知書	審計通知書的編製
		審計通知書的送達
	3. 主要審計工具和技術	審計抽樣的應用
		分析程序的應用
		計算機輔助審計技術的應用
	4. 審計證據	審計證據的標準和分類
		審計證據的管理
	5. 審計工作底稿	審計工作底稿的編製
		審計工作底稿的復核與管理
	6. 結果溝通	結果溝通的要求
		結果溝通的內容及異議處理
內部審計業務	7. 審計報告	審計報告的編製
		審計報告的管理
	8. 後續審計	後續審計的實施
		後續審計的管理
業務小計		38.4
總分		92.8

　　通過評估，中國太平保險集團的內部審計工作在以下方面提供了良好實務範例，具體包括：

　　（1）建立了垂直統一的稽核體系，促進內部審計作用的有效發揮。

　　太平稽核從公司發展目標、規模、治理結構出發，依照準則規定和監管部門要求，建立了垂直統一的稽核體系，實施扁平化的內部管理架構，實行財務核算、人事、培訓、薪酬、績效考核集中管理，稽核業務實施條線化管理。中國太平保險集團建立了統一審計問題整改流程，各級公司負責審計問題的整改，太平稽核對審計問題整改情況進行監督檢查與報告，整改效果納入各級公司經營管理層績效考核。完善的機構設置、良好的運

行機制，為內部審計履行監督評價職責提供了有力保障，促進了內部審計作用的有效發揮。

（2）探索實現審計全覆蓋，強化審計監督職能。

太平稽核根據監管部門要求和公司發展的實際需要，依據 COSO-ERM 企業風險管理內容框架，實施全面風險稽核，稽核內容全面涵蓋內部環境、控制活動、風險識別與評估、信息溝通和監督等方面重要內部控制環節；檢查層級全面覆蓋集團、子公司及二、三級分支機構，對四級機構根據風險情況，延伸實施現場檢查。2013 年 1 月至 2014 年 6 月，稽核發現問題 7372 條，發揮了內部審計防範和揭示風險的作用。

（3）推動非現場審計技術發展，提升審計工作效率和效果。

太平稽核積極探索新技術、新方法的運用，通過持續推動信息化建設改進審計作業方式，提高審計技術水準。太平稽核在科學規劃的基礎上，經過廣泛調研，形成了以數據分析和管理、業務評估、審計作業為基礎的信息系統規劃，在成立 5 年內，自主創新研發了評分評級系統、非現場稽核分析系統、稽核作業系統一期等審計信息技術系統，初步構建子公司業務系統風險數據分析平臺，有力支撐現場稽核檢查工作，為非現場稽核、非現場監測和突擊檢查等新型業務模式提供系統作業支持，將傳統模式事後補救轉為事前預防和事中控制，提升審計工作效率和效果，有效控制了審計成本。

（4）建立稽核質量管理體系，增強質量管理的能力和效果。

太平稽核建立了較為完整的稽核質量管理體系，形成了以稽核整體質量管理和稽核業務質量管理為核心的內部質量管理架構。通過內部稽核制度體系的建立，明確了包括全面風險管理、集團內部控制評價、稽核檢查作業、稽核質量控制等方面的要求；通過建立稽核業務三級質量管理體系，對審計項目進行事中質量控制及事後質量抽查，並將質量檢查結果運用於績效考核，實現了質量管理的系統化、過程化和標準化。太平稽核還率先引入 ISO 質量管理體系，進一步規範稽核作業流程和質量控制要求，持續提高稽核作業質量、提升集團各層級對稽核工作的滿意度。

中國內部審計協會對中國太平保險集團的內部審計工作提出了三個需關注事項及改進建議：

一是加強審計隊伍建設，持續提升審計人員專業勝任能力。近年來，太平稽核人員增長較快，人員知識結構以產壽險業務、內部控制和財務會計為主，在中國太平保險集團業務發展及監管部門監管力度不斷加大的形

勢下，IT 審計、舞弊審計、投資審計、保險精算、再保險審計及數據分析方面的專業人員數量略顯不足，對保險新領域及高精尖領域的審計覆蓋廣度和深度不夠。公司應豐富稽核團隊的人員結構，招聘或外聘具備關鍵領域知識的專業人才，建立稽核人員的輪崗機制，加大培訓力度，強化審計人員專業勝任能力，進一步提升稽核質量和效率。

　　二是進一步推動審計業務的創新發展，促進內部審計為組織增加價值。隨著保險業市場化改革的深入推進和監管新政的陸續出抬，保險公司面臨著前所未有的發展機遇和風險挑戰，對保險公司的風險管控能力也提出了更高要求。審計條線作為公司風險管控的第三道防線，要持續跟進公司體制機制和業務創新，以內審獨立視角，聚焦新模式、新業務下產生的伴生風險，加大對重要經營領域和創新業務的審計力度，關注監管重點、行業頑症、新型業務、重大投資以及數據質量等領域，不斷挖掘審計深度，提升內部審計揭示重大風險和問題的能力。

　　三是，應進一步加大對稽核信息系統研發的投入力度，實現數據提取和加工、風險評估、現場檢查、稽核結論、整改追蹤等功能，打造稽核作業全流程專家支持平臺。

　　現在，太平稽核根據中國內部審計協會內部審計質量外部評估的要求，每年都對審計質量開展內部評估。

第三節　建立風險準備金制度

一、背景

　　2001 年，世界 500 強的安然公司轟然倒地，而世界最大的會計師事務所安達信也因為安然公司造假而榮譽盡毀。曾因其驕人的業績和誘人的前景而被稱為「中國第一藍籌股」的銀廣夏，2002 年因造假被中國證監會處罰，深圳中天勤會計師事務所被吊銷執業資格，此事件被稱為「中國安然事件」。近些年來，國內外都相繼出現過大量的審計失敗的案例，給社會和相應的投資者帶了巨大的損失，會計師事務所也受到了相應的處罰。

　　究其原因，一方面是被審計單位自身原因，會計報表表述不實，缺乏必要的內部控制程序，管理層未盡到應有的管理監督責任，增大了審計風險；另一方面是審計人員缺乏應有的職業謹慎和專業勝任能力不足，當企業出現問題時，不能很好地發現並糾正，這也增加了審計的風險。

太平稽核為加強內部審計風險意識，有效防範審計風險造成的預期損失，促進審計質量的提高，建立了風險準備金制度。風險準備金包含在稽核服務費之內，應收服務費中預留一定比例，以三年為觀察期，觀察期內如無重大審計事故發生，在觀察期末收回該期風險準備金。觀察期內如發生重大審計事故，太平稽核應按相應標準核銷相應的風險準備金，按核銷後的金額收回。

二、風險準備金的用途

太平稽核利用收回的風險準備金成立太平稽核骨幹員工培養專項基金，用於太平稽核隊伍建設專項支出以及對有特別重大（要）稽核發現等突出貢獻員工的獎勵。

（一）體現了內部審計的獨立性

太平稽核註冊為獨立公司，集團各專業子公司接受太平稽核提供的服務，並承擔管理責任風險，太平稽核自行承擔服務營運風險，表明了太平稽核和各專業公司各自承擔的功能和風險。對於服務過程中所發生的成本和費用，按照一定的標準向各集團專業公司收取。從收費中預留風險準備金作為審計風險預期損失的補償，充分體現了太平稽核的審計獨立性。

（二）提升審計質量的監督機制

審計質量是審計行業的命脈，建立風險準備金制度，預留一部分收入作為審計質量的保障，是對內部審計的良好監督。確保三年內無重大審計事故發生，方可收回該部分金額，對太平稽核內部審計風險管控，起到了積極推動作用。

（三）作為審計人員專業能力提升的資金保障

專業勝任能力是對審計人員最基本的要求，是降低審計風險發生的前提條件，是對審計質量的基本保障。審計人員提升自身的業務能力，尤其是具備現代化的審計業務能力是規避審計失敗的基本前提。太平稽核風險準備金制度為審計人員不斷地提高自身的修養和專業勝任能力，不斷地累積經驗知識並豐富自己的專業技能水準提供資金保障。

三、風險準備金的管理

風險準備金作為收回年度的稽核服務費收入，向被審計單位開具發票，被審計單位將風險準備金返還列入當年度的稽核服務費預算。

風險準備金收回後通過納入預算管理，用於培訓費支出，計入行政費

用，用於特別重大稽核成果獎勵，計入人事費用。培訓資金的使用需符合集團和公司培訓費管理的相關規定。

四、風險準備金的發展方向

為使風險準備金更大程度地為內部審計服務，全面提升內部審計人員的專業能力，提高內部審計的效率和質量，未來可考慮擴大風險準備金的使用範圍。

（一）擴大風險準備金獎勵範圍

目前風險準備金用於獎勵的情況只有一種，即用於特別重大稽核發現獎勵，使用範圍有限，建議將風險準備金的使用範圍擴大到重大稽核發現，使更多審計人員能得到激勵，提升審計人員的工作積極性。

（二）將一部分風險準備金用於系統建設

現代風險導向審計將審計資源集中在高風險區域，便於審計人員全面掌握被審計單位可能存在的重大風險，有利於節省審計成本，相應提高審計效率。為此，需要擁有相對完善的信息系統，建議一部分風險準備金可用於信息系統建設，採用信息化對被審計單位的財務報告和內部控制進行審計，能較快地定位需要重點關注哪些風險，縮短提供服務的時間，提高提供服務的質量。

第二十一章　審計整改督查模式

　　審計整改是審計工作的重要環節，是評價審計工作效果的重要標準，是審計監督能否發揮作用的直接體現，審計整改效果的好壞關係到審計監督效能能否真正實現。然而審計整改落實難以成為新時期審計工作的一大瓶頸，在實際審計工作中，往往是審計項目結束後審計整改沒能及時跟上，嚴重影響了審計監督效能的真正實現。實踐證明，審計整改是提高審計效能必須解決的最後一公里的問題。

　　審計整改難的主要原因是：部分被審計單位對審計整改重要性認識不足，審計整改機制建設不健全，缺乏審計整改責任考核；少數被審計單位不同程度的存在敷衍塞責、蒙混過關、避重就輕、流於形式等問題，因而導致少數單位屢查屢犯，審計效果不佳。

第一節　分工嚴密的整改體系

　　為解決審計整改最後一公里的問題，集團風險管理的三道防線合理分工，各司其職。整改標準和整改措施由第一道防線的業務部門制定及執行；第二道防線的合規風險管理部門確認；作為第三道防線的太平稽核進行整改督查。督查結果納入子公司高管人員的年終考核，努力做到責任不落實的不放過、問題不解決的不放過、整改不到位的不放過。各單位為稽核整改的責任單位，建立整改機制，負責具體整改工作的推動落實。各單位主要負責人為稽核整改的第一責任人，根據本單位班子分工及部門職責分工，明確相關分管領導責任；各子公司風險管理及合規部作為牽頭、協調部門，加強對整改責任部門的督促、協調，推動本單位整改工作的有效開展。

　　太平稽核對被審計單位應整改的問題實行跟蹤，方式包括：
　　一是第二年審計時對上年稽核發現問題整改情況進行復核；
　　二是對單個機構整改三個月後進行跟蹤審計；

三是對系統普遍存在的重要問題開展專項審計；

四是年終對子公司進行整改評估，出具評估報告，評估結果納入子公司班子年度考核。

為全面貫徹「稽核關口前移」，促進有效防範風險，太平稽核密切與子公司工作聯繫機制。其中一項重要舉措便是實施集團稽核總監與子公司經營管理層定期溝通會議機制，通報稽核檢查發現重大問題，聽取子公司對重大風險管控舉措及對稽核工作意見建議，促進重大風險問題有效地防範和整改。

第二節　有效的整改督查機制

為促進集團整體風險管控措施的有效落地，太平稽核在集團內推動建立整改及整改督查的機制建設。以問題為導向，對審計整改落實督查跟蹤，強化整改效果。在對各子公司全面調研並充分聽取各方意見基礎上，太平稽核制定並印發了《中國太平保險集團稽核發現問題整改督查管理辦法》及配套的《中國太平保險集團稽核整改評估工作指引》。

為有效實施稽核整改評估工作，切實提高太平稽核各部門、各區域中心稽核整改檢查能力，統一、規範太平稽核各部門、各區域中心稽核整改檢查的方式方法，太平稽核制定發布了《中國太平保險集團稽核整改評估作業指導書》，對整改機制建設及執行情況評估和具體問題的整改情況評估進行規範。太平稽核建立起科學合理可量化的評估指標體系，對被稽核單位的稽核問題整改效果採取分類評估的原則進行：

一是境內分支機構較多的為 A 類，重點評估。稽核問題整改機制建設及執行情況、重要問題和一般問題整改情況、普遍性問題整改情況、未有效整改問題（含虛假整改問題、拒不整改問題）情況等。

二是集團管理部門、境內分支機構較少或無分支機構的公司、境外機構為 B 類，重點評估。稽核問題整改機制建設及執行情況、重要問題和一般問題整改情況、未有效整改問題（含虛假整改問題、拒不整改問題、類似問題重複發生）情況等。其中，集團管理部門的整改機制建設按照集團公司相關機制進行評估。

太平稽核每年根據全年檢查情況，出具年度整改督查評估報告，經太平稽核總經理室辦公會議審議後報集團納入考核依據。稽核整改督查及評估工作全面實行，促進全系統稽核發現問題整改體系建設邁出了重要一步。

第三部分
未來展望

第二十二章　審計模式的轉變

　　2018 年 1 月 12 日，審計署第 11 號令《審計署關於內部審計工作的規定》明確規定：國有企業內部審計機構或者履行內部審計職責的內設機構應當在企業黨組織、董事會（或者主要負責人）直接領導下開展內部審計工作，向其負責並報告工作；在審計結果運用方面規定內部審計機構應當加強與內部紀檢監察、巡視巡察、組織人事等其他內部監督力量的協作配合，建立信息共享、結果共用、重要事項共同實施、問題整改問責共同落實等工作機制。2018 年 9 月 11 日，胡澤君審計長在全國內部審計工作座談會上強調，要堅持將推動黨中央、國務院重大決策部署在本地區本部門本單位的有效落實作為首要職責，要堅持不斷完善內部審計組織和工作模式。

　　隨著內部審計的發展，部分保險公司內部審計已處於瓶頸階段，其弊端和隱患也已逐步暴露出來。比如說以監督為主的事後審計，審計檢查發現越來越多的是發生在操作層面上的普遍性和重複性問題；審計報告和審計建議也大都是關於如何加強內部控制的，由此導致內部控制越來越多，流程越來越繁瑣，審計的效用越發不明顯。又比如說，以監督為主的事後審計形成的監督與被監督的關係，也容易引起內部審計部門與其他部門之間的矛盾，不利於調動被審計單位參與的積極性，甚至可能出現被審計單位對審計工作的不配合甚至是阻撓的現象。同時，我們還注意到隨著企業的不斷發展，實施全面審計面臨著日益嚴峻的項目實施壓力，審計部門以完成年度審計項目為工作重點，脫離了內部審計的核心目標，不能有效利用審計資源，從而導致審計成本增加與審計成果不顯著的雙重矛盾，使得內部審計效率低下，內部審計部門在風險管理中體現出來的作用越來越小，從而形成惡性的循環。

第一節　保險行業內部審計發展的現狀

　　目前制約保險業內部審計發展既有內部自身的因素，又有外部的一些影響因素。從內部審計機構自身來說，很多保險公司尚未形成風險導向的內部審計理念，雖然部分內部審計機構建立了風險點模型，但實務中大多數審計作業仍然是以制度為基礎，著眼於對過去和目前的經濟活動進行審查和評價，重點在於揭示差錯和防止舞弊上。有的保險公司雖然已引入了以風險評估為中心的理念，但是由於內部審計部門是按照業務類型來設置的，並沒有將「風險評估」與內部組織架構設置緊密結合起來，風險評估並沒有在實務中進行有效的實踐。

　　從外部影響因素來講，在中國保險行業粗放式發展環境下，大多數保險公司實質上並沒有建立全面風險管理體系，如風險管理目標和工具，風險偏好、風險容忍度；缺乏監管機構、公司內部以及行業關於風險管理評價指標及相應的標準等。多數保險公司風險管理落腳點在於合規，全面風險管理意識並沒有融入業務部門，導致部分內部審計機構更多從事的是風險管理第一、第二道防線的工作。如將過多的精力用於檢查舞弊案件；又如代替風險管理部門進行內部控制自評估等等。部分保險公司還存在直接將追回損失金額作為內部審計機構直接的考核標準之一，考核導向促使其重點在於事後的監督檢查。

　　一方面「償二代」將風險視為制度頂層設計的監控指標體系，對保險公司面臨的風險進行了科學的細化，並對各類風險設置了定量或定性的監管規則和評價指標，這些可以為保險公司內部審計機構建立以「風險」為導向的評估指標體系提供參考和借鑑；另一方面，「償二代」監管規則第11號「償付能力風險管理要求與評估」明確要求：保險公司應當根據本規則要求，結合自身業務和風險特徵，建立健全償付能力風險管理體系以及風險管理目標與工具，並將其作為風險綜合評級的評分指標，且占到30%的權重。這就促使各保險公司主動建立健全或完善自身的全面風險管理體系，將全面風險管理理念融入公司經營管理過程中。有助於建立風險、資本與價值相統一的管理體系，推動保險公司加強風險量化管理，充分發揮第一、第二道防線風險管理職責，在一定程度上可以使內部審計從目前的事後監管審計、合規審計的負荷中解脫出來。通過構建管理層清晰的風險

管理目標、對關鍵風險指標的建立、損失數據的收集、風險管理信息平臺的建設，也為「從上至下」風險導向內部審計模式的建立提供支撐。

第二節　以風險為導向的內部審計內涵

風險導向內部審計是指以實現企業目標為目的，時刻關注影響企業目標實現的風險因素，以企業經營風險評估為導向，利用風險評估結果編製年度審計計劃，依據風險狀況來確定審計範圍和重點，對企業的治理程序、風險管理和內部控制進行評價，進而提出建設性和可操作性的建議和意見，促進公司風險管理和治理水準的提升。我們認為現代以風險為導向的內部審計具有以下特徵：

一、內部審計的目的為增加企業價值

2015年12月中國保監會印發的《保險機構內部審計工作規範》中對內部審計的定義，在原有的審查、評價基礎上，增加了「改善」兩個字，從監管的角度強化了內部審計的價值理念。與傳統內部審計事後揭示問題為主相比較，未來內部審計的目的在於通過預防或減少組織風險、提出有價值的建議、增加組織獲利機會、提供改善組織風險所需的工具和支持等活動來為組織增加價值，促進公司及其分支機構不斷提升自身的價值創造力。

二、內部審計關注的焦點為企業的戰略目標

「償二代」以風險為導向的監管理念，在防範系統性、區域性的風險的同時，兼顧資本的使用效率和效益。與傳統內部檢查企業歷史業務記錄和內部控制系統的健全性和有效性為主相比較，現代風險導向內部審計關注的是影響企業戰略目標實現的風險因素，包括風險（風險是否得到恰當的管理和控制）和效益（經濟性、效率性、效果性、適當性和環境性）兩個方面。

三、內部審計的理念為「前瞻性」

傳統內部審計是對現在和歷史的評價，雖然對歷史交易和記錄的檢查可以揭示一定的風險，但是在當今快速變遷的社會經濟發展中，以史為鑒

的作用是有限的。所以，現代內部審計只有著眼於未來才能提高控制和績效，應要具有一定程度的「前瞻性」，根據公司的發展戰略判斷是否採取了適當的預防和應對措施並提出相應的改進建議，在公司戰略目標的實現過程中提供必要的牽引推動。

第三節　以風險為導向的內部審計模式

在「償二代」風險導向償付能力監管體系下，保險公司內部審計機構自動迎接轉型，首要是建立一個較為系統化的以風險為導向的內部審計體系框架，為接下來各項具體工作的有效實施奠定良好的基礎。

一、以企業戰略目標為基礎的內部審計戰略規劃

內部審計戰略目標及規劃是內部審計中長期發展方向的指引，對於全面提升內部審計效能和實現價值增值目標具有積極的作用。內部審計戰略規劃的制定，要充分滿足公司治理的需求，以促進公司目標的實現為基礎，它是一個系統性、持續性和動態性的工程。

內部審計管理及其戰略規劃體系框架應基於公司總體戰略目標。在對內、外部環境的充分分析的基礎上，制定內部審計戰略目標，通過系列內部審計活動實現戰略規劃的效應，從而促進公司總體戰略目標的實現。在「償二代」監管體系下，保險公司的目標是要實現價值最大化和資本效率最優化管理，內部審計作為風險管理體系的第三道防線，應充分發揮自身的確認和諮詢職能，在為支持和保障企業價值最大化發展戰略目標順利實現提供增值性服務的同時，保障自身可持續發展。基於此，我們初步構建了風險為導向的內部審計管理及其戰略規劃體系框架，如圖22-1所示。

二、以風險評估為核心的風險源採集識別系統

風險導向內部審計是以風險控制為主導思想，其中一項重要工作就是預測和識別風險，這也是難點所在。要解決這個難題，我們認為需要構建集內外部信息為一體的內部審計數據庫，內部審計人員通過利用內部審計數據庫對公司進行全面風險評估，並依據評估結果確定審計的關注點，編製年度審計計劃。

內部審計數據庫是多層次、多維度，持續性和動態的風險列表，涵蓋市

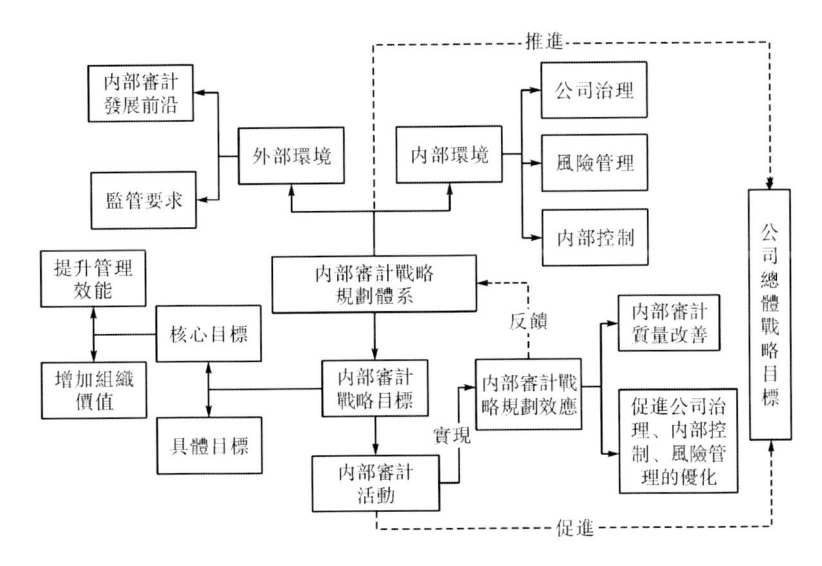

圖 22-1　風險為導向的內部審計管理及其戰略規劃體系框架

場環境信息、公司發展戰略目標、公司風險管理狀況及內部控制自我評價情況、歷年內部審計成果等，是企業各層面、各類別風險信息、數據集資料的存儲中心，從而幫助內部審計人員瞭解相關法律法規制度、所處行業特點和經營環境、公司的發展戰略、公司風險管理及內控控制中存在的問題等方面內容，綜合分析影響企業目標實現的各類風險因素（如圖 22-2 所示）。

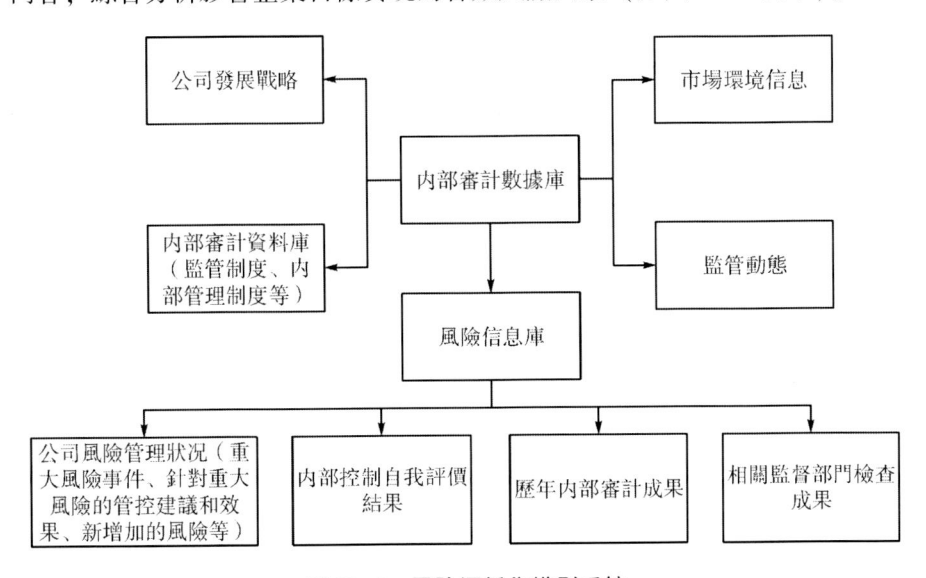

圖 22-2　風險源採集識別系統

公司必須有效結合企業風險管理及內部控制建設的成果來建立風險信息庫。一是整個公司的風險管理狀況，如公司的風險偏好體系、發生的重大風險事件、針對重大風險的管控建議和效果、新增加的風險等；二是各管理部門及總分支公司的內部控制自我評價結果，在審計過程中內部審計部門也可以對內部控制自我評價的效果進行評估，促進公司風險管理能力的提升，優化風險數據庫；三是歷年內部審計成果，如根據內部審計檢查結果對問題成因的分析，針對共性問題和風險建立適合企業管控和管理需要的風險分類分級分層評估標準等；四是相關監督部門檢查成果，如監事會、風險管理部門、監察部對公司風險的評估等。

在風險信息庫建設方面，還需要持續優化風險評估的定量指標和定性描述，通過風險指標、量化限額、資本充足性要求以及相關標準，進一步完善風險評估模型建設，加大風險評估的力度和精度；通過對風險指標的時時監測，有效發揮風險預警功能，在風險損失出現前及時採取有效措施防止損失的出現。內部審計數據庫的建設需要專人進行維護，定期進行修訂。如根據年度風險管理評估結果對風險信息庫進行修訂，根據內外部市場環境的變化情況對市場環境信息庫進行修訂，時刻跟蹤最新的監管動態信息，持續更新內部審計資料庫等。

三、與「風險評估」緊密聯繫的內部審計組織機構設置

與「風險評估」緊密聯繫的內部審計組織機構是實現風險導向內部審計的基本保障。在頂層設置層面，主要是確保內部審計工作遵循獨立性、客觀性、權威性、專業性、有效性的原則，同時保持內部審計工作與經營管理更緊密結合，建立董事會審計委員會和經營層審計委員會，實現內部審計雙向匯報。在執行層面，依據內部審計業務流程來設置相關職能部門。如圖 22-3 所示。

（一）戰略層面

根據內部審計機構的規模大小設置內部審計戰略規劃部門或者將相關職能賦予相關部門中，如戰略規劃部，負責統一部署以風險為導向的內部審計戰略規劃。

（二）基礎平臺

「風險評估」貫穿風險導向內部審計的始終，需要大量信息作為支撐，特別是運用現代信息化審計方式如大數據作業時，可以設置一個專門的部門如信息系統部，負責整個審計中心的風險源採集識別系統的構建和持續

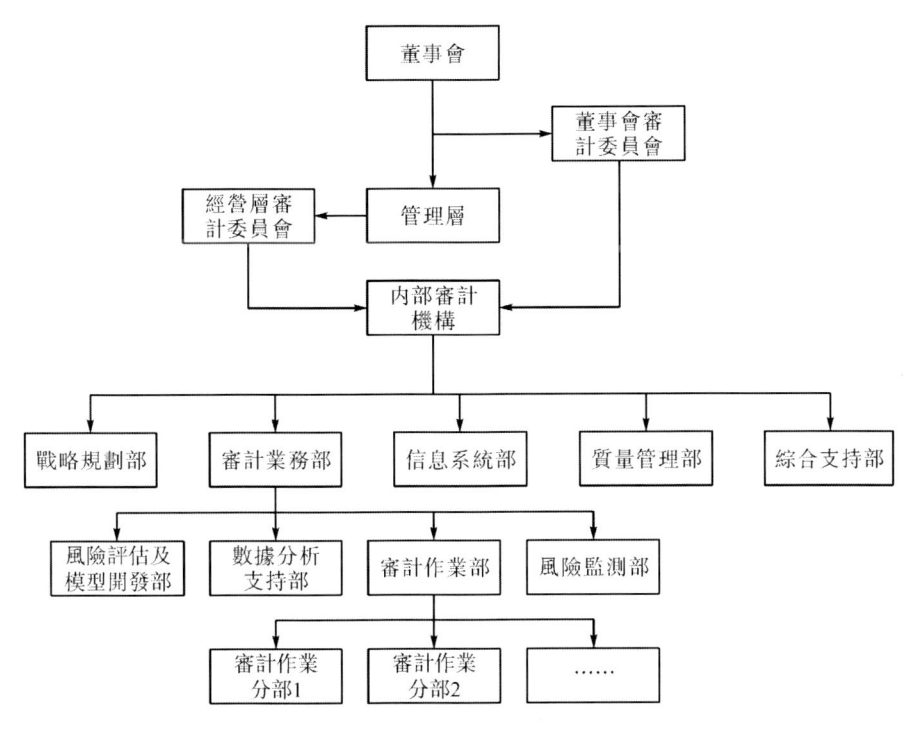

圖 22-3　與「風險評估」緊密聯繫的內部審計組織機構

維護；搭建集用戶管理、審計作業、質量管理、統計分析、檔案管理等為一體內部審計信息平臺。

(三) 實施層面

負責內部審計機構的審計業務的開展，並統籌實施集團及子公司總公司層面的內部控制、風險管理以及償付能力審計等，根據內部審計機構規模的大小和戰略方向可以設置以下幾個分部。①風險評估及模型開發部，負責收集風險評估程序所需的信息、制定風險評估標準、編製風險原因分析字典等，對企業整體風險進行評估，確定初步的年度審計計劃（審計項目、審計重點及審計範圍）等；提供風險評估的思路和需要，為風險評估信息技術的開發提供支持。②數據分析支持部，基於數據分析模型構建的專業性，由專門的部門開展會使風險評估效率大大提高，該部門主要是根據審計思路和需求，建立數據分析模型和數據預警模型，通過信息技術手段實現對聯網數據的轉換、整合。從而促進實現對審計數據的宏觀分析，對審計疑點的預警提示等，為整體風險評估、單個項目風險評估以及風險監測提供支持。③審計作業部，負責具體審計項目的實施，如專項審計項

目、經濟責任審計項目、IT審計項目、效益效能審計項目等，可根據內部審計機構規模大小再單設審計作業分部。④風險監測部，基於大數據以及現代審計技術地運用，部分風險可以實現時時聯網監測，根據內部審計機構規模的大小和戰略方向可以在審計業務部下單設風險監測部。

（四）管理支持層面

（1）質量管理部，內部審計活動的質量是內部審計戰略規劃效應的直接體現，質量管理部主要負責建立涵蓋內部審計環境、內部審計整體質量、內部審計業務質量為一體的質量管理體系；建立內部審計成果評估指標體系，促進整體內部審計質量的改善。

（2）綜合支持部，主要是負責內部審計機構的後援支持以及行政管理工作。

以上基於保險集團公司內部審計組織機構的一種設想，對於規模較小的內部審計機構，可以在相關部門設置科室或職能崗位來實現相應職能。

四、以風險為導向的業務流程

（一）依據風險評估編製年度審計計劃

內部審計的最終目標就是幫助企業實現目標，創造價值。風險導向內部審計首先要確定企業的目標，然後分析對這些目標產生影響的風險以及能夠管理這些風險的控制，利用多種風險分析工具盡可能地量化風險水準。通過系統的識別、分析與衡量企業面臨的各種風險，根據其對企業經營目標影響的重要性水準和發生的可能性判斷風險的大小，進而確定審計重點及審計範圍。風險導向以企業目標為出發點，關注的是企業現在和未來可能存在的風險，具有前瞻性和某種程度的彈性，三者之間邏輯為「目標→風險→控制。」①。

結合「償二代」監管體系的風險分類指標，我們將保險風險、市場風險、信用風險、操作風險、戰略風險、流動性風險、聲譽風險納入規範化、標準化的風險評估指標體系，對於保險集團公司還會增加其特有的風險，比如風險傳染性、組織結構不透明風險、集中度風險以及非保險領域風險等。在審計計劃階段，圍繞企業的經營目標全面識別風險，充分考慮企業的現有風險狀況以及每年度內部控制自我評估的風險排序情況，結合

---

① DAVID MCNAMEE. Rish-based anditing [J]. The Internad Auditor, 1997, 54 (4)：22-27.

歷年內部審計檢查對企業管理能力、內部控制有效性、風險管理效果的評估情況，內外部環境變化對企業目標實現的潛在風險，監管要求等來確定內部審計的工作重點。

舉例來說通過風險評估，我們得出戰略風險涉及：發展方式風險、併購重組風險、投資決策風險等方面；操作風險涉及：法律法規遵循風險、營運風險等方面……結合對重大風險的評估情況，根據風險的重要性和風險對企業管理目標的影響度，來初步確定年度審計項目和審計側重點，如圖 22-4 所示。

		損失程度				
		1.極小	2.較小	3.中等	4.較大	5.重大
損失可能性	5.極高	②	②	①	①	①
	4.高	②	②	②	①	①
	3.中等	③	②	②	②	①
	2.低	③	③	②	②	②
	1.極低	③	③	③	②	②

圖 22-4　企業風險評估圖

圖中①區域為重要風險區，對企業目標的實現影響最大，處於極高的水準，應優先安排審計資源進行重點審計。②區域部分為可以接受風險區，對企業目標的實現有一定的影響，處於中等水準適當安排審計資源即可。③區域部各種風險對企業目標影響較小，處於較低水準，在企業的風險承受力之內，可以不納入審計範圍。年度風險評估圖並不是固化地，而是隨著內外部環境的變化，企業目標的實現可能面臨新的重要風險，或者原先評估的低風險其影響程度變大，所以風險評估是一個持續地的過程。按照風險排序，有重點地選取重大風險領域的事項納入審計範圍，通過合理分配內部審計資源，可以將有限的內部審計資源集中於高風險領域，同時也有助於將內部審計人員從目前全面審計的項目壓力中解放出來，從而提高內部審計的效率和效果。

在對企業風險進行評估得出初步確定年度審計項目和審計側重點後，深入開展年度審計計劃調研，推進管理者參與風險評估體系的建設。利用風險評估模型的分析結果，與管理層廣泛討論企業的風險情況，內部審計部門與管理部門一起識別和評價影響企業目標時效的重大風險，將內部審計目標與企業的戰略方向相聯繫，共同確定公司主要風險領域，確定年度內部審計計劃、範圍和審計重點。

(二) 根據年度審計計劃建立標準化的風險點模型

以風險為導向的內部審計模式，不僅是利用風險評估的結果編製年度審計計劃，還要更多地關注風險以及風險產生的原因，在運用系統科學的技術和方法完成審計工作的過程中，更多地關注標準化和規範化。因此，我們嘗試建立規範化的風險點模型框架，根據風險評估的變化而即時調整，便於更好地指引具體內部審計項目的實施，如表 22-1。

表 22-1　　　　　　　　　　風險模型框架

風險大類	風險子類	評估指標	重點關注內容	詳細風險點	測試方法

風險大類以「償二代」監管體系的風險分類指標以及集團公司特有風險為維度，依據年度風險評估結果確定的審計重點和範圍來制定風險子類，根據公司目標確定評估指標以及重點關注內容，制定詳細的風險點和測試方法。同時將風險評估圖中紅色區域列入內部審計檢查重點。舉例來說，根據風險評估情況確定的風險子類作為年度審計的範圍和重點，根據審計範圍和重點來實施內部審計項目，如資產流動性風險、退保風險、詐欺風險、法律合規風險等等，通過制定相應的評估指標，建立其與業務流程、詳細風險點之間的對應關係，從而評估風險是否得到了適當的管理和控制，以促進企業目標的實現。

(三) 以風險為基礎編製審計方案實施具體審計項目

對於大型集團公司來說，年度審計計劃後制訂，需下發至各審計作業部門實施。各審計作業部門根據年度審計任務情況分配審計資源，組成審計項目組，制定審計實施方案。以風險為導向的內部審計模式，是指將風險的識別和評估貫穿於審計過程的每一個環節和步驟。由於具體的審計項

目受被審計單位基本情況的影響，風險點模型是規範化、標準化的指引，審計方案是審計項目組實施項目的細化指導。審計項目組在編製審計實施方案前，在充分瞭解被審計單位的基本情況後，制定具體的實施方案，如審計重點、人員安排、時間安排、抽樣比例等等，從而在有限的審計資源下實現「全面審計，突出重點」，有針對性地實施靈活的審計程序。

在瞭解被審計單位基本情況後，在年度風險評估結果和風險點模型的基礎上，確定被審計單位的審計重點。由於被審計單位受其管理水準的影響，有可能納入總體風險評估中的審計重點在某一管理健全的被審計單位重新評估後的風險較小，有可能納入總體風險評估中的風險中等的風險點在某一管理混亂的被審計單位存在極高的風險。因此，在實施每一個具體的審計項目時，要結合被審計單位進行風險評估，從而制定具體的審計方案。在進一步風險評估中，對於高風險領域的風險點，可能就會安排經驗豐富的內部審計人員進行全面檢查而不是抽樣檢查；對於中等風險領域的風險點，可能就會進行抽樣檢查，根據被審計單位的實際情況，比如50%抽樣；對於低風險領域的風險點，可能就會選擇更低比例的抽樣。在整個審計過程中，以風險為導向，將審計資源投入到高風險領域。

（四）審計成果在於增加價值

以風險為導向的內部審計目的在於增加企業的價值，因而審計結論和審計建議都是緊緊圍繞怎樣控制風險來提出的。關注導致風險產生的原因與要素的分析，這樣才能使審計委員會和高管層瞭解所面臨的風險及變化，以及導致風險產生的根本原因。也只有通過深入的原因分析，提出控制風險的管理建議才具有建設性和可操作性，才能從風險源頭出發制定有效的改善措施。

審計成果的利用程度、審計發現的傳遞效率直接影響在全面風險管理體系中內部審計的存在作用和價值。因而，在具體審計發現的基礎上，建立了審計檢查結果分類分析體系，反應審計發現的重點風險分佈情況以及形成對公司整體的風險評價。同時，從公司全局出發，整體的風險分析也有助於從體制、機制、制度層面提出具有建設性的審計建議。

通過初步的探索，建立了總體風險分類框架體系，如圖22-5所示。一是借鑑「償二代」監管體系風險分類的維度，按照風險的屬性分類；二是從企業管理的角度著手，分為落實黨和國家經濟政策、公司治理、重大經濟決策、經營管理、財務管理與會計核算、內部控制及管理、履職待遇與業務支出、外部監督檢查等方面；三是從風險成因出發，分為人員因

素、程序與流程、信息系統、市場環境等方面。其他為輔助維度，將可實際需要，進行分類規則的優化和調整。

```
          總體風險分類
            框架體系
      ┌────────┼────────┐
   審計結果   風險成因   其他
   ┌──┴──┐
 風險屬性  企業管理屬性
```

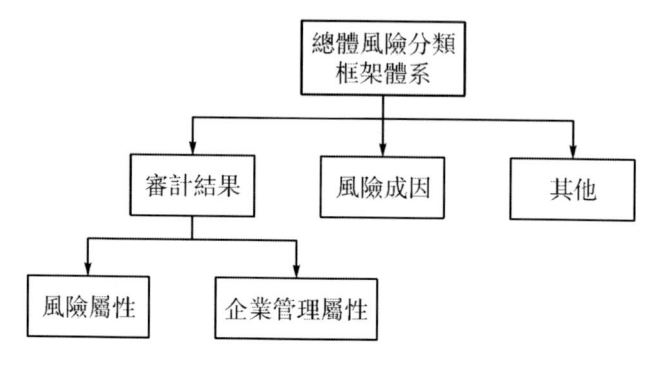

圖 22-5　總體風險分類框架體系

同時，將審計結果納入風險信息庫，通過對風險的系統性分析，我們可以清晰地瞭解公司在哪一個管理環節存在一些共性的問題和風險，在哪一個領域的風險影響程度較大等等。而且可以通過歷年的檢查結果對比分析，瞭解風險的改善情況，評估改善的效果等等。

（五）以改善組織風險為目的提供增值服務

以風險為導向的內部審計目的在於增加企業的價值，因而內部審計不在於確認公司內部控制的薄弱環節，而在於為管理部門提供改善控制所需的工具和支持。在審計過程中，不僅是發現否定性問題，而是根據問題找到公司引起風險的最根本原因，從而提供有效的內部審計建議以及提供相應的審計產品。

1. 建立內部審計部門與管理部門間的密切聯繫機制，為公司管理層決策提供有力依據

實施內部審計部門與經營管理層定期溝通會議機制，通報審計檢查發現重大問題，聽取管理層對重大風險管控舉措及對審計工作意見建議，促進重大風險問題有效防範和整改。與公司各層級召開工作溝通會，及時收集及解讀相關制度文件，關注公司新的風險，貼近實際完善審計標準，突出審計重點，更好服務於公司發展。

2. 開展風險管理教育，強化風險管理控制意識

通過提供「風險管理教育」增值服務，強化系統內員工上下的風險管理控制意識。如高層基調，由審計責任人親自向下至經理上到領導管理層，講授關於風險管理控制的培訓項目；建立內部審計案例庫，開展風險管理培訓服務，推行有針對性的典型案例教育，促進員工風險意識和合規

經營意識提升。

3. 完善培訓增值服務，提高全面風險管理能力

建立內部審計部門對管理部門的分級培訓機制，對於培訓需要，如在進行風險評估過程中發現了培訓的必要性；管理部門提出培訓需求；在審計過程中或提供另一審計產品時發現了培訓的必要性。通過提供培訓服務，提升員工的工作技能，從而提高公司內部控制管理能力，防範風險的發生。

第四節　逐步實現未來稽核重心的轉變

2018年1月12日，審計署第11號令《審計署關於內部審計工作的規定》明確內部審計應對本單位及所屬單位發展規劃、戰略決策、重大措施以及年度業務計劃執行情況進行審計。展望未來，稽核重心預計會發生重大轉變。

一、在保留原有「查錯糾弊」目標的基礎上，向「實現企業價值增值」的目標拓展

即內部稽核功能的重心由「確認」向「諮詢」轉移。確認和諮詢如同對公司進行「體檢」和「開處方」，兩者相得益彰，使內部稽核價值得到更充分的彰顯。諮詢功能主要指內部稽核為了實現公司價值增值和提高企業運行效率的目標，對被稽核公司提供建議及其相關服務，包括戰略管理、知識資本管理、企業風險防控、價值鏈優化和質量管理等。內部稽核需要拓寬自身的知識領域，構建複合型和跨學科的知識結構，在確認環節發現公司的重大風險，通過諮詢活動將這些風險及應對策略反饋給適當的管理層，管理者通過運用這些稽核成果，來改善公司的風險管理、控制和治理。

二、由「風險導向」向「戰略導向」稽核演進

戰略的本質是公司為了應對環境變化所帶來的機會和威脅，將價值管理和風險管理融合到一個平臺，因此戰略導向稽核是一種具有戰略性、全面性和系統性的內部稽核模式，它超越了具體職能部門的邊界而關注公司與環境的相互作用以及各職能部門間的關係，並針對內外部環境的變化，

從戰略的角度，對公司整體和業務單元提供確認和諮詢服務，對阻礙企業戰略實現的業務環節、內部控制活動和重大風險領域提出針對性的意見。「戰略導向」的內部稽核，核心模塊包括戰略管理稽核、公司治理稽核、風險管理稽核、價值管理稽核、內部控制稽核、人力資源稽核、公司文化稽核、公司商譽稽核、知識資本稽核等。「戰略導向」的內部稽核促使稽核目標由微觀拓展到宏觀，密切關注公司的戰略管理，將稽核目標與公司經營目標保持趨同，內部稽核與公司系統的協同高度得到提升，有助於提高稽核的效率和效果。

三、內部稽核窗口由「事項稽核」向「規則稽核」前移

在當前環境下，由於規則的相對穩定性和導向作用，公司對規則的運用更為重要，規則制定是否合理、規則執行是否有效、關係到公司取得成果的效率和效果。廣義的規則包括法律法規、政策、公司規章制度、內部流程、合同契約等。政策、法律和公司文化驅動制度，制度驅動業務，業務創造財務績效。內部稽核關注規則，就是將稽核窗口前移，從單純關注價值創造結果，到關注價值創造過程。這有助於充分利用法律法規及政策帶來的機會，規避法律風險，推動企業構建科學合理的制度體系和業務流程。內部稽核開展規則稽核，將擴寬經濟性、效率性和效果性的傳統稽核目標，將企業社會責任納入內部稽核的範疇，強化公平性和環境性，提升各利益相關者的滿意度，在此基礎上，建立科學有效、激勵和約束機制健全的制度和文化體系，從而降低公司環境風險、增強各系統的協同性和創造性，以及財務績效的可預見性和可持續性。

第五節　未來 IT 審計的發展

目前的 IT 審計工作一部分是具有高重複性、邏輯確定並且穩定性較高的工作。例如涉及 IT 審計中信息化項目管理領域，IT 審計人員往往需要依據制度要求查詢被審計單位信息化項目建設的文檔是否齊全，文檔的內容是否符合制度要求；信息安全管理領域檢查系統帳號及權限，則需要獲取被審計單位《系統帳號與權限清單》《在職、離職、異動人員名單》進行分析。此時的審計流程往往具有高重複性，邏輯確定並且穩定性較高。

一、借助機器人流程自動化（RPA）提升 IT 審計效率和效果

在 IT 審計工作，審計人員往往需要抽取多個項目的文檔，而對文檔內容的檢查工作則是非常繁重的，極易出現對已文檔中已出現問題的忽略。在未來的 IT 審計中我們可借助機器人流程自動化（RPA）技術本身適用於業務高頻、大量、規則清晰，人工操作重複、時間長的任務的特點，來完成 IT 審計中這部分工作。以此在準確完成審計工作同時降低人力成本，提高 IT 審計工作效率，還可以實現零出錯率，徹底告別人為造成的錯誤，提升審計結果的質量。

二、借助大數據分析實現 IT 審計從反應過去向預測未來發展

傳統 IT 審計，更多的是發現已產生的問題，揭露已知的風險，雖然能及時地發現問題並建議企業採取相應的措施，但企業往往更需要的是對未來風險的預測，提前採取預防措施從而最大化的降低損失。在大數據時代，IT 審計人員可以更多地利用大數據資源幫助企業預測或防範風險，從而確保績效和實現價值的持續增長。大數據分析的使用能夠讓 IT 審計人員進行徹底革新，並有機會在企業中發揮更具戰略性和「前瞻性」的作用。

三、借助人工智能（AI）等智能化工具實現從事後審計到即時審計的發展

傳統 IT 審計是在企業生產經營發生後對企業信息科技、信息安全、資產管理等層面產生的問題進行檢查，隨著信息技術迅速發展以及企業之間競爭的加劇，越來越多的企業意識到即時風險控制的重要性，而利用人工智能（AI）可達到即時審計的效果，例如當前越來越多的企業重要系統都配置有監控的功能，當系統出現問題時可以起到告警的作用，未來利用人工智能（AI）技術，可以在對系統的監控上實現更加全面、智能的監控。在實現對系統故障進行監控，也可以對系統中的業務數據信息進行監控，將結果及時傳輸給 IT 審計人員，從而達到時時審計的效果。

未來 IT 審計的發現將會對 IT 審計人員有更高的要求，將會有更多 IT 審計人員從簡單勞動、附加價值低的工作中解放出來，轉而進行附加價值高的創造性勞動。

第二十三章　大數據審計之路

最早提出「大數據」時代到來的是全球知名諮詢公司麥肯錫，麥肯錫稱：「數據，已經滲透到當今每一個行業和業務職能領域，成為重要的生產因素。人們對於海量數據的挖掘和運用，預示著新一波生產率增長和消費者盈餘浪潮的到來。」[①] 大數據帶給我們的三個顛覆性觀念轉變：是全部數據，而不是隨機採樣；是大體方向，而不是精確制導；是相關關係，而不是因果關係[②]。

　　大數據、人工智能、雲計算等技術的大規模應用，會對企業經營管理帶來重大變革，運用相關技術，使企業具有更深的洞察力、更強決策力、更靈活的適應力、更高效的執行力。特別是在企業的風險管控領域，企業運用相關技術可廣泛收集與企業經營相關的各種信息，以及對收集的信息進行加工、整合、處理，再利用處理後的各種信息構建風險管控模型以識別風險，進而採取有效的風險管控手段。

　　金融保險行業是各個行業中最依賴於數據的，大數據等推動了金融行業的變革，改變了傳統金融企業的經營管理模式和業務管控模式。金融企業經營管理等各方面數字化、網絡化、系統管控化程度逐步提高，業務管理控制和內部控制機制大部分內嵌至業務系統，各類數據通過系統進行無縫流轉，各類業務系統每日會生成海量數據。這既對金融行業的風險管控提出了更高要求，又使風險管控具有了廣闊的發揮空間。

---

① 湘財證券研究所. 二十一世紀新寵——大數據 [R]. 長沙：湘財證券研究所，2014.
② 維克托‧邁爾-舍恩伯格，肯尼思‧庫克耶. 大數據時代：生活、工作與思維的大變革 [M]. 盛楊燕，周濤，譯. 杭州：浙江人民出版社，2013：26.

第一節　現代內部審計與大數據

　　內部審計作為企業風險管控的一部分，面對互聯網思維及大數據技術的應用，也同樣充滿了機遇和挑戰，傳統審計技術在企業大數據等技術的運用下，面臨海量數據，手工作業和簡單計算機輔助技術已無法滿足需求，同時大量業務管控規則內嵌至系統也使傳統翻閱檔案資料的意義大幅下降，另外，大量聲音、圖片以及非結構化文檔等處理轉換傳統審計下業務無法處理，這些都對審計目標、審計內容、分析技術和審計思維模式都提出了新的、更高的要求。

　　大數據等技術的運用改變了傳統的審計方法，為現代審計提供了新的技術和方法，推動了審計的思維與技術和方法的發展[1]。從審計工作的本質上看，內部審計項目工作可分為兩大部分：一部分工作用於鎖定審計目標；另一部分用於確定審計證據。運用大數據審計，在審計計劃制訂階段，可以通過建立系統模型快速加工整理審計數據，為鎖定審計目標制定提供參考，在審計實施階段，審計人員可以利用大數據技術對數據信息進行快速整理分析，在盡可能短的現場審計時間內，揭示隱藏的深層次風險和關聯風險，精確得出審計重點，提高審計效率。

　　大數據審計，還可以利用先進的計算機技術和方法進行數據分析，構建及時、高效的監控指標進行風險預警，實現對公司的全面審計，並且可突破數據獲取難、掌握信息不全，無法充分瞭解被審計對象等審計難點，提高從大型複雜數據中集中提取問題的能力[2]。通過大數據審計可以對公司的經營管理、業務營運情況、財務管理情況全面瞭解，並可提取建設的建議，完善公司治理，提升企業價值。

　　大數據審計還通過對不同時間、不同系統下生成的複雜、異構、多樣化的數據進行轉換、處理，並利用數據挖掘、人工智能等技術，轉變了傳統審計中數據分析技術，並更多的通過反應事物的相關關係而挖掘出更有價值的信息，通過對數據的加工處理，實現數據的增值。大數據審計還可

---

[1]　鮑國明，劉力雲. 現代內部審計 [M]. 北京：中國時代經濟出版社，2014：414.

[2]　審計署重慶特派辦. 關於完善大數據審計配套制度建設的幾點 [Z/OL]. (2017-12-29) [2018-10-20] http://www.audit.gov.cn/nb/n1558/content.html.

將傳統的抽樣審計、時點審計變為全量審計、即時審計，進一步實現了風險的全覆蓋。

除了技術的優勢外，大數據審計還能解決內審人力不足，出差時間長，人員穩定性差等缺點，足不出戶，即可實現對全系統業務的審計。

國內外對大數據對審計領域的創新和變革已形成共識，早在2014年，國務院印發的《關於加強審計工作的意見》第19條就明確提出：探索在審計實踐中運用大數據技術的途徑，加大數據綜合利用力度，提高運用信息化技術查核問題、評價判斷、宏觀分析的能力。2018年國際內部審計師協會（IIA）年會主題為「創新連接未來」，提出內部審計組織要學習和運用人工智能等新技術，迎接未來挑戰。國內金融行業諸如工商銀行、中國平安、太平洋保險等金融行業優秀內審部門均前瞻性提出「科技引導審計」為理念，專門設立相關組織，建立和完善信息化審計體系、大力推進審計方法技術創新，實現內部審計轉型。

這一切都表明，現代內部審計必須通過引入大數據等技術為突破，實現審計轉型。

第二節　集團公司大數據審計思路

一、基於大數據搭建風險智能監控預警系統，推動審計作業模式轉型

在企業「集團化、大型化」的發展趨勢下，企業經營範圍拓展和經營內容深化、企業管理和營運模式創新發展，增加了風險發現和防控的難度，基於大數據等技術，通過全面的數據信息的關聯和動態分析，建立風險預警模型，構建適合集團公司的風險監控預警體系，一方面加快了風險識別的效率，對重大風險可及時組織資源進行審計，提升揭示風險的效率，防止風險的蔓延或擴大，推動內部審計從及時揭示風險向預警風險轉變；另一方面，通過建立風險預警系統，可使公司決策層快速掌握公司面臨的風險和範圍，進而合理的確定審計範圍和配置審計資料，推動內部審計機構由從合規管理型審計向風險管控型審計轉變。

搭建風險智能預警監控時，相關指標設置上應以實現公司戰略目標為最高出發點，以系統性、趨勢性、根源性問題和嚴重違法違規風險為重點，強化預防性作用和建設性作用，加強與第一道、第二道防線的有機結

合。具體的指標設置上分層次應從宏觀到微觀，逐層涉及，相關結果應實現可視化展示。

二、搭建人工智能大數據審計平臺，通過半結構化和非結構化數據轉換與應用，實現審計取證方式、審計分析技術和方法的變化

受制於企業傳統系統數據架構，在一般審計作業中，大部分數據分析和研究主要使用的是結構化數據，基於結構化數據的這種傳統的審計數據分析工具、技術和方法已相對成熟，例如審計人員經常採用的審計數據分析方法包括帳戶分析、經濟指標比率分析、趨勢分析、統計分析等，常用的計算機輔助審計工具包括 Excel、Access、SQL、SAS、R 等數據分析和處理軟件。各公司審計部門也都基於結構化數據建立了大量的分析模型，在實際審計作業中發揮了重要作用，效果也較好。

隨著企業規模不斷擴大，企業經營管理水準不斷提升，企業在傳統結構化數據基礎上，還累積了大量的諸如文檔資料、聲音、圖片和視頻影像等大量半結構化和非結構化數據，筆者所在保險行業，根據自己主觀感受，結構化數據與半結構化和非結構化數據比例約為 2：8。在實際審計作業中，審計人員一般首先使用結構化數據進行數據分析確定檢查重點，縮小檢查範圍，在此基礎上再結合文檔或影像資料等非結構化數據進行審計取證，對於其中非結構化數據一般依靠人工檢查，耗時耗力，效率極低。大數據時代下，內部審計要想取得突破，非常重要的一點就是解決半結構化和非結構化數據問題。

近些年，隨著計算機硬件性能的迅猛提升，以及人工智能算法的廣泛研究和應用，半結構化和非結構化數據應用難題已逐漸被解決，文檔資料、聲音、圖片和視頻影像等轉化和應用技術已逐步成熟，按照審計工作需要和市場技術成熟度可從以下幾方面打造以人工智能技術為核心的大數據審計平臺。

（一）有效利用內外部數據，搭建數據基礎平臺，實現內外部數據融合，打造大數據審計平臺基礎

大數據是對數據的利用和使用，因此數據是打造以人工智能技術為核心的大數據審計平臺基礎。對於審計工作而言，必須採集各種類型方方面面可反應企業經營活動的數據，並通過對數據的採集、清理、轉換、存儲、加工分析等構建數據基礎平臺。

根據數據來源不同，構建數據基礎平臺的數據可分為三類，即企業內

部業務和財務數據、外部互聯網公開數據、外部第三方可用數據。其中企業內部業務和財務數據既應包括企業內各系統下各種結構化數據，還應包括大量半結構化和非結構化數據，例如日志文檔、業務文檔、聲音、影像資料等；外部互聯網公開數據主要包括互聯網上與企業相關的各類公開信息，包括新聞、訴訟、工商數據、企業公開信息、政府公開數據等；外部第三方可用數據主要是指外部第三方數據供應商如阿里、騰訊、百度、京東等提供的數據和服務。通過收集以上三類數據，並對數據進行融合、清理，來搭建數據基礎平臺。

（二）利用光學字符識別（OCR）與智能影像處理實現影像數據的轉換及應用

OCR及智能影像處理主要是應用計算機視覺以及深度學習等人工智能技術，使得計算機通過程序代替人工的方式，對圖像、視頻等影像資料進行一系列的處理，包括影像分類、定位對象、識別文字、識別場景等，進而避免人工操作機械性工作，將影像數據大批量轉化為結構化數據。

利用OCR技術，可直接從憑證影像中提取金額、帳號等重要數據，OCR技術具有可以自動判斷、拆分、識別和還原各種通用型印刷體表格，能夠自動分析文稿的版面佈局，自動分欄、並判斷出標題、橫欄、圖像、表格等相應屬性，並判定識別順序，能將識別結果還原成與掃描文稿的版面佈局一致的新文本。OCR手寫體、印刷體識別技術，能識別不同人寫的千差萬別的手寫體漢字和數字。通過OCR技術的運用，將影像資料中蘊含的大量文字和數據信息轉換為可分析和加工處理的數據，極大地豐富了審計數據源，很大程度上可替代了人工查看影像的檢查程序，可以有效地提升審計效率。例如，圍繞增值稅發票、醫療票據、駕駛證和行駛證等具有標準格式的單證，可OCR轉換提取單證上的單證類型、編號、日期、金額、購物種類、醫院、藥品明細、車架信息、車牌信息和車主信息等關鍵內容，並借助外部數據庫進行單證真偽驗證，還可以通過驗證返回的信息對比信息的一致性。

利用智能影像處理技術，還能尋找影像圖片特徵信息化，實現影像特徵化數據的比對、分析和處理。例如在財產保險公司理賠業務中，可通過重複影像篩查技術挖掘出理賠業務系統中重複使用的影像，或者利用影像信息定位保險標的的損失部位和程度，通過與其他數據的對比分析等，發現舞弊、保險詐欺線索，能夠提高審計及反詐欺的效率、效果。

（三）通過智能語音處理，將音頻數據進行結構化轉換和應用

智能語音處理技術主要是一種將人的語音進行轉化等以實現人機語言

通信的技術，常見應用包括語音轉文本、聲紋識別等，在內部審計應用上也有較大的空間。其中，語音轉文本技術是目前市場上最常見、也比較成熟的技術，國內龍頭企業如科大訊飛基本無障礙識別普通話，截至目前也已支持各地方 22 種方言，方言平均識別準確率超 90%。當前，各公司尤其是金融保險機構為做好客戶服務，基本都設置了語音服務熱線平臺，累積了大量公司客服與客戶交流的語音數據。這其中也蘊含了大量有價值的信息。僅憑人工，無法實現大規模的分析和處理，通過語音轉文字可較好地解決這一問題。在語音轉文本後，可在使用文本處理技術轉化為可使用和處理的審計數據。例如將客戶回訪通話內容、客戶報案通話內容以及客戶主動聯繫通話內容轉換為文字資料，用於客戶情緒分析，公司輿情監測，聲譽風險分析，獲取投訴舉報線索和內外部舞弊線索，以及針對行銷策略合規性和效果進行分析。

聲紋識別技術主要用於確定人員的身分信息，對於審計取證具有重要意義。目前該技術在實驗室內識別率可達 90% 以上，但正式落地有一定難度，主要是聲紋庫的建立較困難，一些干擾因素例如相關人員聲音狀態會產生改變，嘈雜的語音環境等也會影響識別質量。目前市場上已出現一些公司基於該技術開發了商業應用，因此內部審計可結合具體應用場景將這一技術進行落地。例如，通過聲紋識別驗證打電話客戶和回訪客戶是否同一人，用於可疑交易或行為的識別，還可建立聲紋黑名單庫，將保險報案錄音通話與客戶回訪通話與黑名單對比，用以識別潛在的詐欺行為。

（四）通過自然語義處理將大量半結構化和非結構化文本信息進行結構化處理，利用文本處理和文本挖掘技術挖掘有用的審計數據和信息

自然語言處理是計算機科學領域與人工智能領域中的一個重要方向。它研究能實現人與計算機之間用自然語言進行有效通信的各種理論和方法。目前，自然語義處理主要有兩個應用方向，即自然語言處理（或理解）和自然語言生成，其中自然語言處理，就是讓機器理解人的語言。前面提到，審計資料轉化後，會形成大量文本信息，其中蘊含大量信息，即包括有用的信息也有大量的無用或重複信息，必須進行處理，形成審計可用信息，就需要使用自然語言處理技術。

自然語義處理技術中包括文本處理及信息提取、關聯和分類分析、文本挖掘和聚類等。文本處理及信息提取是其中基礎過程，主要是對文本進行分詞、刪減停用詞、特徵抽取與特徵選擇處理等，通過建立文本處理模型，對文本的加工處理，抽取並驗證出能夠代表文本特徵的詞，通過該過

程,審計人員可快速、方便的獲取所需信息,審計線索查詢方法來提高審計數據分析效率。

文本挖掘、關聯和分類分析以及文本聚類是在文本處理及信息提取基礎上的高級應用,主要是對經過清理和篩選出的文本數據根據不同的審計目標進行知識挖掘、分析,對文本中信息進行分類,發現文本信息之間的關聯關係異常關係,以及信息中隱含的關係,為審計疑點和線索提供有效的審計證據,替代審計人員人工進行審計數據分析的工作量,大大提高審計效率。

(五)運用知識圖譜技術構建企業、產品、機構、個人、帳戶、交易等審計業務圖譜,挖掘隱藏在複雜網絡關聯關係之下的異常或風險,利用機器學習等人工智能技術,實現智能化審計

知識圖譜旨在描述真實世界中存在的各種實體或概念及其關聯關係,簡單說,知識圖譜可以看成一張巨大的圖,節點是實體或感念,邊是屬性或關係。知識圖譜對數據的描述能力非常強大,在反詐欺、不一致性驗證、異常分析等方面具有非常好的應用效果,正因如此,知識圖譜在審計檢查中有非常好的效果。例如,通過知識圖譜融合不同的數據源打通企業、產品、機構、個人、帳戶、交易之間的關係,發現更多更深層次的風險模式,挖掘其數據的矛盾點和可疑點,識別舞弊、詐欺事件。另外,通過知識圖譜構建客戶、企業和行業間的知識圖譜,借助對行業的潛在風險的預測,能夠及時發現與該行業風險或系統性風險相關聯的企業客戶。

智能影像處理技術、自然語言處理技術以及知識圖譜技術的運用,突破了傳統審計項目中半結構化和非結構化數據處理限制,打通了數據之間的關係,在此基礎上結合傳統數據分析技術和專家經驗,進一步運用機器學習等技術替代審計人員部分人工檢查作業,實現自動審計。

第三節 搭建大數據人工智能審計平臺業務實踐

某集團下內部審計機構,在搭建大數據人工智能審計平臺方面,進行了部分業務實踐,主要包括以下內容:

一、搭建審計數據收集、處理和轉換基礎平臺

(一)進行內部數據整合

圍繞保險金融風險控制和審計運用,通過 ETL 等工具獲取集團下主要

子公司財務、業務數據，建立了審計內部數據庫系統，實現集團內各專業子公司主要系統內部數據自動採集和存儲，根據審計工作需要，內部審計數據庫已實現了內部數據 T+1 同步。

使用內部數據同步的範圍目前主要包括主要子公司業務核心系統數據，圍繞核心系統各類關鍵外圍系統數據，財務記帳、費用控制和資金系統數據同步。

（二）主要是利用爬蟲技術爬取互聯網公開數據

主要包括監管處罰信息、公司輿情信息、投資標的新聞等。考慮到硬件存儲、性能等，該類數據目前主要是結合審計項目開展情況進行收集、使用。

（三）考慮到數據獲取的成本和效率，目前還引入第三方服務機構提供的數據

主要以 API 形式訪問，主要數據主包括企業關係分析、股權穿透分析、發票識別、多頭借貸黑名單、個人投資信息等。

基於上述三類數據，一方面以數據庫數據查詢語言開發模型，構建非現場稽核分析系統，實現數據自動化抽取和連續監控，完成日常稽核作業數據需求；另一方面，通過引入 SAS 數據分析軟件或 PYTHON 等開源軟件，搭建了數據分析平臺，實現個性化的數據分析和挖掘需求。

二、結合被審計單位風險狀況，建立被審計單位關鍵風險指標（KRI），並進行可視化展示

基於子公司業務和風險情況，開發了涉及「宏觀層面、流程層面、操作層面」數據分析模型，反應主要子公司各類風險情況和指標，以及關鍵風險變化情況，並引入可視化工作展示相關指標，用來及時掌握子公司風險狀況及重點風險領域。

目前，累計開發的各類模型數百個，為稽核項目開展提供了有力支持。

三、圖像處理識別技術在審計作業中的初步運用

以理賠假發票檢查作為影像處理識別技術的突破口，開發發票影像自動審核程序，將各專業子公司的影像資料通過影像處理技術轉化為結構化數據，結合外部權威數據源、爬蟲技術等，搭建起影像資料自動化應用的立體框架，為發票影像進行真偽驗證的，已基本實現全自動化審核。

在發票驗證基礎上，已嘗試開發行駛證、駕駛證、醫療票據等驗證程序。

四、基於地理信息系統進行審計技術運用

保險公司業務開展過程中，可獲得大量的地址信息，如出險地點、查勘地點、居住位置信息等。基於相關位置信息，通過 API 接口，開發與地圖相關的應用，包括：監測財產險拆分危險單位風險，防止因危險單位累積保額超過自留額未分保，對公司經營造成重大損失；監測車險集中出險等虛假賠案；監測引進虛假業務團隊套取公司利益的行為；監測私設營業機構等其他與地理信息相關的風險；客戶地址信息有效性進行數據挖掘。從而為提升審計效率和精準度提供了有力支持。

五、借助第三方數據開展企業的背景調查及風險分析

主要是通過數據供應商合作，獲取、審查企業徵信數據，包括工商、司法涉訴、董監高對外投資及任職等數據，通過與內部數據關聯結合知識圖譜等技術檢查員工違規經商辦企業、各級機構違規與員工關聯企業發生經濟往來事項的風險情況；以及檢查與各級機構發生經濟往來事項的相關企業，企業間是否存在關聯關係，或存在重大訴訟、處罰等風險。

六、利用爬蟲技術，開展投資項目信用風險研究

通過使用 python 等開源軟件，借助公共網站和第三方數據庫，抓取投資項目存在的負面新聞及信息，並通過知識圖譜等技術對項目進行風險分析和評價，為投資項目信用風險檢查開闢新路。

未來，內部審計工作在「科技強審」目標的引領下，通過建立以人工智能技術為核心的大數據稽核平臺，創新稽核手段和檢查方法，必將推動內部審計工作的變化和轉型，提升審計工作效能。

各公司在推進內部審計工作時，應解放思想，突破常規，做好數據智力和整合，引入大數據及人工智能領域先進技術，提升自主研發能力，並堅持人才引領。以內部審計人員轉型為複合型金融科技人才為基礎，以引進外部金融科技人才為重點，建立與科技強審相適應的具有市場競爭力的人才制度體系和人才隊伍，為建設現代內部審計工作貢獻力量。

第二十四章　結論

　　時光荏苒，光陰似箭。中國太平保險集團稽核中心已經走過了 10 年的歷程。在各利益相關者的支持配合下、在社會各界關懷幫助下，經過全體員工的共同努力，堅守求實、專業、進取的企業文化，實踐創造出業內公認的太平稽核模式。中國保險行業協會 2017 年 7 月在對 120 家保險公司進行調研的基礎上，編寫的《中國保險行業內部審計發展報告》認為中國太平保險集團是採用集團內「外包」形式，由集團內的審計服務公司負責集團內所有公司的內審工作，可以視為融合了垂直、集中化管理的模式。主要體現在以下方面：

一、在行業內率先實現了全覆蓋

　　建立了集團審計委員會領導下的統一垂直的內部審計體系，實現了對境內主要子公司總、分、中心支公司審計檢查覆蓋率達到 100%，並實現了業務全覆蓋、風險全覆蓋、流程全覆蓋、高級管理人員經濟責任審計全覆蓋。檢查範圍全面覆蓋各經營環節，包括保險業務、資金運用、關聯交易、再保險、準備金、效益效能審計、IT 審計、工程建設審計等領域。

二、實現審計與整改的閉環，較好地解決了「整改難」這一審計界的難題

　　在集團內建立起統一審計問題整改流程，各級公司負責審計問題的整改，規定時間內向稽核中心報送整改情況，稽核中心對審計問題整改情況進行監督檢查與報告，整改效果與子公司班子成員績效考核掛勾。

三、集中專業的人，將專業的事做得更專業

　　集中集團所有的審計人員成立獨立的稽核中心，嚴格按照內部審計準則開展工作，在全國內部審計行業率先引入 ISO9001 質量管理體系，開展內部審計質量外評估，被中國內部審計協會給予全國首個 AAA 評級。

四、公司化運作，內部審計相對更加獨立

稽核中心實行公司化運作，採取以成本為基礎，收費覆蓋成本，保持收支平衡的原則，按照集團核定的審計項目收費標準，向子公司收取審計服務費。在集團董事會審計委員會、經營層審計及稽核委員會的雙重領導下，運用系統、規範的審計方法，客觀、獨立地評價和檢查集團公司全系統各子、分、中支公司的業務經營、內部控制及風險管理狀況，通過向集團及子公司派駐審計責任人，參加相關經營管理會議，履行審計責任人職責。完善集團內部控制和風險管理，促進合規經營和健康持續發展，完善公司治理，是集團風險管理和內部控制的第三道防線。

五、充分發揮內部審計價值

通過全覆蓋的審計檢查模式，提升了全集團風險及合規意識，堵塞了風險漏洞，一些重大風險被控制在源頭，系統性、區域性風險得以防範；查處一批舞弊及保險詐欺案件，為公司挽回大量損失，對內、外部違法行為構建強大威懾力；充分利用自身資源優勢，加強績效審計研究，強化內部審計諮詢職能，為各專業公司提供多樣化內部審計增值服務；深入推進稽核關口前移，建立起有效內外溝通聯絡機制；積極對子公司分支機構開展審計案例教育，進一步促進了集團合規文化建設；充分發揮內部審計增值服務價值，為子公司提供管理諮詢建議，為集團經營發展營造良好外部監管環境。

六、稽核中心自身建設更加特色鮮明

內部審計信息化體系建設逐步完善。稽核中心通過自主創新，研發了評分評級系統、非現場稽核分析系統，初步搭建起子公司業務系統風險數據分析平臺，有力支撐現場稽核檢查工作，為非現場審計、非現場監測和突擊檢查等新型業務模式提供系統作業支持。

七、建立了逐步完善的風險點模型庫

以自主研發的審計作業系統為依託，建立了不斷深入的非現場審計作業模式，建設了評分評級系統。評分評級系統開發需求是在 COSO 企業風險管理架構基礎上，依據公司風險管理和內部控制目標，建立相對量化的內部審計監督指標和評估模型，客觀評價被審計單位內部管控狀況，監督

被審計單位持續改進內控系統，促進被審計單位提高風險管理和內控水準，督促被審計單位依法經營，確保公司業務、財務信息的真實性、完整性和及時性，提高經營效率和效益，提升公司治理水準，為最終實現各項經營目標提供監督服務的運用與探索；該系統目前在中心的審計工作中發揮了較大的作用。

八、建設非現場稽核分析系統

非現場審計是以計算機技術為手段，通過運用 SAS 等工具對審計對象相關業務數據和資料的連續調集、整理和分析，對集團內所有分支機構和業務進行持續的、不間斷的監測，及時發現存在的問題和疑點。

九、建立起一支專業齊全稽核隊伍

構建員工的勝任素質模型，建立完善了專業序列、管理序列、支持序列三大員工職業發展通道，明確了員工職業發展路徑和通道，確定員工甄選、識別和選拔的標準，以及相應的測評工具。初步形成了一套具有內部審計特點的人力資源管理體系和人才培養培訓體系，打造了一支作風嚴謹、務實敬業、專業高效的內部審計人才隊伍。完善了內部審計人員績效考核，建立以質量為中心的員工績效考核體系，確定了以業績和能力導向的考核評價辦法，建立公平公正的考核考評機制。並通過在集團內搭建了人才培養交流平臺，加強與集團內各子公司的人才共同培養與交流，向集團及集團內子公司輸送了大量業務骨幹。

十、建立了較為完善的培訓體系

稽核中心建立了兩級培訓組織體系，立體地、差異化地開展分層次培訓，其中管理層強調提升管理能力、提高整體素質，以組織集中培訓和參與集團、兄弟公司培訓為主要形式；骨幹員工強調強化業務技能、深化專業知識，採取外部學習、子公司回爐、內部交流培訓等方式；普通員工強調提升專業水準、更新業務知識，採取網上課程學習、內部日常培訓等形式；新員工強調瞭解公司概況、熟悉業務流程、認知企業文化，集中培訓、集團內部門戶課程學習、指導人日常輔導。搭建起了人才隊伍的階梯培訓體系和審計崗位的學習培養平臺。讓每位員工都能全面瞭解集團及子公司的業務發展、經營管理、風險管控等方面的情況，學習相關的業務知識和一些有效的經驗做法，提升員工專業能力。

國家圖書館出版品預行編目（CIP）資料

中國金融保險集團內部審計創新與實踐 / 太平金融稽核服務(深圳)
有限公司 著. -- 第一版.
-- 臺北市：崧博出版：財經錢線文化發行, 2019.07
　　面；　　公分
POD版
ISBN 978-957-735-841-7(平裝)

1.金融保險業 2.審計 3.中國

563.727　　　　　　　　　　　　　　　　　　　　　108006399

書　　名：中國金融保險集團內部審計創新與實踐
作　　者：太平金融稽核服務（深圳）有限公司 著
發 行 人：黃振庭
出 版 者：崧博出版事業有限公司
發 行 者：財經錢線文化事業有限公司
E-mail：sonbookservice@gmail.com
粉絲頁：　　　　　網址：
地　　址：台北市中正區重慶南路一段六十一號八樓 815 室
8F.-815, No.61, Sec. 1, Chongqing S. Rd., Zhongzheng
Dist., Taipei City 100, Taiwan (R.O.C.)
電　　話：(02)2370-3310 傳　真：(02) 2370-3210

總 經 銷：紅螞蟻圖書有限公司
地　　址: 台北市內湖區舊宗路二段 121 巷 19 號
電　　話:02-2795-3656 傳真:02-2795-4100　　　網址：
印　　刷：京峯彩色印刷有限公司（京峰數位）

　　本書版權為西南財經大學出版社所有授權崧博出版事業股份有限公司獨家發行電子
　　書及繁體書繁體字版。若有其他相關權利及授權需求請與本公司聯繫。

定　　價：480元
發行日期：2019 年 07 月第一版
◎ 本書以 POD 印製發行